# L'ACROPOLE

# D'ATHÈNES

## PAR E. BEULÉ

ANCIEN MEMBRE DE L'ÉCOLE D'ATHÈNES

PUBLIÉ SOUS LES AUSPICES

DU MINISTÈRE DE L'INSTRUCTION PUBLIQUE ET DES CULTES

―

### TOME PREMIER

---

PARIS

FIRMIN DIDOT FRÈRES, LIBRAIRES

IMPRIMEURS DE L'INSTITUT

―

1853

# L'ACROPOLE
# D'ATHÈNES

A MONSIEUR

# LE BARON FORTH-ROUEN,

MINISTRE PLÉNIPOTENTIAIRE

AUPRÈS DE S. M. LE ROI DE GRÈCE.

---

MONSIEUR LE MINISTRE,

Voici une étude sur cette Acropole que nous avons si souvent visitée ensemble; voici l'exposé des découvertes auxquelles le nom de la France reste à jamais attaché. Cependant, ce n'est ni à l'admirateur passionné des chefs-d'œuvre antiques, ni au représentant de la France que je dédie ce livre : c'est à l'ami dont l'appui m'a aidé à surmonter bien des obstacles, dont l'affection m'a adouci plus d'un ennui. Acceptez-le comme gage de reconnaissance et de respectueux dévouement.

E. BEULÉ.

# AVANT-PROPOS.

Quelques personnes s'attendent peut-être à trouver en tête de ce livre un récit détaillé des fouilles qui n'ont point paru indignes d'intérêt aux savants.

J'ai cru qu'il ne convenait point de me mettre en scène et de parler de moi.

Les résultats scientifiques, qui étaient le seul but de mes travaux, sont longuement exposés dans le courant de l'ouvrage. On ne perd que des faits tout personnels et quelques épisodes plus curieux qu'instructifs. Qu'on me pardonne une si légère déception.

Le voyageur qui franchit le seuil de la nouvelle entrée remarquera, à sa droite, une grande plaque de marbre scellée contre le mur; sous cette plaque, après quarante-trois jours de recherches vaines, j'ai enfin trouvé les traces antiques que je poursuivais. Je l'ai choisie pour recevoir l'inscription suivante :

ΗΓΑΛΛΙΑ
ΤΗΝΠΥΛΗΝΤΗΣΑΚΡΟΠΟΛΕΩΣ
ΤΑΤΕΙΧΗΤΟΥΣΠΥΡΓΟΥΣΚΑΙ
ΤΗΝΑΝΑΒΑΣΙΝΚΕΧΩΣΜΕΝΑΕ
ΞΕΚΑΛΥΨΕΝ
ΧΓʹΗΗΗΓʹ ⊢ ⊢ ⊢      ΒΕΫΛΕΕΥΡΕΝ

Voici la traduction :

LA FRANCE

A DÉCOUVERT LA PORTE DE L'ACROPOLE,

LES MURS, LES TOURS ET L'ESCALIER.

M DCCC LIII.                                BEULÉ.

---

# L'ACROPOLE D'ATHÈNES.

## CHAPITRE I.

L'ACROPOLE AVANT LES GUERRES MÉDIQUES.

Sur la rive droite de l'Ilissus, à peu de distance du mont Hymette et à quarante stades de la mer, s'élève le rocher qui fut le berceau d'Athènes et de sa religion. C'est un plateau de forme ovale[1] irrégulière, qui a neuf cents pieds dans sa plus grande longueur, large de quatre cents. Escarpé de toutes parts, il présente à l'occident seulement une pente accessible, entrée naturelle que l'art des différents âges aplanit et fortifia.

[1] ... Πόλιος τροχοειδέος ἄκρα κάρηνα.
(Oracle de la Pythie; Hérod., VII, 140.)

Les anciens disaient [1] qu'avant le déluge de Deucalion un tremblement de terre avait séparé l'Acropole du Pnyx et du Lycabette, et qu'auparavant, grâce à leur réunion, elle était plus près de l'Éridan et de l'Ilissus. Vraisemblablement ils ne se trompaient qu'à demi : cet immense rocher et les collines voisines semblent soulevés au milieu de la plaine par un même effort volcanique.

Cécrops le premier choisit l'Acropole pour demeure ; il s'y fixa avec la colonie égyptienne qui le suivait. Il donna à la ville naissante non-seulement son nom [2], mais le nom égyptien d'*Asty*, que seuls des Grecs les Athéniens adoptèrent [3], et qui semblait consacrer leur parenté avec l'Égypte.

---

[1] Πρῶτον μὲν τὸ τῆς Ἀκροπόλεως εἶχε τότε οὐχ ὡς τανῦν ἔχει. Νῦν μὲν γὰρ μία γενομένη νὺξ ὑγρὰ διαφερόντως γῆν αὐτὴν ψιλὴν περιτήξασα πεποίηκε σεισμὸν ἅμα καὶ πρὸ τῆς Δευκαλίωνος φθορᾶς. Τὰ δὲ πρὶν ἐν ἑτέρῳ χρόνῳ μέγεθος μὲν ἡ πρὸς τὸν Ἡριδανὸν καὶ τὸν Ἰλισσὸν ἀποβεβηκυῖα καὶ περιειληφυῖα ἐντὸς τὴν Πνύκα καὶ τὸν Λυκαβηττόν. (Plat., *Critias*.)

[2] Τὴν δὲ τῶν Ἀθηναίων Ἀκρόπολιν Κεκροπίαν ποτὲ κληθῆναι φασίν, πόλιν οὖσαν μίαν τῶν ὑπὸ Κέκροπος ἐκτισμένων.

(Eustath., *in Dionys*.)

Oppidum Cecrops a se appellavit Cecropiam. (Plin., VII, 56.)

[3] Οἱ δ' οὖν Αἰγύπτιοι φασὶ τοὺς Ἀθηναίους ἀποίκους εἶναι Σαϊτῶν τῶν ἐξ Αἰγύπτου καὶ πειρῶνται τῆς οἰκειότητος ταύτης φέρειν ἀποδείξεις· παρὰ μόνοις γὰρ τῶν Ἑλλήνων τὴν πόλιν Ἄστυ καλεῖσθαι μετενηνεγμένης τῆς προσηγορίας ἀπὸ τοῦ παρ' αὐτοῖς ἄστεος.

(Diod., I, 28.)

Cécrops était originaire de Saïs, capitale du Delta; c'est de là qu'il apporta le culte de *Neith*[1], la vierge victorieuse, qui, comme les femmes libyennes[2], couvrait sa poitrine d'une peau de chèvre ornée de franges et teinte en rouge.

Ses yeux avaient la couleur transparente[3] de l'air, dont elle était la divinité. Ainsi, l'art aurait reçu de l'Afrique ses traditions, en même temps que la religion ses croyances.

Minerve avait à Saïs un temple révéré, dans lequel on ensevelissait[4] les rois d'Égypte, de même que Cécrops[5] et Érechthée[6] furent ensevelis,

---

[1] *Neit, Netha*, par inversion *Athen;* voy. Creuzer et Guigniaut, les notes, p. 728.

[2] Ἐκ Λιβύης ἥκει ἡ στολὴ τῶν Παλλαδίων. Αἰγέας γὰρ περιβάλλονται ψιλὰς περὶ τὴν ἐσθῆτα θυσανωτὰς αἱ Λίβυσσαι κεχριμένας ἐρευθεδάνῳ... κ. τ. λ. (Hérod., IV, 189.)

[3] Λέγεσθαι δ' αὐτὴν Γλαυκῶπιν φασὶν οἱ Αἰγύπτιοι ἀπὸ τοῦ τὸν ἀέρα τὴν πρόσοψιν ἔχειν ἔγγλαυκον. (Diod., I, 12.)
Ἄγαλμα Ἀθηνᾶς γλαυκοὺς ἔχον τοὺς ὀφθαλμούς, Λιβύων τὸν μῦθον ὄντα εὕρισκον. (Paus., *Att.*, XXIV.)

[4] Hérod., II, 169.

[5] Antiochus Athenis in Minervio memorat Cecropem esse mandatum terræ. (Arnob., *Adv. Gentil*, 6, p. 66. — Item, Clem. Alex., *Cohort. ad Gent.*)

[6] Ἐριχθονίου δὲ ἀποθανόντος καὶ ταφέντος ἐν τῷ τεμένει τῆς Ἀθηνᾶς..... (Apollod., III, 14.)
Ἐριχθόνιος et Ἐρεχθεύς sont les formes d'un même nom. Voy. *Etymol. magn.*: « Ἐρεχθεύς — ὁ Ἐριχθόνιος καλούμενος, »

contre l'usage général de la Grèce, dans le sanctuaire de Minerve Poliade. C'est pour ce temple qu'Amasis, après son usurpation, fit construire de magnifiques Propylées [1] qui peut-être ont fourni, non pas le modèle, mais l'idée des Propylées d'Athènes.

Les Athéniens, de leur côté, ne voulaient point accepter une tradition si contraire à leurs prétentions, et leurs écrivains essayèrent d'interpréter à leur honneur cette communauté de mœurs et de croyances. Cécrops fut proclamé [2] autochthone, et pour expliquer son surnom de Διφυής, allusion à sa double patrie, on le représenta, comme plus tard Érechthée, moitié homme, moitié serpent. Platon [3] racontait que Solon, pendant son voyage en Égypte, avait fait avouer aux prêtres mêmes de Saïs qu'Athènes était plus ancienne que leur ville de mille ans. Callisthènes [4] et Apollonius de Tyane [5] répétèrent à leur tour que Saïs était une colonie grecque, et qu'elle tenait d'Athènes le culte

---

et Syncelle, p. 157 : Οὗτος Ἐριχθόνιος Ἡφαίστου, ὁ παρ᾽ Ὁμήρῳ Ἐρεχθεύς ἐστι.

[1] Hérod., II, 185.
[2] Apollod., III, 14.
[3] Platon, *Tim.* I. p. 30.
[4] Proclus, *in Tim.*, ibid.
[5] Ἀθηναίων ἀπόγονοί ἐστε, καθάπερ ἐν Τιμαίῳ Πλάτων φησίν.
(Apoll. de Tyan., *Lettre* 70.)

de Minerve et son collége de prêtres, réminiscence des Étéobutades.

Lorsque l'on connaît l'orgueil national des Grecs et particulièrement du peuple athénien, on ne s'étonne point de ces flatteries inventées par les philosophes qui avaient adopté Minerve comme le type le plus pur et le plus idéal parmi les divinités : ils préparaient ainsi un accueil favorable à leurs théories.

Théopompe [1], Diodore, Pausanias [2], Hérodote surtout, qui ménage si volontiers le peuple qui l'avait accueilli, paraissent beaucoup plus dignes de foi. Non-seulement les historiens, mais les faits eux-mêmes déclarent que le culte de Minerve était passé d'Afrique en Grèce. Danaüs, un autre Égyptien, à peine établi à Argos, élève sur le mont Pontinus [3] un temple à Minerve *Saïtide*. Les Argiens savaient encore, au temps de Pausanias, que Minerve était adorée sur les bords du lac Tritonis. C'est là, disaient-ils [4], qu'elle aida Persée à vaincre Méduse, reine des Libyens.

[1] Θεόπομπος δ' ἀνάπαλιν ἐποίκους Ἀθηναίους τῶν Αἰγυπτίων εἶναι φησίν. (Proclus, *ibid.*)

[2] *Voy.* plus haut, et *Bœot.*, XII.

[3] Καὶ ἐπὶ τῇ κορυφῇ τοῦ ὄρους ὃ καλοῦσι Ποντῖνον, ἱερόν τε Ἀθηνᾶς Σαΐτιδος. (Paus., *Corinth.*, XXXVI.)
Δαναὸν δὲ λέγουσιν αὐτὸν τὸ ἱερὸν ἐπὶ Ποντίνῳ ποιῆσαι τῆς Ἀθηνᾶς. (Ibid., XXXVII.)

[4] Ibid., XXI.

Mais on voit combien le sentiment national chez les anciens mêlait à son ardeur quelque chose d'étroit. Qu'importait après tout aux Athéniens que le culte de leur grande divinité fût venu ou non d'Égypte? N'était-elle pas devenue leur création? En la parant d'une grâce céleste par leurs poétiques fictions, en lui donnant la science, la sagesse, la valeur, la chasteté[1], toutes les vertus de la femme et tout le génie de l'homme, n'avaient-ils pas effacé les traces de son origine étrangère? Par leur piété ils avaient surpassé tous les peuples rivaux; ils avaient quitté leur nom pour prendre celui de leur protectrice; le ciseau de leurs grands artistes lui avait donné la vie et une beauté immortelle sur la terre; ils l'avaient fixée à jamais parmi eux en lui élevant les temples les plus magnifiques; et même dans l'imagination de la postérité la plus reculée, Minerve ne peut apparaître que sur le rocher de l'Acropole et parmi les ruines du Parthénon.

Quant à l'interprétation du mythe de Minerve

[1] On distingue trois modifications successives dans le mythe d'Érechthée, selon M. Raoul-Rochette. — Dans la première forme, Érechthée est fils de Vulcain et de Minerve; ce mythe est purement égyptien. Plus tard il devint fils de Vulcain et de la Terre, pour sauver la virginité de la déesse, et Minerve ne fut plus que sa nourrice. Cette seconde forme est conçue sous l'influence ionienne. Enfin, dans la plus belle période de la civilisation attique, l'intervention de Vulcain fut écartée pour

## CHAPITRE I.

et des légendes qui s'y rattachent, soit qu'on y[1] veuille voir simplement un voile des faits historiques, — ou bien[2] la personnification allégorique des progrès de l'agriculture et de la civilisation, — ou enfin[3] un système astronomique et philosophique plus élevé encore, ces questions ne peuvent trouver leur place au début d'une étude comme celle-ci. Les arts sont ennemis des abstractions. Ils vivent d'imagination et de poésie, mais de cette poésie qui leur présente la forme plutôt que l'idée, la forme revêtue de fictions vivantes, de tous ses attributs matériels. Dites à Phidias que la dispute de Neptune et de Minerve, c'est la colonie phénicienne chassée par la colonie égyptienne — qu'Érechthée, c'est le blé confié à la terre, et Pandrose la rosée qui le fait croître — que Minerve, « c'est l'esprit[4] de lumière et de vie qui ré-« side dans le soleil et la lune, » et osez lui de-

éviter jusqu'à l'ombre d'une souillure, et Érechthée ne fut plus que le fils de la Terre (γηγενής). C'est là, en effet, la tradition du siècle des Pisistratides, telle qu'elle est exposée dans le passage interpolé de l'*Iliade* :

Τέκε δὲ ζείδωρος Ἄρουρα.

(*Journal des Savants*, févr. 1851, p. 92.)

[1] Clavier, *Histoire des premiers temps de la Grèce.*
[2] Ottfried Müller, *Minerve Poliade*, I. — Brönstedt, *Voyages et recherches en Grèce*, 2ᵉ liv.
[3] *Histoire des Relig.*, par MM. Creuzer et Guigniaut, 6ᵉ liv.
[4] C'est en ces termes que M. L. Vinet résume, en la

mander ensuite des chefs-d'œuvre! Qu'on me permette donc d'adopter sans examen les fables les plus naïves[1]. Qui voudrait les dépouiller de leurs mensonges, lorsque l'art qu'elles ont si admirablement inspiré les a en retour consacrées et faites immortelles?

Cécrops, par les bienfaits d'une civilisation inconnue, attira promptement autour de lui les habitants de l'Attique[2], dispersés jusque-là, errants et misérables. C'était le temps où les dieux parcouraient la terre, prenant possession des villes où l'on devait leur rendre un culte particulier. Neptune vint le premier, et, frappant le roc[3] de son trident, fit paraître la mer au milieu de l'Acropole. Minerve arriva à son tour, et, appelant Cécrops pour qu'il lui servît de témoin, planta un olivier[4] chargé de ses fruits.

condamnant, la théorie de Creuzer. *Voy.* Creuz. et Guign., Not., p. 1323.

[1] Dans tout ce chapitre je ne fais que recueillir les légendes qui se rattachent à l'Acropole, sans en discuter l'origine ni la valeur. Quel est le peuple dont le berceau n'est pas entouré de fables d'autant plus charmantes souvent qu'elles sont plus absurdes?

[2] Apollod., III, 14.

[3] Καὶ πλήξας τῇ τριαίνῃ κατὰ μέσην τὴν Ἀκρόπολιν ἀνέφηνε θάλασσαν. (Ibid.) — C'était la θάλασσα Ἐρεχθηίς, source légèrement salée.

[4] Ibid. et Constant. Géopon., IX, 1.

Cécrops réunit les hommes et les femmes (car c'était alors l'usage que les femmes assistassent aux assemblées), et demanda¹ l'avis de chacun. Les hommes se prononcèrent pour Neptune, les femmes pour Minerve, et, comme il s'en trouva une de plus, la déesse l'emporta².

Neptune appela en vain de ce jugement devant les douze Dieux réunis sur l'Aréopage. Le témoignage de Cécrops assura à Minerve³ une nouvelle victoire. Dès lors elle devint la déesse protectrice de la ville, lui donna son nom et fut honorée à Athènes plus qu'en aucun lieu de la terre. L'olivier qu'elle avait fait naître sur le rocher frappé par Neptune fut entouré d'une enceinte, et, auprès de l'autel et de la statue ⁴ consacrés à la déesse, on n'en éleva qu'aux dieux qui lui étaient chers, à Jupiter Très-haut, son père ⁵,

---

Varron cité par saint Augustin (*de Civit. Dei*, XVIII, 9.)

² Les anciens rois, dit Plutarque, afin de faire abandonner la navigation pour l'agriculture, avaient répandu cette fable: (*Vie de Thémist.*) De même Neptune et le Soleil se disputèrent Corinthe. ( Paus., *Corinth.*, I. )

³ Χώρα τῆς Ἀθηνᾶς ἐκρίθη, Κέκροπος μαρτυρήσαντος ὅτι πρῶτον τὴν ἐλαίαν ἐφύτευσεν. (Apollod., *ibid.*)

⁴ Λέγεται δὲ ὁ Κέκροψ βωμὸν παρ' Ἀθηναίοις ἱδρῦσαι πρῶτος καὶ πάλιν πρῶτος Ἀθηνᾶς ἄγαλμα συστήσασθαι. (Euseb., *Præp. ev.*, X.)

⁵ Paus., *Att.*, XXVI.

à Vulcain son frère¹, qui partageait sa demeure dans le Ciel.

Plus tard cependant on commença à redouter le courroux de Neptune. Déjà il avait voulu inonder l'Attique², et Mercure seul, envoyé par Jupiter, avait pu l'arrêter. La forme de son trident empreinte sur le roc, et ce trou au fond duquel, lorsque soufflait le vent d'Afrique³, on entendait mugir la mer, semblaient une continuelle menace. Érechthée, par le conseil de l'oracle, éleva d'abord dans l'Acropole un autel à l'*Oubli*⁴, monument de la réconciliation de Neptune et de Minerve; puis Neptune fut admis à partager les honneurs de la déesse⁵.

Érechthée était né de l'amour déçu de Vulcain pour Minerve⁶ et de la Terre, qui se fit mère à sa

---

¹ Ἐς δὲ τὸ τῆς Ἀθηνᾶς καὶ Ἡφαίστου οἴκημα τὸ κοινὸν ἐν ᾧ ἐφιλοτεχνείτην λαθὼν εἰσέρχεται Προμηθεύς. (Platon, *Protog.*, 12.)

² Hygin, *fab.* 164.

³ Paus., *Att.*, XXVI.

⁴ Ἐνταῦθα γοῦν καὶ νεὼ κοινωνεῖ μετὰ τῆς Ἀθηνᾶς ἐν ᾧ καὶ βωμός ἐστι Λήθης ἱδρυμένος. (Plut., *Sympos.*, IX; quæst. 6.)

⁵ Paus., *ibid.* A Sparte également, Minerve et Neptune avaient un temple commun. (Paus., *Lacon.*, XI.)

⁶ L'union de Vulcain et de Minerve semble empruntée aussi bien à la Phénicie qu'à l'Égypte. A Tyr, on leur rendait un culte commun :

Ἔνθα Ἥφαιστος ἔχων χαίρει γλαυκῶπιν Ἀθήνην.

(Achill. Tat., II, 14.)

place. Les Athéniens faisaient de cet événement des récits différents, qui, s'ils blessaient fort sa pudeur, sauvaient au moins la virginité de leur protectrice [1]. Minerve, honteuse à la fois et touchée de compassion pour l'enfant qui gisait à terre, résolut de l'élever en se cachant [2] des autres dieux.

Elle le mit dans une corbeille et l'emporta dans son sanctuaire [3]. Là vivaient les trois filles de Cécrops, Pandrose, Aglaure et Hersé, qui s'étaient consacrées à son culte. Un jour la déesse s'aperçut que sa ville était trop accessible du côté du couchant. Elle alla [4] chercher une montagne à Pellène, et confia la corbeille à Pandrose en lui défendant de l'ouvrir. Pandrose fut fidèle [5]; mais ses deux sœurs, poussées par la curiosité, découvrirent le mystère. Aussitôt la corneille alla annoncer [6] cette nouvelle à Minerve, qui revenait avec la mon-

---

[1] *Voy.* Apollod., III, 14. Hygin., *fab.* 166. Id., *Poet. astron.*, XIII.

[2] Κρύφα τῶν ἄλλων θεῶν. (Apollod., *ibid.*)

[3] ..... Ἐρεχθῆος μεγαλήτορος ὅν ποτ' Ἀθήνη
Θρέψε, Διὸς θυγάτηρ (τέκε δὲ ζείδωρος Ἄρουρα)
Κὰδ δ' ἐν Ἀθήνης εἷσεν, ἑῷ ἐνὶ πίονι νηῷ.
(Hom., *Iliad.*, II, 547.)

[4] Antig., *Histor. mirab.*, VIII.

[5] Apollod., *ibid.* — Ovid., *Met.*, II, 554.

[6] Hygin., *fab.* 166.

tagne dans ses bras. De surprise et de colère elle la laissa [1] tomber : c'est ainsi que fut formé le mont Lycabette. Hersé et Aglaure, égarées alors par une démence furieuse, se précipitèrent du haut de l'Acropole. Pandrose, au contraire, devint plus chère encore à Minerve, qui voulut après sa mort qu'on lui rendît [2] les honneurs divins.

Cependant Érechthée, parvenu à l'âge d'homme, détrôna le roi Pandion. C'est alors que, plein de reconnaissance pour sa mère adoptive, il lui éleva le temple où elle aimait [3] à habiter, investit Butès et sa postérité du sacerdoce [4], établit les Panathénées [5] et les courses de quadriges [6] en l'honneur de Minerve; enfin, il donna à son culte l'éclat et la solennité qui se transmit immuable d'âge en âge. Aussi fut-il après sa mort enseveli dans le temple même [7], auprès de Cécrops.

Pendant que la religion consacrait ainsi l'Acro-

---

[1] Antig., *Histor. mirab.*, VIII.

[2] Paus., *Att.* XXVII.

[3] ...Δῦνε δ' Ἐρεχθῆος πυκινὸν δόμον. (*Odyss.*, VII, 81.)

[4] Καὶ τὴν βασιλείαν Ἐρεχθεὺς λαμβάνει· τὴν δὲ ἱεροσύνην τῆς Ἀθηνᾶς καὶ Ποσειδῶνος Βούτης. (Apollod., III, 14.)

[5] Apollod., *ibid.*

[6] Sed Erichthonius et quadrigas et sacrificia Minervæ, et templum in arce Athenarum primus instituit. (Hygin, *Poet. astron.*, XIII.

[7] Apollod., III, 14.

pole, la ville y grandissait peu à peu et, s'étendant au midi [1], commençait à descendre dans la plaine.

« Les artisans [2] et les laboureurs étaient établis
« à l'extérieur sur la pente même qui regarde
« l'Ilissus. Seule, la caste des guerriers occupait le
« sommet, réunie par une enceinte autour du
« temple de Minerve et de Vulcain. Ils s'étaient
« construit, du côté du nord, des demeures com-
« munes et y vivaient exposés à la violence du vent,
« veillant sur les citoyens.

« Sur le plateau même de l'Acropole, il y avait
« une source que plus tard les tremblements de
« terre firent presque complétement disparaître,
« mais qui alors donnait une eau abondante, agréa-
« ble à boire l'hiver comme l'été. »

---

[1] Τὸ δὲ πρὸ τούτου ἡ Ἀκρόπολις ἡ νῦν οὖσα πόλις ἦν καὶ τὸ ὑπ' αὐτὴν πρὸς νότον μάλιστα τετραμμένον. (Thucyd., II, 15.)

[2] Ὤκητο τὰ μὲν ἔξωθεν ὑπ' αὐτὰ τὰ πλάγια τῆς Ἀκροπόλεως ὑπὸ τῶν δημιουργῶν καὶ τῶν γεωργῶν· τὰ δὲ ἐπάνω τὸ μάχιμον αὐτὸ καθ' αὑτὸ γένος μόνον περὶ τὸ τῆς Ἀθηνᾶς Ἡφαίστου τε ἱερὸν κατῳκήκει ἑνὶ περιβόλῳ προσβεβλημένοι. Τὰ γὰρ πρὸς βορρᾶν αὐτῆς ᾤκουν οἰκίας κοινὰς καὶ ξυσσίτια (ceux qui ont vécu à Athènes savent quelle est la violence du vent du Nord, surtout au sommet de l'Acropole) χειμερινὰ κατεσκευασμένοι, τῶν πολιτῶν φύλακες.....

..... Κρήνη δὲ ἦν μία κατὰ τὸν τῆς νῦν Ἀκροπόλεως τόπον ἧς ἀποσβεσθείσης ὑπὸ τῶν σεισμῶν τὰ νῦν ὕδατα σμικρὰ κύκλῳ καταλέλειπται· τοῖς δὲ πᾶσι τότε παρεῖχεν ἄφθονον ῥεῦμα εὐκρὰς οὖσα πρὸς χειμῶνά τε καὶ θέρος. (Platon, *Critias.*)

Voilà en quelques mots la vie d'une cité primitive dans toute sa simplicité. Une source, une enceinte fortifiée, les artisans qui travaillent dans leurs demeures, les laboureurs dans les champs voisins, les guerriers sur la hauteur qui observent la mer sillonnée par les pirates, ou les défilés du Parnès franchis souvent par les belliqueux habitants d'Éleusis et de Thèbes. L'ennemi paraît-il, tous se réfugient dans l'enceinte avec leurs troupeaux et ce qu'ils ont de plus précieux. Les fortifications n'étaient autre chose qu'une[1] barrière de bois entrelacée aux oliviers sauvages [2] qui croissaient naturellement sur l'Acropole comme sur tous les rochers de la Grèce.

Un temps vint cependant, lorsque Thésée réunit tous les habitants de l'Attique [3] en une seule cité, où l'Acropole fut abandonnée tout entière aux dieux et aux vieux souvenirs. Mais elle fut toujours pour les Athéniens la *Ville*[4] par excellence, l'*Asty* de Cécrops, leur véritable patrie.

[1] Ἡ γὰρ Ἀκρόπολις ῥηχῷ τὸ πάλαι ἐπέφρακτο. (Hérod., VIII, 142.)
Καὶ γὰρ πρὸ τοῦ ξυλίνῳ τείχει ἐπέφρακτο.
(Sopat. Διαίρεσ. ζητημάτ.)
[2] Εἰς τὴν Ἀκρόπολιν ἀξιοῦσι καταφεύγειν κοτίνοις τότε πυκνοῖς καταπεφραγμένην. (Sopat. *ad Hermog.*)
[3] *Voy.* Thucyd., II, 15, et l'inscription de l'arc d'Adrien :

ΑΙΔΕΙΣΑΘΗΝΑΙΘΗΣΕΩΣΗΠΡΙΝΠΟΛΙΣ

[4] Καλεῖται δὲ διὰ τὴν παλαιὰν ταύτῃ κατοίκησιν καὶ ἡ Ἀκρόπολις μέχρι τοῦδε ἔτι ὑπ' Ἀθηναίων Πόλις. (Thucyd., *ibid.*)

Les maisons nouvelles se groupèrent en cercle [1] à ses pieds, sous l'égide de Minerve : ce qui faisait dire au rhéteur Aristide [2] que l'Attique était le centre de la Grèce, Athènes le centre de l'Attique, et l'Acropole le centre d'Athènes. Au moment du danger, on était toujours prêt à s'y réfugier encore. C'était une sûre forteresse, surtout depuis que les Pélasges Tyrrhéniens avaient aplani le rocher [3] et l'avaient entouré de ces murs célèbres dont ils couvrirent la Grèce et l'Étrurie.

Soixante ans après la guerre de Troie, une colonie [4] de Pélasges chassés de la Béotie [5] avait trouvé asile dans l'Attique, peuplée anciennement par

---

[1] Τὸ δὲ ἄστυ αὐτὸ πέτρα ἐστὶν ἐν πεδίῳ κατοικουμένη κύκλῳ.
(Strabon, IX, p. 396.)

[2] Aristid., *Panathen.* — Et Pindare :
..... Θεοὶ
Πολύβατον οἵτ' ἄστεος ὀμφαλὸν θυόεντα
Ἐν ταῖς ἱεραῖς Ἀθήναις
Οἰχνεῖτε..... (*Dithyr.* IV, 3 ; édit. Dissen.)

[3] Ἠπέδιζον τὴν Ἀκρόπολιν, περιέβαλλον δὲ Ἐννεάπυλον τὸ Πελασγικόν. (Suidas ἄπεδα.)

[4] *Voy.* M. Raoul-Rochette, *Hist. des col. grecq.*, II, 6, et V, 3.

[5] Pausanias les fait venir de Sicile, mais sans donner de preuves. (*Att.*, XXVIII.) Les souvenirs de ces temps reculés étaient si confus, qu'on en vint à ne voir dans le nom de Pélasges qu'une épithète donnée à un peuple vagabond. Πελαργός, cigogne. V. *Photius*.

leur race. Pour payer l'hospitalité qu'ils recevaient, les Pélasges fortifièrent l'Acropole et protégèrent le côté accessible [1] par une série d'ouvrages qui communiquaient entre eux par neuf portes. De là le nom d'*Ennéapyle*. Les architectes se nommaient Agrolas et Hyperbius [2].

Les Athéniens leur donnèrent en récompense des terres au pied de l'Hymette, terres stériles, mais dont leur industrie sut pourtant tirer un excellent parti [3]. Deux âges d'homme ne s'étaient pas écoulés que les Athéniens, jaloux et déjà ingrats, les chassèrent. Ils prétendirent plus tard que les Pélasges avaient fait violence à leurs filles lorsqu'elles allaient chercher de l'eau aux *Neuf-Fontaines* [4], et qu'on les avait surpris délibérant de s'emparer d'Athènes. Mais les dieux eux-mêmes semblèrent punir leur ingratitude et leur mauvaise foi en rendant inutiles contre l'ennemi ces murs [5], ouvrage de leurs victimes, et en les faisant servir aux projets des ambitieux contre leur liberté. Cylon [6],

---

[1] Strabon, IX, p. 396, et surtout Hérod., VI, 137.

[2] Paus., *Att.*, XXVIII.

[3] Hécatée cité par Hérod., *ibid*.

[4] Ἐννεάκρουνος.

[5] *Voy.*, pour les travaux des Pélasges, le chap. IV de ce volume.

[6] Thucyd., I, 126.

Pisistrate[1], Isagoras[2] commencèrent par se saisir de l'Acropole, lorsqu'ils voulurent se faire tyrans de leur patrie, tous trois, il est vrai, avec un succès bien différent. Lorsqu'au contraire Xerxès en fit le siége[3], Minerve chercha en vain à fléchir par ses prières[4] Jupiter vengeur de l'hospitalité.

L'incendie d'Athènes par Xerxès est un de ces faits sur lesquels glisse l'histoire, parce que de plus grands événements absorbent son attention. L'Acropole en flammes ne fait qu'éclairer la flotte immobile à Salamine, et l'on oublie quelques pierres menacées et quelques vieillards superstitieux, pour ne penser qu'à l'avenir d'un peuple et d'une civilisation qui va se décider dans peu d'heures.

Il y a cependant aussi de la grandeur dans cette confiance inébranlable aux paroles ambiguës d'un oracle[5] et dans ce dévouement inutile qui s'ensevelit sous les ruines de la patrie.

La ville était restée déserte : les guerriers étaient

---

[1] Hérod., I, 59.
[2] Hérod., V, 72; Paus., *Elid.*, II, 8.
[3] Hérod., V, 65 et 72; VIII, 51.
[4] Οὐ δύναται Παλλὰς Δί' Ὀλύμπιον ἐξιλάσασθαι
Λισσομένη πολλοῖσι λόγοις καὶ μήτιδι πυκνῇ.
(Oracle cité par Hérod., VII, 141.)
[5] Τεῖχος Τριτογενεῖ ξύλινον διδοῖ εὐρύοπα Ζεὺς
Μοῦνον ἀπόρθητον τελέθειν. (Ibid.)

sur les vaisseaux, les femmes et les enfants à Salamine[1] ou à Trézène; Minerve elle-même était remontée au ciel[2], et le serpent familier avait disparu du sanctuaire. Seuls, les ministres des autels, quelques pauvres gens que la misère avait empêchés de fuir d'Athènes, et les citoyens qui croyaient avoir mieux compris l'oracle, s'étaient enfermés dans la citadelle et l'avaient fortifiée à la hâte avec des pieux et des planches[3], profitant des oliviers sauvages[4] qui l'entouraient alors d'une défense naturelle.

Le premier assaut repoussé, les Perses s'établissent en tumulte sur l'Aréopage, à moins d'une portée de trait, et lancent des flèches et des étoupes enflammées contre la palissade. Les Athéniens, déçus dans leur pieuse confiance et réduits aux dernières extrémités, résistaient cependant, et repoussaient toutes les propositions que leur faisaient les fils de Pisistrate. Chaque fois que les barbares s'approchaient des portes, ils roulaient sur eux des pierres énormes. Xerxès désespérait déjà de les réduire.

---

[1] Hérod., VIII, 41.
[2] Ibid., 51.
[3] Φραξάμενοι τὴν Ἀκρόπολιν θύρησί τε καὶ ξύλοισι. (Ibid.)
[4] Εἰς τὴν Ἀκρόπολιν ἀξιοῦσι καταφεύγειν κοτίνοις τότε πυκνοῖς καταπεφραγμένην. (Sopat. *ad Hermog.*

Enfin, on découvrit [1] en avant de l'Acropole, derrière les portes et la montée, une entrée qui n'était point gardée, tant l'on pensait peu que personne pût jamais escalader par là. C'était dans le temple d'Agraule un passage souterrain dont les bords étaient très-escarpés et à pic. Dès que les Athéniens voient les Perses sur l'Acropole, les uns se précipitent du haut du mur et se tuent, les autres se réfugient dans le temple. Ils y sont massacrés, le temple est livré au pillage [2], et l'Acropole entière devient la proie des flammes.

Mardonius, maître à son tour d'Athènes [3], acheva d'anéantir ce que Xerxès n'avait pu que détruire. « Il ne laissa debout ni une muraille de « la ville [4], ni une maison, ni un temple. » Aujourd'hui même, en fouillant l'Acropole, on trouve des fragments des anciens temples, des marbres brisés, des pierres noircies, des charbons, des vases de terre cuite et de bronze, témoins d'une

---

[1] Χρόνῳ δ' ἐκ τῶν ἀπόρων ἐφάνη δή τις ἔσοδος τοῖσι βαρβάροισι... Ἔμπροσθε ὦν πρὸ τῆς Ἀκροπόλιος, ὄπισθε δὲ τῶν πυλέων καὶ τῆς ἀνόδου... κατὰ τὸ ἱρὸν τῆς Ἀγλαύρου... (Hérod., VIII, 53.)

Ἔσοδος... Ce passage existe encore, et de la grotte d'Agraule conduit au plateau supérieur. (Voy. plus bas, ch. V.)

[2] Τὸ ἱρὸν συλήσαντες ἐνέπρησαν πᾶσαν τὴν Ἀκρόπολιν...
(Hérod., *ibid.*)

[3] Diod., XI, 23.

[4] Καὶ εἴ κού τι ὀρθὸν ἦν τῶν τειχέων ἢ τῶν οἰκημάτων ἢ τῶν ἱρῶν, πάντα καταβαλὼν καὶ συγχώσας. (Hérod., IX, 13.)

dévastation dont vingt-quatre siècles n'ont pu faire disparaître les traces.

Quand les Athéniens vainqueurs rentrèrent dans leur pays, la ville et l'Acropole n'étaient plus qu'un monceau de ruines. Mais l'olivier sacré du temple d'Érechthée, brûlé jusqu'au pied, avait repoussé d'une coudée la première nuit[1] : image de la rapidité avec laquelle un peuple dans tout l'élan de sa jeunesse et de son génie allait réparer ses désastres. La fortune semblait avoir rasé une ville entière, œuvre inégale de temps encore grossiers, pour qu'elle se relevât brillante, une et immortelle au plus beau siècle de l'art.

[1] Hérod., VIII, 55.

## CHAPITRE II.

#### L'ACROPOLE AU SIÈCLE DE PÉRICLÈS.

« Vous devez, » dit Aristote [1] à ceux qui veulent conserver le souverain pouvoir, « vous devez « agrandir et orner votre ville comme si vous en « étiez l'administrateur et non pas le maître. »

Ce conseil semble lui avoir été inspiré par l'histoire d'Athènes. Tous ceux qui, par la force, la persuasion ou la gloire, devinrent les chefs de la république, s'appliquèrent à l'envi à construire et à décorer la ville des chefs-d'œuvre de tous les arts.

Pisistrate avait élevé la plupart des monu-

Κατασκευάζειν γὰρ δεῖ καὶ κοσμεῖν τὴν πόλιν ὡς ἐπίτροπον ὄντα καὶ μὴ τύραννον. (*Polit.*, V, 9.)

ments[1] que détruisirent les Perses, et peut-être même cet ancien Parthénon que nous ne connaissons que par quelques débris et deux lignes d'un glossaire[2], tant l'Hécatompédon d'Ictinus l'a fait oublier aux auteurs anciens. Les fils de Pisistrate[3] avaient suivi cet exemple et protégé également les lettres et les arts; pour fournir à ces dépenses, ils en étaient même réduits aux expédients que rapporte Aristote[4].

Ce qu'ils avaient fait par politique, pour faire aimer leur tyrannie, et par ce goût des belles choses naturel au peuple athénien, Thémistocle, Cimon, Périclès le firent en outre par nécessité: tout était à créer de nouveau, les fortifications, les temples des Dieux, les édifices publics.

La tâche de Thémistocle était la plus difficile, et elle fut promptement interrompue par l'exil. Il fallait avant tout assurer la sécurité de la ville naissante et l'entourer de murailles, malgré la jalousie des autres Grecs et l'opposition hostile des Lacédémoniens. On sait par quelle ruse Thé-

---

[1] Le temple d'Apollon Pythien. (Suidas, Πύθιον.) — Le Jupiter Olympien. (Arist., *Polit.*, V, 9, 4.) — Le Lycée. (Harpocrat., Λυκεῖον.) — Les Neuf Fontaines, Ἐννεάκρουνος. (Thucyd., II, 15. — Paus., *Att.*, XIV.)

[2] Hesych., Ἑκατόμπεδον.

[3] *Voy.* Real-Encyclopädie, p. 1649.

[4] *OEcon.*, II, 2, § 4.

mistocle déjoua leur malveillance [1]. Pendant qu'il traînait en longueur son ambassade à Sparte, « tous les Athéniens [2] travaillaient à construire les « murs, hommes, femmes, enfants, n'épargnant « aucun édifice, soit public, soit privé, du moment « qu'il pouvait fournir des matériaux...

« ...Les fondations étaient composées de pierres « de toute espèce qu'on disposait sans régularité « et selon que chacun les apportait : les stèles des « tombeaux et les pierres travaillées y figuraient « en grand nombre...

« ... Maintenant encore, » dit Thucydide, « les mu-« railles accusent clairement la hâte avec laquelle « elles ont été construites. » Nous verrons plus bas que ces paroles s'appliquent aujourd'hui avec autant de vérité à une partie de l'enceinte de l'Acropole, celle qui regarde le nord.

Soit qu'elle n'eût pas été achevée par Thémistocle, soit qu'il en eût détruit lui-même une partie

---

[1] Thucyd., I, 90 à 93.

[2] Τειχίζειν δὲ πάντας πανδημεὶ τοὺς ἐν τῇ πόλει καὶ αὐτοὺς καὶ γυναῖκας καὶ παῖδας, φειδομένους μήτε ἰδίου μήτε δημοσίου οἰκοδομήματος ὅθεν τις ὠφέλεια ἔσται ἐς τὸ ἔργον, ἀλλὰ καθαιροῦντας πάντα. (Ibid., 90.)

Οἱ γὰρ θεμέλιοι παντοίων λίθων ὑπόκεινται καὶ οὐ ξυνειργασμένων ἔστιν ᾗ, ἀλλ' ὡς ἕκαστοί ποτε προσέφερον, πολλαί τε στῆλαι ἀπὸ σημάτων καὶ λίθοι εἰργασμένοι ἐγκατελέγησαν. (Ibid., 93.)

Καὶ δήλη ἡ οἰκοδομία ἔτι καὶ νῦν ἐστιν, ὅτι κατὰ σπουδὴν ἐγένετο. (Ibid.)

pour la refaire, Cimon bâtit à son tour le mur du midi[1]; mais cette fois à loisir, en belles et régulières assises. Ce fut le riche butin conquis sur les côtes d'Asie et de Thrace qui en fit les frais, aussi bien que de tous les monuments qui furent bâtis à cette époque. Quand le trésor public était épuisé, c'étaient ses richesses privées que Cimon consacrait aux travaux. Malgré son insouciance et son penchant pour le vin[2], Cimon, représentant du parti aristocratique, avait une âme grande et généreuse. Son pouvoir, comme dans toute démocratie, dépendait de la faveur de la multitude : il aima mieux l'acheter au prix de sa fortune que de sa dignité. Tout l'or qu'il avait conquis sur les Perses, il l'employa noblement à embellir sa patrie de monuments de toute sorte : les Longs murs, par exemple, le Pœcile, le Théséon, le Gymnase, les Jardins de l'Académie. L'Acropole également ne fut pas seulement fortifiée, mais décorée[3]; et malgré le silence des auteurs anciens, il y a quelque raison de croire que le temple de la Victoire sans ailes doit être attribué à Cimon[4].

Ainsi le fils de Miltiade donna aux arts et au

---

[1] Plut., *Vie de Cimon.*

[2] Ibid.

[3] His ex manubiis Athenarum arx qua ad meridiem vergit est *ornata*. ( Corn. Nep., *Cim.*, 2. )

[4] *Voy*. le chap. IX de ce volume.

goût de son époque l'impulsion que Périclès ne fit que développer. Les arts, arrivés à leur point de maturité, n'attendaient qu'une occasion favorable pour produire leurs plus sublimes œuvres. Tout se rencontra à la fois, le génie dans les artistes, les lumières et la magnificence dans les hommes d'État, des sources inespérées de richesse pour le trésor public, la paix au dedans, au dehors la gloire militaire et ses enivrements. C'est un pareil concours de circonstances, inexplicable à la philosophie humaine et qui n'a qu'une heure dans l'histoire d'un peuple, qui amène ce qu'on appelle un *grand* siècle. Mais, comme l'on croit tout simplifier en rapportant tout à un seul homme, on a donné à ce siècle le nom de Périclès. Cimon n'est plus qu'un général heureux : Périclès est le génie protecteur des arts, idéal que la postérité entoure d'un respect superstitieux et auquel elle attribue injustement tout ce qu'ont préparé ou accompli des générations entières.

Lorsque Périclès hérita de l'influence de Cimon et voulut continuer son œuvre, le trésor public n'avait plus ces revenus extraordinaires que la guerre prélevait sur l'opulente Asie. Le grand roi avait signé la paix et tenait ses vaisseaux loin des mers de Grèce. Il n'y avait plus d'ennemis ; ce fut sur les alliés que retomba le poids de la splendeur athénienne. La caisse commune enlevée à Délos fournit aux largesses de Périclès et à ses coûteuses constructions. C'est alors que s'élevèrent le Parthénon et les Propylées.

Si les classes laborieuses qui gagnaient tout à ce système ne murmurèrent pas dans le commencement, il n'en fut pas de même du parti aristocratique, accoutumé au désintéressement de Cimon et aux sources glorieuses de sa prodigalité. Thucydide, beau-frère de Cimon, était à sa tête. Les assemblées retentissaient de leurs accusations contre l'acte inouï de Périclès :

« Le peuple[1] se déshonore, » s'écriaient-ils, « et
« encourt le mépris universel en transportant de
« Délos à Athènes l'argent qui appartient à tous
« les Grecs. Le prétexte le plus plausible que nous
« pussions opposer à nos détracteurs, la crainte
« que les barbares ne s'emparassent là-bas du tré-
« sor commun, et le désir de le mettre en sûreté,
« ce prétexte, Périclès ne nous l'a pas même laissé.
« La Grèce se croit outragée cruellement et sou-
« mise à une éclatante tyrannie, lorsqu'elle voit[2]
« les sommes qu'elle est forcée de déposer pour
« une guerre nationale, servir à dorer notre ville,

---

[1] Plut., *Vie de Périclès*, XII.

[2] ... Ὁρῶσα τοῖς εἰσφερομένοις ὑπ' αὐτῆς ἀναγκαίως πρὸς τὸν πόλεμον ἡμᾶς τὴν πόλιν καταχρυσοῦντας καὶ καλλωπίζοντας ὥσπερ ἀλαζόνα γυναῖκα περιαπτομένην λίθους πολυτελεῖς καὶ ἀγάλματα καὶ ναοὺς χιλιοταλάντους. (Ibid.)

« à la couvrir d'ornements recherchés, comme une
« femme coquette chargée de pierres précieuses,
« à la remplir de statues et de temples de mille
« talents. »

Périclès prouvait, au contraire, au peuple qu'il ne devait point compte aux alliés de leur argent. « C'est vous » — disait-il — « qui faites la guerre « pour eux et qui tenez éloignés les barbares; tan- « dis qu'ils ne vous fournissent ni un cheval[1], ni « un vaisseau, ni un soldat, mais payent une sim- « ple contribution. Or, l'argent n'appartient point « à celui qui le donne, mais à celui qui le reçoit, « du moment qu'il tient les engagements qu'il a « pris en le recevant. — Vous êtes pourvus abon- « damment de tout ce qui est nécessaire à la guerre. « Vous avez donc le droit d'employer le superflu « à des ouvrages qui[2], achevés, vous assurent une « gloire éternelle, et, pendant leur exécution, en- « tretiennent le bien-être parmi vous. Car ils exi- « gent des travaux de tout genre, occupent tous les « arts, mettent en mouvement toutes les mains,

[1] Οὐχ ἵππον, οὐ ναῦν, οὐχ ὁπλίτην, ἀλλὰ χρήματα μόνον τελούντων· ἃ τῶν διδόντων οὐκ ἔστιν, ἀλλὰ τῶν λαμβανόντων, ἂν παρέχωσιν ἀνθ' οὗ λαμβάνουσι... (Plut., *Vie de Périclès*, XII.)

[2] Ἀφ' ὧν δόξα μὲν γενομένων ἀΐδιος, εὐπορία δὲ γινομένων ἑτοίμη παρέσται, παντοδαπῆς ἐργασίας φανείσης καὶ ποικίλων χρειῶν, αἳ πᾶσαν μὲν τέχνην ἐγείρουσαι, πᾶσαν δὲ χεῖρα κινοῦσαι σχεδὸν ὅλην ποιοῦσιν ἔμμισθον τὴν πόλιν ἐξ αὐτῆς ἅμα κοσμουμένην καὶ τρεφομένην. (Ibid.)

« et procurent un salaire à la ville presque entière,
« qui pourvoit elle-même à ses embellissements et
« tout ensemble à sa subsistance. »

C'est ainsi que Périclès, après avoir rassuré la conscience de ses auditeurs et fait appel à l'orgueil national, s'adressait directement aux intérêts de chacun, bien sûr de trouver des juges favorables et au besoin des complices. Peut-être était-il sincère; peut-être croyait-il une œuvre d'équité et de politique de reconstruire les édifices d'Athènes sans qu'il en coûtât rien à l'État. C'était justice à ses yeux qu'après s'être sacrifiée pour la Grèce, cette ville courageuse fût relevée par l'argent des Grecs, et que le trésor des alliés, rançon de leur mollesse, payât la magnificence d'Athènes, tandis que le sang athénien coulait pour la défense des alliés.

Mais les orateurs [1] du parti de Thucydide revenaient souvent à la charge, accusant Périclès de dilapider le trésor et d'épuiser les revenus publics. Périclès demanda un jour au peuple assemblé s'il trouvait qu'il eût trop dépensé. — « Beau« coup trop, » lui répondit-on. — « Eh bien! ce « n'est pas vous, c'est moi qui supporterai la

---

[1] Τῶν δὲ περὶ τὸν Θουκυδίδην ῥητόρων καταβοώντων τοῦ Περικλέους ὡς σπαθῶντος τὰ χρήματα καὶ τὰς προσόδους ἀπολλύντος..... (Plut. *Vie de Périclès*, XII, 14.)

« dépense, et j'inscrirai mon propre nom sur les
« monuments que je consacrerai. »

A ces mots, tous[1], soit frappés de sa grandeur
d'âme, soit jaloux de l'honneur attaché à de telles
œuvres, lui crièrent de puiser à son gré dans le
trésor et sans compter.

C'est ce qu'il fit, surtout lorsque l'exil de Thucydide l'eut délivré d'une opposition sévère. On
peut avoir une idée de ce que coûtèrent toutes
ces constructions par les seuls Propylées, qui exigèrent deux mille douze talents, un peu plus de
douze millions de notre monnaie : « Héliodore,
« dans le premier livre de son ouvrage sur l'Acro-
« pole d'Athènes, dit que les Propylées furent com-
« plétement terminés en cinq ans et coûtèrent
« deux mille douze talents[2]. » L'ouvrage d'Héliodore est perdu; mais ce témoignage d'un homme
qui avait étudié particulièrement les monuments
et l'histoire de l'Acropole est reproduit par trois
auteurs différents.

Diodore de Sicile donne aussi le même chiffre;
du moins il suffit d'une simple soustraction pour

---

[1] Εἴτε τὴν μεγαλοφροσύνην αὐτοῦ θαυμάσαντες, εἴτε πρὸς τὴν δόξαν ἀντιφιλοτιμούμενοι τῶν ἔργων ἀνέκραγον κελεύοντες ἐκ τῶν δημοσίων ἀναλίσκειν μηδενὸς φειδόμενον. (Plut. *Vie de Périclès*, XII.)

[2] Ἡλιόδωρος δὲ ἐν πρώτῳ περὶ τῆς Ἀθήνησιν Ἀκροπόλεώς φησιν· ἐν ἔτεσι γὰρ πέντε παντελῶς ἐξεποιήθη· τάλαντα δὲ ἀναλώθη ͵βιβ΄.
(Harpocr., Προπύλαια ταῦτα. — Suidas, *ibid.* — Photius, *ibid.*)

le retrouver dans son texte. « On dépensa, dit-il, « pour la construction des Propylées[1] et le siége « de Potidée quatre mille talents. » Comme l'on sait par Thucydide[2] que le siége de Potidée en coûta deux mille, la conclusion est aisée.

Une phrase de Dion Chrysostome donne encore le même résultat par un calcul approximatif : « Les « Propylées de l'Acropole[3] et le temple de Jupiter « Olympien revinrent à plus de dix mille talents. » En admettant que le temple de Jupiter eût coûté quatre fois autant que les Propylées, et cette proportion est en rapport, je crois, avec la proportion des monuments eux-mêmes, on aurait huit mille talents pour l'un, deux mille pour l'autre.

Je sais que tous ces textes réunis ne sont rien aux yeux de M. Leake, qui entreprend d'en démontrer l'inexactitude[4]. Peut-être M. Leake n'eût-il pas pris un parti aussi extrême, si d'une part il n'eût pas accru le nombre des édifices bâtis par Périclès, et de l'autre réduit à un chiffre par trop modeste le prix de tous ces

---

[1] Ἀπανήλωτο δὲ πρὸς τὴν κατασκευὴν τῶν Προπυλαίων καὶ τὴν Ποτιδαίας πολιορκίαν τετρακισχίλια τάλαντα. (Diod., XII, 40.)

[2] Ἀναλωκυίας τε ἤδη τῆς πόλεως δισχίλια τάλαντα ἐς πολιορκίαν. (Thucyd., II, 70.)

[3] Τὰ Προπύλαια τῆς Ἀκροπόλεως καὶ τὸ Ὀλύμπιον ἀπὸ πλειόνων ἢ δέκα χιλιάδων ταλάντων. (Dion Chrysost., *de Regno*, Or. II.)

[4] Voy. *Appendix* III, *Topogr. of Ath.* 1841.

édifices. D'après son système [1], ils eussent à peine coûté, réunis, quelques centaines de talents de plus que les seuls Propylées d'après les auteurs.

M. Leake s'est laissé entraîner, ce me semble, par un passage de Thucydide qu'il interprète trop rigoureusement. Au moment de l'invasion d'Archidamus, Périclès énumère aux Athéniens toutes les ressources qui leur permettront de soutenir une longue guerre. « Ayez confiance », leur dit-il ; « non-seulement vous avez chaque année les six « cents talents que les alliés payent en tribut à la « république et vos revenus personnels, mais six « mille talents d'argent monnayé restent encore « dans l'Acropole. Il y en a eu [2] un jour jusqu'à « neuf mille sept cents ; mais j'ai dû en dépenser « pour les Propylées de l'Acropole, les autres « constructions et le siége de Potidée. »

La différence est de trois mille sept cents talents. M. Leake établit, par une série de calculs hypothétiques, que Potidée, toujours assiégée, n'avait encore coûté que sept cent cinquante talents au moment du discours de Périclès. Ce sont donc deux mille neuf cent cinquante talents, dit-il,

---

[1] We have two thousand nine hundred and fifty talents, for the cost *of the buildings* of Pericles (p. 470).

[2] ... Τὰ γὰρ πλεῖστα τριακοσίων ἀποδέοντα μύρια ἐγένετο, ἀφ' ὧν ἔς τε τὰ Προπύλαια τῆς Ἀκροπόλεως, καὶ τἆλλα οἰκοδομήματα καὶ ἐς Ποτίδαιαν ἀπανηλώθη. (Thucyd., II, 12.)

qu'ont absorbés tous les embellissements d'Athènes. Oui, deux mille neuf cent cinquante talents, tirés du trésor de l'Acropole. — Mais pourquoi supposer qu'il n'y eut pas une obole de prélevée sur les revenus de chaque année, qui montaient à quatre cents talents, sur le tribut énorme de six cents talents que payaient les alliés[1], sur le butin que les généraux et Périclès lui-même rapportaient de leurs expéditions? Dans toute grande entreprise, il y a une caisse de réserve où l'on puise, lorsque le revenu courant est insuffisant. Quand on ne trouvait pas sur les mille talents qui formaient le revenu d'Athènes de quoi couvrir complétement les frais d'un monument ou d'un siége comme celui de Potidée, Périclès s'adressait au trésor enlevé à Délos; et c'est ainsi que, vers la fin de son administration, il se trouva diminué de plus d'un tiers. M. Bœckh, qui a fait des finances

---

[1] Ce tribut s'éleva jusqu'à treize cents talents pendant la guerre du Péloponèse, et le revenu total, à deux mille talents.
(Plut., *Arist.*, XXIV.)

Καὶ πρῶτον μὲν λόγισαι φαύλως, μὴ ψήφοις ἀλλ' ἀπὸ χειρὸς,
Τὸν φόρον ἡμῖν ἀπὸ τῶν πόλεων ξυλλήβδην τὸν προσιόντα·
Κἄξω τούτου τὰ τέλη χωρὶς καὶ τὰς πολλὰς ἑκατοστὰς,
Πρυτανεῖα, μέταλλ', ἀγορὰς, λιμένας, μισθοὺς καὶ δημιόπρατα·
Τούτων πλήρωμα τάλαντ' ἐγγὺς δισχίλια γίγνεται ἡμῖν.
(Aristoph., *Guép.*, 657.)

Il est vrai qu'Aristophane parlait ainsi pendant la guerre du Péloponèse.

athéniennes une étude si approfondie, ne s'est pas trompé sur le sens de ce passage [1], et surtout n'a point eu l'idée de nier un chiffre [2] sur lequel s'accordent tous les témoignages anciens.

Du reste, je cherche en vain ce que ce chiffre de douze millions de drachmes a d'inexplicable. Lorsqu'il faut aplanir un rocher sur une largeur de cent cinquante pieds, y construire des soubassements, le revêtir de dalles et d'un magnifique escalier de marbre, tailler des blocs immenses dans les carrières avec un soin, je dirais même avec un art dont le mont Pentélique garde encore les traces, les transporter à plus de cinq lieues de distance sur une hauteur escarpée, les rejeter, si on y découvre une seule tache; lorsqu'un architecte fait travailler le marbre comme les sculpteurs savent seuls aujourd'hui le travailler, ajuster chaque assise comme on ajuste les plus délicats ouvrages de marqueterie; lorsqu'il emploie des peintres, des doreurs et des ouvriers dont le dernier devait être un artiste; enfin lorsque la nature et l'art ont prodigué ce qu'ils ont, l'une de plus

[1] « Il tira encore du Trésor trois mille sept cents talents « pour des constructions et pour la guerre de Potidée, *sans* « *compter ce qu'il prit sur les revenus courants.* » (*Écon. polit. des Ath.*, t. II, p. 336, trad. franç.)

[2] « Les Propylées seuls causèrent une dépense de deux mille « douze talents. » (*Ibid.*, p. 332.)

précieux, l'autre de plus parfait, pour produire un admirable chef-d'œuvre, faut-il s'étonner que la dépense soit proportionnée à tant de magnificence?

Comme si ces raisons n'étaient point assez fortes, l'histoire apporte aussi son mot, mot décisif qui livre en même temps le secret de la puissance, ou, comme disaient les anciens, de la *monarchie*[1] de Périclès. J'ai déjà cité le discours par lequel il justifiait devant le peuple l'enlèvement du trésor des alliés : Plutarque[2] expose ensuite l'emploi qu'il en fait et par quelle politique.

Ceux que leur âge et leur force rendaient propres à la guerre recevaient une paye sur le fonds commun. « Mais les classes ouvrières[3], que leurs professions exemptaient du service, Périclès voulut qu'elles eussent également leur part de l'argent conquis, sans l'attendre cependant au sein de la paresse et de l'oisiveté. C'est pourquoi il proposa au peuple d'entreprendre de grandes constructions et des travaux de toute sorte qui devaient occuper longtemps toutes les industries. Par ce moyen la population sédentaire avait

---

[1] Ἰσχὺς ἐκείνη μοναρχία λεγομένη. (Plut., *Pér.*, XXXIX.)
[2] Plut., *Vie de Périclès*, XI.
[3] Τὸν δ' ἀσύντακτον καὶ βάναυσον ὄχλον οὔτ' ἄμορον εἶναι λημμάτων βουλόμενος οὔτε λαμβάνειν ἀργὸν καὶ σχολάζοντα. (Ibid.)

« aussi bien que les citoyens qui étaient en cam-
« pagne[1] ou en garnison le droit de profiter
« des richesses publiques et d'en recevoir sa
« part. »

Puis Plutarque énumère toutes les professions, tous les métiers qui gagnaient à cette vaste entreprise, jusqu'aux marins qui allaient chercher l'ivoire et l'ébène dans les pays lointains, jusqu'aux charretiers qui transportaient le marbre des carrières du Pentélique, sans oublier cette armée de manœuvres qui n'étaient que des instruments, des forces[2] au service de chaque métier. « C'est ainsi
« que ces travaux répandaient[3] et distribuaient
« l'abondance parmi tous les âges et toutes les
« conditions. »

Dans toutes ces explications il n'est guère question de l'amour de l'art, encore moins des motifs religieux et de la nécessité d'élever à Minerve des temples dignes d'elle : omission singulière devant des hommes aussi jaloux de leur réputation de piété que l'étaient les Athéniens. Avantages matériels pour chacun, aisance pour

---

[1] Ἵνα μηδὲν ἧττον τῶν πλεόντων καὶ φρουρούντων καὶ στρατευομένων τὸ οἰκουροῦν ἔχῃ πρόφασιν ἀπὸ τῶν δημοσίων ὠφελεῖσθαι καὶ μεταλαμβάνειν. (Plut., *Pér.*, XI.)

[2] Ὄργανον καὶ σῶμα τῆς ὑπηρεσίας. (Ibid.)

[3] Εἰς πᾶσαν, ὡς ἔπος εἰπεῖν, ἡλικίαν καὶ φύσιν αἱ χρεῖαι διένεμον καὶ διέσπειρον τὴν εὐπορίαν. (Ibid.)

tous, voilà le but avoué de ces magnifiques constructions.

Ce fut en effet la politique de Périclès de s'attacher le peuple par l'intérêt et de flatter son désir de bien-être. Cimon était entré le premier dans cette voie par ses largesses personnelles; Périclès, qui était pauvre[1], continua aux dépens du trésor de la république. On sait où cette funeste tendance conduisit les hommes d'État qui lui succédèrent. Périclès au moins garda toutes les mesures, et cette distribution détournée des deniers publics ne fut pas sans dignité, puisqu'elle fut le prix du travail. — Prix fort élevé, je n'en doute pas : car ce ne sont pas des ouvriers que l'on paye, mais des citoyens maîtres de votre puissance et séduits par vos promesses. On comprend qu'en Sicile d'immenses travaux comme la Piscine d'Agrigente et son Jupiter Olympien, les Latomies de Syracuse, les temples grandioses de Sélinonte pussent être exécutés à peu de frais par les bras d'innombrables prisonniers de guerre[2]. Mais il était dans les desseins de Périclès que le plus humble ouvrage (on le voit par Plutarque) fût exécuté par un homme libre et largement payé. Cette considéra-

[1] Plut., *Vie de Périclès*, XI.
[2] Après la victoire de Gélon, tel citoyen eut pour sa part jusqu'à cinq cents prisonniers. (*Voy.* Brunet de Presle, *Recherches sur les établ. des Grecs en Sic.*, II, 28.)

tion, lorsque s'y joint la grandeur du monument, la beauté des matériaux, la perfection admirable des plus simples détails, enlève toute invraisemblance au chiffre d'Héliodore.

Le Parthénon avait dû coûter plus cher encore, si l'on a égard à ses proportions et aux sculptures qui l'ornaient. L'or seul de la statue de Minerve pesait quarante talents[1] et valait environ cinq cents talents d'argent (trois millions). C'est, du moins, ce que Périclès assurait au peuple athénien et ce qui fut prouvé dans le procès de Phidias. Aucun autre renseignement ne nous est parvenu.

On se trouve dans la même incertitude pour la date du Parthénon, tandis qu'on a, sur l'époque des Propylées, des chiffres aussi précis que sur leur prix. Ils furent commencés[2] sous l'archontat

---

[1] Ἀπέφαινε δ' ἔχον τὸ ἄγαλμα τεσσαράκοντα τάλαντα σταθμὸν χρυσίου ἀπέφθου καὶ περιαιρετὸν εἶναι ἅπαν. (Thucyd., II, 13.)

Le scoliaste d'Aristophane dit quarante-quatre ; Éphore, copié par Diodore, cinquante.

[2] Περὶ δὲ τῶν Προπυλαίων τῆς Ἀκροπόλεως ὡς ἐπὶ Εὐθυμένους ἄρχοντος οἰκοδομεῖν ἤρξαντο Ἀθηναῖοι, Μνησικλέους ἀρχιτεκτονοῦντος, ἄλλοι τε ἱστορήκασι καὶ Φιλόχορος ἐν τῇ τετάρτῃ..... Ἡλιόδωρος δ' ἐν πρώτῳ περὶ τῆς Ἀθήνῃσιν Ἀκροπόλεως, μεθ' ἕτερα καὶ ταῦτά φησιν· ἐν ἔτεσι μὲν πέντε παντελῶς ἐξεποιήθη, τάλαντα δὲ ἀνηλώθη δισχίλια δώδεκα, πέντε δὲ πύλας ἐποίησαν, δι' ὧν εἰς τὴν Ἀκρόπολιν εἰσίασιν. (Harpocr., Προπύλαια ταῦτα.)

d'Euthymènes, la quatrième année de la 85ᵉ olympiade, c'est-à-dire l'an 436. Mnésiclès en était l'architecte; et au bout de cinq années, en 431 par conséquent, ils étaient complétement terminés.

Un an avant que l'on construisît les Propylées, la troisième année de la 85ᵉ olympiade, Phidias avait placé dans le Parthénon[1] la statue de Minerve en or et en ivoire. On en peut conclure assez naturellement que le temple était achevé; mais l'époque où il fut commencé nous est inconnue. A quelques années près, cela tombera vers l'exil de Thucydide, en 444. Peut-être même faudrait-il remonter plus haut : car, avant que Périclès ne l'eût déféré à l'ostracisme, Thucydide et son parti se plaignaient amèrement de voir construire aux frais des alliés des temples de *mille talents*[2]. Je ne vois que le Parthénon qui pût à ce moment avoir déjà coûté si cher; et Plutarque, qui semble suivre un ordre chronologique

---

Τὰ δὲ Προπύλαια τῆς Ἀκροπόλεως ἐξειργάσθη μὲν πενταετίᾳ, Μνεσικλέους ἀρχιτεκτονοῦντος. (Plut., *Péricl.*, XIII.)

[1] Sous l'archontat de Théodore, 437 av. J. C. — Φιλόχορος ἐπὶ Θεοδώρου ἄρχοντος ταυτά φησι· καὶ τὸ ἄγαλμα τὸ χρυσοῦν τῆς Ἀθηνᾶς ἐστάθη εἰς τὸν νεὼν τὸν μέγαν, ἔχον χρυσοῦ σταθμὸν ταλάντων μδ´ Περικλέους ἐπιστατοῦντος, Φειδίου δὲ ποιήσαντος.

(Scol. d'Arist., *Paix*, 605.)

[2] Ναοὺς χιλιοταλάντους. (Plut., *Péricl.*, XII.)

en énumérant les travaux des architectes dirigés par Phidias, place en tête le Parthénon.

Quoi qu'il en soit, les anciens eux-mêmes admiraient la rapidité avec laquelle s'élevaient des édifices qui, par leur grandeur et leur perfection, semblaient devoir occuper plusieurs générations. « Ce qu'il y a de plus surprenant, dit Plu-
« tarque[1], c'est leur prompt achèvement. Chacun
« d'eux paraissait exiger plusieurs âges d'homme
« pour être terminé, et tous le furent sous l'admi-
« nistration d'un seul. »

Mais ni un gouvernement de fait absolu, ni la suite dans les vues, ni l'argent fourni à profusion, ni une multitude d'habiles artistes, ni une paix profonde, ne suffisent à expliquer ce miracle. Le secret, c'est l'unité de direction, c'est la grande et active pensée d'un seul homme qui conduisit l'œuvre tout entière. « L'amitié de Périclès[2] avait
« mis Phidias à la tête des travaux; tout reposait

---

[1] ..... Μάλιστα θαυμάσιον ἦν τὸ τάχος. Ὧν γὰρ ἕκαστον ᾤοντο πολλαῖς διαδοχαῖς καὶ ἡλικίαις μόλις ἐπὶ τέλος ἀφίξεσθαι, ταῦτα πάντα μιᾶς ἀκμῇ πολιτείας ἐλάμβανε τὴν συντέλειαν.

(Plut., *Péricl.*, XIII.)

[2] Φίλος δὲ τῷ Περικλεῖ γενόμενος καὶ μέγιστον παρ' αὐτῷ δυνηθείς. (Ibid., XXXI.)

Πάντα δὲ διεῖπε καὶ πάντων ἐπίσκοπος ἦν αὐτῷ Φειδίας.

(Ibid., XIII.)

Ταῦτα δὲ ἦν σχεδὸν ἐπ' αὐτῷ, καὶ πᾶσιν ἐπεστάτει τοῖς τεχνίταις διὰ φιλίαν Περικλέους. (Ibid.)

« sur lui, il dirigeait tous les artistes, et cependant « il en avait de bien grands sous ses ordres[1]. » C'étaient, en effet, Callicrates et Ictinus, les architectes du Parthénon; Corœbus, Métagènes, architectes du temple d'Éleusis; Mnésiclès, qui construisit les Propylées; les sculpteurs Alcamènes, Agoracrite, Crésilas, Critios, Nésiotès, Hégias, Colotès, le Thrace Pæonius, dont les uns étaient les élèves, les autres les rivaux[2] de Phidias. C'était le peintre Panœnus, frère de Phidias, qui lui-même avait commencé par étudier[3] la peinture, et qui devait posséder aussi une connaissance approfondie de l'architecture[4], comme les sculpteurs Callimaque, Polyclète, Scopas. Autrement sa surintendance de tant de travaux de construction n'eût été qu'illusoire. Cette universalité est trop familière aux vrais génies de la renaissance pour qu'elle nous étonne dans l'antiquité.

Cependant, quelque large part que l'on veuille faire à Phidias dans les œuvres de ce beau siè-

---

[1] Καίτοι μεγάλους ἀρχιτέκτονας ἐχόντων καὶ τεχνίτας τῶν ἔργων.
(Plut., *Péricl.*, XIII.)

[2] Quo eodem tempore æmuli ejus fuere Alcamenes, Critias, Nesiotes, Hegias. ( Plin., XXXIV, 19.)

[3] Quum et Phidiam ipsum initio pictorem fuisse tradatur, Olympiumque Athenis ab eo pictum. ( Pl., XXXV, 34.)

[4] Tzetzès rapporte qu'il avait étudié à fond la perspective et la géométrie : Ὀπτικῆς καὶ γεωμετρίας. (*Chiliad.* VIII, 193.)

cle, il faut reconnaître que la postérité se montre souverainement injuste envers quelques-uns de ceux qui les ont créées de concert avec lui. Aujourd'hui, connaître Ictinus et Alcamènes, c'est déjà de la science ; pour Callicrate, Pæonius, Agoracrite, Nésiotès, ce n'est qu'un auteur à la main qu'on parvient à retrouver leurs noms sans écho. Et pourtant ces statues que vous admirez au Musée britannique sont peut-être l'œuvre de Pæonius ou d'Alcamènes, de même qu'ils décoraient les frontons d'Olympie tandis que Phidias sculptait dans l'ivoire le Jupiter d'Homère[1]. La plupart des morceaux de cette frise que vous voyez disséminée à Athènes et à Londres devraient porter le nom de Critios, d'Agoracrite et de tant d'autres. Mais Phidias est dans nos souvenirs comme Hercule[2], le héros de travaux impossibles, la personnification d'une génération entière, un nom qui résume tout et absorbe la gloire de tous. Les autres artistes ne sont pour nous que ses élèves,

---

[1] On demandait à Phidias quel avait été le modèle de son Jupiter, il répondit par ces vers d'Homère :

Ἦ καὶ κυανέῃσιν ἐπ' ὀφρύσι νεῦσε Κρονίων

Ἀμβρόσιαι δ' ἄρα χαῖται ἐπερρώσαντο ἄνακτος

Κρατὸς ὑπ' ἀθανάτοιο, μέγαν δ' ἐλέλιξεν Ὄλυμπον.

[2] C'est ainsi que les anciens eux-mêmes attribuaient à Dédale toutes les statues d'un certain style :

Οἱ πάλαι τὰ ξόανα ἐκάλουν Δαίδαλα. (Paus., *Bœot.*, III.)

talents qui renoncent à leur originalité pour dégrossir ses marbres ou travailler sur ses dessins. Nous ne songeons point pourtant à rapporter à Bramante, le Phidias de Jules II, le mérite de la chapelle Sixtine et des fresques du Vatican. Non-seulement Raphaël et Michel-Ange travaillaient sous ses ordres ; mais il distingua et présenta au pape le premier, et contraignit le second, malgré sa résistance, à peindre son Jugement dernier.

C'est là, je le sais, le malheur des œuvres collectives : et si, selon l'usage, un seul nom devait dominer, aucun ne le méritait mieux que celui de Phidias, puissant esprit, qui avait choisi, discipliné tant de talents divers et originaux, et qui les conduisait rapidement vers le but commun, les inspirant moins par ses conseils que par ses exemples. Mais je comprends encore mieux les jalousies[1] et les ressentiments qui l'entouraient, si déjà l'on pressentait qu'une seule gloire ferait oublier toutes les autres. Ce fut de l'atelier même de Phidias que sortit le dénonciateur qui le fit exiler. Ce lâche complot ne fit qu'ajouter à sa grandeur en l'en-

---

[1] Ὁ δὲ Φειδίας ἐπεστάτει τοῖς τεχνίταις διὰ φιλίαν Περικλέους· καὶ τοῦτο τῷ μὲν φθόνον, τῷ δὲ βλασφημίαν ἤνεγκεν.
(Plut., *Pér.*, XIII.)
.....τοὺς μὲν δι' αὐτὸν ἔσχεν ἐχθροὺς φθονούμενος. (Ibid., XXXI.)
Ἡ δὲ δόξα τῶν ἔργων ἐπίεζε φθόνῳ τὸν Φειδίαν. (Ibid.)

voyant à Olympie commencer le Jupiter, son plus admirable chef-d'œuvre.

L'Acropole d'Athènes a été dans l'antiquité l'objet d'ouvrages particuliers qui tous malheureusement sont perdus[1]. *Héliodore*, que l'on suppose contemporain d'Antiochus Épiphane, avait écrit quinze livres sur l'Acropole d'Athènes. *Polémon*[2], archéologue alexandrin, en avait composé quatre et un traité particulier sur les tableaux des Propylées. Un passage d'Harpocration[3] permet de croire que deux autres ouvrages avaient été composés sur Athènes, l'un par *Ménéclès*, l'autre par *Callistrate*. *Hégésias*[4], périégète dont Strabon cite quelques mauvaises phrases, n'avait parlé que d'un seul monument et paraît peu regrettable. Mais le livre dont la perte sera éternellement à déplorer, c'est celui qu'*Ictinus* lui-même[5]

---

[1] Ἡλιόδωρος ὁ Ἀθηναῖος ἐν τοῖς περὶ Ἀκροπόλεως... [πεντεκαίδεκά ἐστι ταῦτα τὰ βιβλία]... (*Athen.*, VI, p. 229.)

[2] Πολέμων ὁ περιηγητὴς τέτταρα βιβλία συνέγραψε περὶ τῶν ἀναθημάτων τῶν ἐν τῇ Ἀκροπόλει. (Strab., IX, p. 396.—Marcell., *Vie de Thucyd.*, 28 et 43.)

[3] Ὁ Παρθενὼν ὑπό τινων Ἑκατόμπεδον ἐκαλεῖτο διὰ κάλλος καὶ εὐρυθμίαν, οὐ διὰ μέγεθος· ὡς Μενεκλῆς ἢ Καλλίστρατος ἐν τῷ περὶ Ἀθηνῶν. (Harpocr., Ἑκατόμπεδον.)

[4] Strab., IX, p. 396.

[5] Edidere volumen... Item de æde Minervæ Dorica, quæ est Athenis in arce, Ictinus et Carpion. (Vitruv., *Præf.*, l. VII.)

avait publié sur le Parthénon, de concert avec un certain *Carpion*[1]. L'architecte jugeant son œuvre et livrant les secrets de son art, ce serait pour les modernes la plus inespérée des révélations.

[1] Je ne parle pas des auteurs d'*Atthides*, Mélésagoras, Clidémus, Phanodémus, Androtion, Philochorus, Ister, etc.

# CHAPITRE III.

L'ACROPOLE JUSQU'AUX TEMPS MODERNES.

Lorsque la citadelle d'Athènes eut été consacrée par l'art comme elle l'était déjà par la religion, ce fut un sanctuaire[1] inaccessible, et il fut défendu d'habiter le lieu qui jadis comprenait la ville entière.

Au commencement de la guerre du Péloponèse, la population des campagnes se réfugia dans Athènes : on la logea, tant la nécessité était pressante[2], dans les tours des Longs murs, dans les

---

[1] Μεγαλόπετρον, ἄβατον. Ἀκρόπολιν, ἱερὸν τέμενος.
(Arist., *Lysistr.*, 412.)
Ὅλης οὔσης ἱερᾶς τῆς Ἀκροπόλεως.
(Demosth., *de fals. Leg.*, p. 428.)
[2] Thucyd., II, 17.

lieux sacrés, dans les temples[1] et même dans cette enceinte pélasgique que les imprécations d'un oracle défendaient d'occuper; mais l'Acropole lui fut fermée. Chaque archonte en tenait les clefs à son tour[2], et pour un jour seulement : le peuple se souvenait de Cylon et de Pisistrate, et le trésor des alliés gardé dans le Parthénon était une tentation aussi puissante que la tyrannie.

Les siècles qui suivirent s'efforcèrent d'embellir[3] encore un lieu si magnifique par des monuments moins importants, des statues, des offrandes de toute sorte. L'orateur Lycurgue[4] y consacra une partie des revenus d'Athènes, qu'il avait su ramener à leur ancienne abondance. Sous Auguste on éleva le piédestal colossal et la statue d'Agrippa, le temple circulaire de Rome et d'Auguste, et l'on continua sous les empereurs à remplir l'enceinte tout entière de statues, comme on le reconnaît

---

[1] Ὤκησαν καὶ τὰ ἱερὰ καὶ τὰ ἡρῷα πάντα, πλὴν τῆς Ἀκροπόλεως. (Thuc., *ibid.*)

[2] Ἕκαστος δὲ ἄρχων ἐν μιᾷ ἡμέρᾳ ἐπιστάτης ἐκαλεῖτο· ἐπειδὴ αὐτὸς τὰς κλεῖς τῆς Ἀκροπόλεως ἐπιστεύετο καὶ πάντα τὰ χρήματα τῆς πόλεως.—Ἵνα οὖν μὴ ἐρασθῇ τυραννίδος, διὰ τοῦτο μίαν ἡμέραν ἐποίουν αὐτὸν ἄρξαι. (Scol. *in Demosth., in Arg. orat., in Andr.*, et Pollux, XIII, 3.)

[3] On avait réparé les désastres causés à l'Érechthéion par l'incendie, en 406. (Xénoph., *Hell.*, I, 6.)

[4] *Vie des dix orat.*, Lycurg.

encore aujourd'hui aux caractères de nombreuses inscriptions.

Mais la décadence et les malheurs du peuple athénien exposèrent les monuments à de fréquents outrages. La chute des croyances leur enlevait en même temps le caractère sacré, le prestige, qui, à défaut de la force, eût pu les faire respecter.

Lacharès, avec l'aide de Cassandre, s'était emparé du pouvoir. Ce fut de tous les tyrans[1] le plus inhumain et le plus impie. Assiégé par Démétrius, fils d'Antigone, il s'enfuit en Béotie, emportant les boucliers d'or[2] qui ornaient la frise du Parthénon, et tout l'or de la statue de Minerve. Ce furent même les immenses richesses qu'on lui supposait qui le firent assassiner à Coronée.

La bassesse des Athéniens réservait cependant à la déesse une insulte plus sacrilége encore. Non contents de décerner les honneurs divins à Démétrius[3], ils firent broder son portrait et celui de son père sur le péplum sacré avec ceux de Jupiter et de Minerve. On remarqua que, le jour de la procession des Panathénées, un ouragan déchira

---

[1] Τυράννων ὧν ἴσμεν τότε ἐς ἀνθρώπους μάλιστα ἀνήμερον καὶ ἐς τὸ θεῖον ἀφειδέστατον. (Paus., *Att.*, XXV.)

[2] Ibid.

[3] Plut., *Vie de Démétr.*

le voile en deux[1]. Mais quand l'opisthodome du Parthénon fut assigné pour demeure à Démétrius, quand le temple de la vierge, « sa sœur aînée, » disait-il, retentit de ses bruyantes orgies[2] avec Lamia et ses autres courtisanes, les dieux méprisés se turent, et l'on ne croyait même plus à leur vengeance. Minerve Poliade, la déesse de Cécrops et d'Érechthée, n'obtenait pas plus de respect. Pendant le siége d'Athènes par Sylla et la famine qui en fut la suite, le tyran Aristion laissait éteindre la lampe immortelle[3], et, quand la grande prêtresse lui demandait du blé pour un sacrifice, il lui envoyait du poivre.

Athènes fut ménagée longtemps par les Romains, qui venaient dès leur jeunesse y puiser l'amour des arts et des lettres.—« Accordons aux « morts la grâce des vivants, »—disait Sylla en arrêtant le pillage, mais en faisant démanteler la ville et l'entrée de la citadelle[4]. Il exprimait ce que pensèrent longtemps les Romains. Même quand toute la Grèce était dépouillée de ses chefs-d'œuvre, Athènes inviolable gardait les

---

[1] Plut., *Vie de Démét.*
[2] *Ibid.* C'est ce qui faisait dire au poëte comique Philippides:
Ὁ τὴν Ἀκρόπολιν πανδοκεῖον ὑπολαβὼν,
Καὶ τὰς ἑταίρας εἰσαγαγὼν τῇ Παρθένῳ.
[3] Plut., *Vie de Sylla.*
[4] *Voy.* le chap. suivant.

siens, traitée non pas comme une ville conquise, mais comme une patrie retrouvée. Jules César lui pardonna sa fidélité à Pompée; Antoine, son adhésion au parti de Brutus et de Cassius; Auguste, les bienfaits qu'elle avait reçus d'Antoine. Ce fut Néron[1], dont les constructions insensées furent la plus excusable folie, qui commença la dévastation. Après avoir dépeuplé Delphes et Olympie[2] de leurs statues, il enleva la plupart de celles qui se trouvaient dans l'Acropole d'Athènes. Il est à remarquer cependant qu'il épargna les plus saintes et les plus célèbres, puisqu'elles s'y trouvaient encore au temps de Pausanias. Sécundus Carinas[3], agent de l'empereur, avait probablement pour instructions de chercher le nombre plutôt que le mérite. Il fallait remplir la Maison dorée.

Comment disparurent toutes les autres sculptures détachées, depuis les Minerves colossales de Phidias jusqu'aux Grâces de Socrate, c'est ce que l'on ignore. Allèrent-elles orner Constantinople, que Théodose surtout embellit des dépouilles de

---

[1] Νέρων τοιαύτην ἐπιθυμίαν καὶ σπουδὴν περὶ τοῦτο ἔχων ὥστε μηδὲ τῶν ἐξ Ὀλυμπίας ἀποσχέσθαι, μηδὲ τῶν ἐκ Δελφῶν...
...ἔτι δὲ τοὺς πλείστους τοὺς ἐκ τῆς Ἀκροπόλεως Ἀθήνηθεν μετενεγκεῖν. (Dion Chrys., Or. XXX.)

[2] Il enleva de Delphes seulement cinq cents statues de bronze. ( Paus., *Phoc.*, VII. )

[3] Tacite, *Ann.*, XV, 45.

la Grèce ? — Furent-elles détruites par le zèle des chrétiens ou par la fureur des barbares ? Une tradition que rapporte Zosime[1] semble absoudre Alaric et ses Goths. Pendant qu'il assiégeait Athènes, la déesse Minerve, armée de son casque et de son bouclier, lui apparut menaçante, s'avançant à pas résolus sur les murs de sa forteresse. Effrayé, il proposa la paix aux Athéniens, qui lui ouvrirent immédiatement leurs portes et le reçurent au milieu des fêtes et des festins. Quant aux chrétiens, s'ils brisèrent les statues et les images, si par obéissance aux édits des empereurs ils renversèrent la plupart des temples, ils sauvèrent au moins les plus beaux en en prenant possession. Au viie siècle l'Érechthéion et le Parthénon furent convertis en églises grecques consacrées, l'une à la Divine Sagesse[2], dont Minerve était la personnification, l'autre à la Mère de Dieu[3]. Ce fut en 630 que le Parthénon fut ruiné, restauré[4],

---

[1] Fanelli, *Aten. att.*, p. 249.

[2] Ἁγία Σοφία.

[3] Θεοτόκος.

[4] On lisait, avant la révolution grecque, cette inscription sur le mur du sud :

Χ'ΑΜΕΤΑΤΟϹШΤΗΡΙΟΝΕΤΟϹΕΓΚΑΙ
ΝΙΑϹΘΗΟΝΑΟϹΟΥΤΟϹΤΗϹΑΓΙΑϹ
ϹΟΦΙΑϹ.

( Pittakis, *Anc. Athén.*, p. 387. )

comme on disait dans ce temps-là. Se substituer aux croyances antiques et sanctifier les temples en en prenant possession ne suffisait pas à l'habile politique du christianisme. Il donnait le change aux vieux souvenirs populaires par la ressemblance des idées ou des noms. C'est ainsi que, dans les temples de Grèce, Apollon [Ἥλιος] a été remplacé par saint Élie, Minerve par sainte Sophie ou par la Vierge, les Dioscures et Hercule par saint Georges et saint Michel. Il serait aisé de continuer ces curieux rapprochements et de montrer dans l'Église grecque ce mélange de nuances païennes.

Une fois sous la protection du christianisme, l'Acropole n'eut plus à craindre de nouvelles atteintes. Elle conserva non-seulement ses magnifiques monuments, mais les sculptures dont ils étaient ornés. Il fallut cependant ruiner l'intérieur des temples[1] pour l'approprier aux besoins du nouveau culte. L'abside byzantine s'éleva sur les débris du pronaos du Parthénon, et l'entrée fut transportée de l'orient à l'occident. Les murs qui séparaient les différents sanctuaires de l'Érechthéion furent abattus. Les grandes parois du Parthénon furent décorées de peintures ; un nouveau

[1] Si l'on en croit un témoignage fort suspect, les architectes qui refirent le Parthénon s'appelaient Eulogôs et Apollôs. (*Voy.* quelques pag. plus bas.)

pavement de marbre veiné, que l'on voit encore, couvrit le sol de l'Érechthéion. Les plafonds, les couvertures des temples, le système d'éclairage, tout fut changé. Nous devons nous estimer encore heureux d'avoir conservé à ce prix les édifices eux-mêmes et leurs beautés extérieures.

Les Propylées, à leur tour, parurent aux ducs d'Athènes mériter d'être épargnés pour servir de base à leur palais. Les historiens rapportent que Neri di Acciajuoli, premier duc d'Athènes, qui mourut en 1393, embellit sa capitale d'édifices somptueux[1]. L'on ne s'expose guère à se tromper en supposant que ce fut lui qui gâta les Propylées : le premier soin d'un seigneur féodal, fondateur d'une dynastie, ne devait-il pas être de se construire un château fort? Neri fit donc découvrir l'aile septentrionale, élever sur ses murs de nouveaux étages, percer des portes et des fenêtres; on ajouta un escalier; l'étage supérieur fut décoré de peintures dont les traces se voient encore. L'aile méridionale, au contraire, fut démolie en partie, pour agrandir le chemin qu'on voulait faire passer devant le temple de la Victoire sans ailes;

---

[1] Applicò l'animo suo pronto è grande non meno per ben ordinar li suoi Stati che ad accrescere le magnificenze di quella capitale con sontuosi edificii è strade spaziose.

(Fanelli, *Aten. Att.*, III, § 588.)

sur les deux murs et les deux colonnes qui restèrent on éleva une haute tour. L'on ne peut savoir ce qu'il fit du grand vestibule : car, lorsque l'Acropole eut été conquise par les Turcs, le vestibule fut couvert d'un dôme épais et devint un dépôt d'armes et de poudre[1]. En même temps les fortifications extérieures de l'Acropole subirent de nouveaux changements. Déjà les seigneurs d'Athènes, Francs ou Florentins, avaient restauré les murs anciens. Mais ils devinrent insuffisants lorsqu'on commença à se servir de l'artillerie dans les siéges. Après la prise d'Athènes par Mahomet II, on construisit, en avant des Propylées, un immense bastion, et les abords de la citadelle furent fermés par une suite de murailles et de portes. Les tours et les murs antiques furent ensevelis à quarante pieds sous terre.

Pour protéger contre le canon les Propylées, devenus la demeure de leur aga, les Turcs élevèrent des batteries[2], surtout de ce côté de la forte-

---

[1] *Voy.* Wheler, trad. de la Haye, 1723, p. 127.

[2] Il est inutile de dire que pour ces constructions les Turcs employèrent tous les matériaux qu'ils avaient sous la main, pierres, marbres, bas-reliefs, tables d'inscriptions, statues même, comme l'avaient fait les chrétiens et les ducs d'Athènes. J'ai retrouvé sous terre dans le bastion et fait démolir un mur tout entier d'un mètre et demi d'épaisseur, formé des fragments du petit portique des Propylées.

resse, le seul menacé, puisque la colline de Musée le commande [1].

Ce fut alors également que le Parthénon devint une mosquée, et qu'on éleva à l'angle sud-est le minaret dont il ne reste que la tour et l'escalier. Les peintures byzantines qui décoraient l'intérieur, les Turcs les blanchirent à la chaux « pour « faire voir leur esprit, » dit Wheler [2] dans sa naïve indignation. Cependant ils laissèrent au-dessus de l'autel une mosaïque qui représentait la sainte Vierge, « parce qu'ils disent [3] qu'un Turc lui ayant « tiré un coup de mousquet, la main lui sécha « sur-le-champ. »

L'Érechthéion cessa aussi d'être une église grecque et devint un harem [4] : on y logea les femmes du disdar-aga. Ce fut une nouvelle cause de dégradation, lorsqu'il fallut approprier l'édifice à des usages domestiques.

Tel fut l'état de l'Acropole jusqu'à la seconde moitié du xvii$^e$ siècle. Les monuments, quoique gâtés en partie, restaient debout cependant ; le Parthénon et l'Érechthéion, intacts à l'extérieur et ornés d'une partie de leurs sculptures. Les Turcs, dans leur pieuse aversion pour les images,

---

[1] Du Pnyx même il peut être facilement attaqué.
[2] Page 137.
[3] Ibid.
[4] Ibid. Et Spon, éd. de Lyon, 1678, t. II, p. 159.

n'avaient mutilé que celles qu'ils pouvaient atteindre.

Malheureusement l'art grec était un livre fermé pour les esprits les plus éclairés de ces temps-là; et les voyageurs qui visitèrent alors Athènes n'y apportaient qu'une curiosité banale et une ignorance déplorable. De sorte qu'au lieu des lumières précieuses qu'on attend de leurs ouvrages, on ne trouve que pauvreté et qu'insouciance. Telle est la description que fait de l'Acropole d'Athènes je ne sais quel Grec anonyme[1] qui vivait vers le quinzième siècle, avant la conquête de Mahomet II :

« Il y a, » dit-il, « dans l'Acropole la petite « *école des musiciens*. En face, un *grand palais*

---

[1] Ottfr. Müller juge ce manuscrit, qui est à Vienne, antérieur à l'arrivée des Turcs, parce que le Parthénon est encore l'église de la Vierge ; l'écriture lui semble dater du xv$^e$ siècle. ( V. Leake, *Append.* V.)

Ottfr. Müller a traduit en latin le manuscrit, laissant en grec les mots importants :

« In Acropoli esse parvum διδασκαλεῖον musicorum : huic oppositum esse magnum palatium candido marmore factum, inauratum, quo stoici et epicurei commeaverint. Περὶ δὲ τοῦ ναοῦ (pergit) τῆς Θεομήτορος, ὃν ᾠκοδόμησαν Ἀπολλῶς καὶ Εὐλόγως ἐπ' ὀνόματι Ἀγνώστῳ Θεῷ, ἔχει οὕτως· ἐστὶν ναὸς δρομικώτατος καὶ εὐρύχωρος. Habet muros candido marmore structos, et ferro et plumbo vinctos; et circa eas columnas maximas quarum capitula εἰς σχῆμα φοίνικος ornata esse, et supra has trabes candido marmore factas.

« de marbre blanc avec des dorures, où les stoï-
« ciens et les épicuriens allaient d'ordinaire. Quant
« au *temple de la Mère de Dieu*, construit par
« *Apollôs et Eulogôs* en l'honneur du *Dieu in-*
« *connu*, voici ce que c'est : C'est un temple très-
« long et très-large ; ses murs sont construits en
« marbre blanc, scellés de fer et de plomb; il y
« a autour de ces murs de très-grandes colonnes
« dont les chapiteaux ressemblent à la couronne
« du palmier ; au-dessus des colonnes, il y a des
« poutres de marbre blanc. »

C'est une chose curieuse, au milieu de ces inepties, que la confusion de quelques incohérentes traditions et la ridicule application qu'en faisaient les savants du temps aux monuments dont ils avaient oublié jusqu'au nom. Les épicuriens, les musiciens et le Dieu inconnu de saint Paul partagent amicalement l'Acropole; Phidias et Ictinus sont effacés de tous les souvenirs par Apollôs et Eulogôs; les Propylées sont un palais, le temple de la Victoire une école de musique. Je ne vois une ombre de sens que dans la comparaison du chapiteau dorique avec le palmier et l'évasement de sa corbeille, et un peu d'intérêt que dans les dorures des Propylées qui appartenaient vraisemblablement aux chapiteaux ioniques du vestibule, où l'on voit encore les trous qui retenaient le métal.

La même ignorance se remarque chez les deux Grecs auxquels Martin Kraus [1], professeur à Tübingen, demanda, en 1573, des renseignements sur Athènes. *Théodore Zigomalas* appelle le Parthénon *Panthéon*, et *Siméon Kavasila* le croit le Temple du Dieu inconnu. — C'était également le temple du Dieu inconnu en 1621, lorsque l'ambassadeur de France à Constantinople, M. Deshayes, passa par Athènes.

Neuf ans après qu'Athènes eut été prise par les Turcs, en 1465, elle fut visitée par un architecte italien [2], nommé *Francesco Zambetti*, qui dessina sur parchemin quelques-unes de ses antiquités. Cornelio Magni vit, il y a deux siècles, ces originaux à Rome dans la bibliothèque du palais Barberini, et il cite particulièrement la *Tour des Vents* [3]. C'est, en effet, parmi les différents croquis, le seul reconnaissable [4]; de tous les

[1] Mart. Crusius, l. VII, *Epist.* 10 et 18, cité par Leake, p. 89.

[2] Voy. *Cornelio Magni* (Parme, 1688), p. 46.

[3] Nom moderne de la clepsydre d'Andronicus Cyrrhestes.

[4] Je n'étais plus à Rome lorsque j'appris, par l'ouvrage de Cornelio Magni, l'existence de ces dessins; mais, à ma prière, M. André, architecte de l'Académie de Rome, a bien voulu en prendre connaissance. C'est de lui que je tiens ces renseignements. Comme M. André a vu lui-même et étudié les ruines d'Athènes, il était plus à même que personne de juger les dessins de Zambetti.

autres, aucun n'a trait aux monuments de l'Acropole. Lorsqu'on songe à l'immense service que les études d'un architecte instruit et sérieux eussent pu rendre alors à la science, on est tenté de vouer au mépris le nom du malheureux qui ne nous a légué que des déceptions. Mais on doit, par justice, supposer que l'entrée de la citadelle, si difficilement accordée plus tard, lui fut interdite par les Turcs, plus défiants après une conquête récente, plus fanatiques au moment (1464) de leurs guerres contre la chrétienté. Précisément un an auparavant, les Vénitiens avaient fait une descente au Pirée et pillé la ville.

Pendant le seizième siècle et la première moitié du dix-septième, je ne sache pas qu'aucune relation de voyage, aucun renseignement nous soit parvenu sur Athènes; et cependant le temps approchait où une suite d'accidents inouïs allait détruire en une seconde des œuvres que vingt siècles et tant de barbares n'avaient fait qu'effleurer et qui étaient construites pour durer éternellement.

En 1656, la veille d'une grande fête que les Turcs voulaient pieusement célébrer[1], l'aga Isouf eut l'idée de ruiner à coups de canon l'église de Saint-Dimitri, qui se trouvait dans la plaine, au pied du Muséion. Il fit disposer en batterie deux ou

---

[1] Wheler, p. 127, 128; Spon, II, p. 141. « Il y a vingt ans, » disent-ils tous les deux en 1676.

trois pièces et commanda à ses soldats d'être prêts le lendemain dès l'aurore. Il demeurait sous le dôme qu'on avait construit au-dessus du grand vestibule des Propylées; les Propylées eux-mêmes servaient de magasin à poudre et de dépôt « d'armes à la turque, » dit Wheler. Pendant la nuit, le tonnerre mit le feu aux poudres et l'aga sauta avec toute sa famille, « excepté une de ses « filles qui se sauva et qui s'est mariée depuis à « un Turc d'Athènes. Le lendemain on trouva des « flèches, des arcs, des boucliers jusqu'à une « lieue au delà par la campagne; mais on n'a eu « aucune nouvelle de l'aga depuis ce temps-là. « Les Grecs célèbrent tous les ans une fête à ce « sujet[1]. »

Cependant, grâce à l'admirable construction des monuments grecs, la plus grande partie des Propylées résista à l'explosion. La couverture du vestibule fut emportée; les tuiles, les caissons de marbre lancés au loin; la plupart des architraves de marbre, longues de vingt pieds, furent seulement soulevées par la force de la poudre et jetées à terre où elles se brisèrent; deux colonnes ioniques furent détruites; les autres restaient, ainsi que la façade et son fronton[2]. Mais la destruction,

---

[1] Wheler, p. 128.
[2] Wheler, *ibid.*, et Fanelli, *Aten. Att.*, la planche gravée

une fois commencée, continua lentement par la main des hommes.

Comme si ce premier malheur eût été un avertissement de mieux étudier les ruines qui allaient peut-être disparaître, les voyageurs qui arrivèrent les années suivantes décrivirent avec quelque soin les antiquités de l'Acropole. S'ils ont plus d'érudition que de goût, et si cette érudition superficielle tombe dans de fréquentes erreurs, leurs ouvrages ont cela de précieux, qu'ils nous ont conservé des détails qui ont disparu dans la suite. On sait gré en outre à quelques-uns d'une admiration sincère qui n'allait pas cependant, devant les figures mutilées du Parthénon, jusqu'aux larmes, comme le pourrait faire croire Cornelio Magni[1], si on ne connaissait l'exagération familière aux Italiens. Lui-même avoue du reste, avec une modestie qui est parfaitement fondée, que son ignorance le met à l'abri de ces vives émotions. Ce fut en 1674 qu'il visita Athènes. — La même année, une prétendue relation de voyage

qui correspond à la p. 308, et où l'on voit le fronton occidental des Propylées.

[1] ... Invitano gli occhi alle lagrime di che invaghito di cosi eccellenti manifatture nutre un animo tutto venerabondo per la loro perfezione ed antichità. — Io per me colmo più d'ignoranza che d'erudizione sono esente di queste passioni. (*Parme*, 1688, p. 62.)

était publiée à Paris. Guillet de Saint-Georges[1], plus tard premier historiographe de l'Académie de peinture, connaissait les PP. Simon et Barnabé, missionnaires capucins qui avaient résidé à Athènes. Aidé de leurs souvenirs, il entreprit l'histoire et la description de cette ville, et, comme une certaine tournure romanesque était nécessaire alors au succès d'un pareil ouvrage, il le mit sous le nom de son frère *la Guilletière*. Il supposait qu'après avoir passé quatre ans en esclavage à Tunis, la Guilletière avait parcouru la Turquie et lui envoyait le récit de son voyage. Une certaine vivacité, beaucoup d'anecdotes et de mensonges sont tout le mérite de ce livre.

Ce fut encore dans l'année 1674 que l'ambassadeur de France à Constantinople obtint l'entrée de l'Acropole[2] et la permission de faire dessiner les antiquités par un jeune peintre qui l'accompagnait. Jacques Carrey, élève de Lebrun, travailla pendant deux[3] mois à copier les sculptures du Parthénon. « Il faillit à s'y crever les yeux parce

---

[1] Voy. la *Biographie universelle* de Michaud.

[2] Le marquis de Nointel, pour que son peintre travaillât librement, avait dû offrir à l'aga une pièce de velours, six oies et une livre de café. ( *Cornel. Magni*, p. 65. )

[3] Cornelio Magni dit que la permission n'était que d'un mois, du 14 novembre au 15 décembre.

« qu'il fallait tout tirer de bas en haut sans écha-
« faud[1]. »

Cela seul, à défaut du style du temps, suffirait à expliquer l'imperfection de ces dessins qui
travestissent singulièrement les œuvres du ciseau
grec. Ils n'en ont pas moins un grand prix puisqu'ils donnent une idée de tant de morceaux qui
sont anéantis aujourd'hui.

En 1676 Spon et Wheler, l'un Français, l'autre
Anglais, tous deux fort zélés pour les découvertes
et les monuments de l'antiquité, arrivèrent à Athènes, après avoir parcouru une partie de la Grèce
et de l'Asie Mineure. Le docteur Spon, esprit cul-
tivé mais présomptueux, en imposait par son ton
tranchant à son compagnon plus modeste. Wheler
publia en Angleterre une simple variante de l'ouvrage de Spon, citant sans cesse son autorité
avec le plus grand respect. Mais comme il avait
plus de finesse et savait mieux observer, il ajoute
quelquefois des réflexions justes qui font re-
gretter qu'il n'eût pas plus de connaissances
personnelles ou plus d'indépendance dans ses
jugements.

Il ne faut demander à ces deux relations ni sentiment de l'art, ni critique, ni goût. Spon[2] déclare
les frontons du Parthénon une œuvre de l'époque

---

[1] Spon, p. 147.
[2] P. 146.

romaine. Wheler[1] ne manque pas de se ranger à son avis. Ce serait un long travail de relever les obscurités, les erreurs et l'érudition malheureuse qui remplissent leurs ouvrages. Mais on peut encore à travers la confusion de leurs descriptions démêler quelques détails intéressants sur l'état des monuments de l'Acropole à cette époque.

Ainsi, soit par la faute des hommes, soit par la faute du siècle, qui n'avait assurément ni le culte ni l'intelligence de l'art antique, on avait fait bien peu pour la science lorsque de nouvelles destructions vinrent diminuer encore le nombre des ruines.

Vers la fin de 1687, les Vénitiens, maîtres de la Morée, menaçaient Athènes. Les Turcs, résolus à se défendre vigoureusement, travaillaient à fortifier encore l'Acropole et à construire des batteries. C'est alors, vraisemblablement, qu'ils démolirent le temple de la Victoire, que Spon et Wheler avaient vu entier et qui n'existait plus après la guerre[2]. Si, comme on l'a prétendu, le canon des Vénitiens l'eût renversé, les colonnes et les pierres conserveraient la trace des boulets. Si le magasin à poudre qu'on avait creusé sous ses fondations

---

[1] P. 131.

[2] Stuart et Revett l'ont en vain cherché. Fanelli n'en parle que d'après les livres des voyageurs plus anciens ; car lui-même n'avait jamais été à Athènes.

l'eût fait sauter, MM. Hansen et Schaubert n'eussent pas trouvé intact ce magasin lui-même[1]. Les Turcs démolirent ce charmant temple, couvrirent de terre les matériaux, et trouvèrent ainsi un bastion naturel sur lequel ils établirent une batterie de six pièces.

Pendant ce temps, les Vénitiens débarquaient au Pirée, et le comte de Königsmarck, lieutenant de Morosini, venait établir ses mortiers sur les collines qui entourent à l'occident l'Acropole. Le 26 septembre le bombardement commença : on visait surtout le Parthénon, qui de ce côté domine le plateau, et où les Turcs avaient enfermé leurs familles et ce qu'ils avaient de plus précieux. Les bombes elles-mêmes eussent fait peu de mal : mais une d'elles mit le feu[2] à une grande quan-

---

[1] Voy. *Die Akropolis von Athen*, p. 3.

[2] Successe l'altro inaspettato infortunio provenuto dalla caduta di bomba sopra il celebratissimo tempio di Minerva, entro il quale speravano di aver posto in sicuro li più preziosi haveri, le famiglie e provisioni di guerra. Accesa questa all' improviso lasciò in momento il tutto divorato dalle fiamme e sepolto sotto il diroccamento di gran parte della sommità del tempio. ( Fanelli, 308, 309. )

Voyez aussi la lettre d'un officier vénitien dans le recueil de Bulifone : La conquista della piazza si deve ad una bomba caduta a caso nel tempio di Minerva, ove i Turchi avevano riposte tutte le loro ricchezze, ed il Bassà tutta la munizione di guerra, la quale accesa fa precipitosamente cadere quell' altissima mole. ( *Raccolta seconda*, p. 84. )

## CHAPITRE III.

tité de poudre que les Turcs avaient pensé y déposer en sûreté.

Ce fut dans la soirée du 28 que le Parthénon sauta. Presque toute la cella et sa frise, huit colonnes du portique du nord, six du portique du midi avec leur entablement, furent renversées ; le vaste temple resta coupé comme en deux corps de ruines. Les Turcs épouvantés se rendirent dès le lendemain, et Morosini le Péloponésiaque entra en triomphateur dans l'Acropole, pour continuer de sang-froid une destruction qui n'avait plus les nécessités de la guerre pour excuse [1]. Par son ordre, on enleva du fronton du Parthénon les chevaux et le char de Minerve, si admirablement conservés que les voyageurs les plus indifférents en parlaient avec enthousiasme. L'opération fut si malheureusement conduite, que tout le groupe tomba et se brisa sur le rocher. Les capitaines de Morosini suivirent cet exemple, et des fragments du Parthénon furent emportés jusqu'à Copenhague [2].

Six mois après, malgré les prières et les larmes des Grecs, les Vénitiens se retiraient d'Athènes

---

[1] On a trouvé cependant, dans les archives de Venise, un mémoire de Morosini qui essaye de justifier ses dévastations.

[2] *Voyages et Recherches en Grèce*, par Brönstedt, 2ᵉ livr., chap. 5.

pour n'y jamais rentrer. Une ville ruinée, les chefs-d'œuvre de l'art en partie anéantis, une population chrétienne enlevée à ses maîtres et abandonnée ensuite à leur vengeance, c'était un résultat glorieux! Qu'avaient fait de plus les barbares des premiers siècles?

C'est ainsi qu'en vingt années à peine tous ces beaux monuments de Périclès, qu'avaient respectés tant de siècles, furent mutilés et déshonorés : les Propylées par l'explosion d'une poudrière, le Parthénon par une bombe, le temple de la Victoire pour faire place à une batterie. L'Érechthéion devait plus tard partager leur sort, et, pendant la guerre de l'Indépendance, le canon des Turcs qui assiégeaient l'Acropole fit écrouler en partie le portique du nord.

Depuis le dix-septième siècle jusqu'à l'affranchissement de la Grèce, les édifices eux-mêmes sont restés à peu près dans le même état, excepté les Propylées, qui, au temps de Stuart et de Revett, n'avaient plus le fronton occidental et les chapiteaux ioniques que Spon et Wheler avaient vus[1]. Aujourd'hui ils ont perdu en outre une partie des chapiteaux doriques et des colonnes de cette

---

[1] C'est même à cause du fronton que Spon prit les Propylées pour un temple. J'ai déjà dit que ce fronton fut dessiné par l'ingénieur Verneda dans la vue de l'Acropole qu'il prit pendant le siége. (*Fanelli*, la planche de la p. 308.)

façade que Revett a dessinée (1764) pour la Société des Dilettanti.

Mais le goût pour les sculptures antiques, qui commença à se développer parmi les nations européennes, devait être pour l'Acropole une cause nouvelle de pertes et de dégradations. Le comte de Choiseul-Gouffier, ambassadeur à Constantinople, rapporta en France un morceau de la frise du Parthénon, un seul, et détaché depuis longtemps puisqu'il appartenait au côté oriental entièrement ruiné depuis cent ans. Cet exemple, que lord Elgin déclare si haut[1] n'avoir fait que suivre, justifie-t-il l'acte de vandalisme qui a soulevé la réprobation universelle? Les Anglais eux-mêmes se sont indignés[2], et le génie[3] s'est chargé de rendre immortelle la flétrissure infligée à son auteur.

[1] *Antiquités grecques*, ou Notice et Mémoire des recherches faites par le comte d'Elgin; publié à Londres en 1811. Traduit de l'anglais par M. B. de V.; Bruxelles, 1820; p. 25.

[2] Dodwell, I, p. 322.

[3] *Byron et Chateaubriand.* Lord Elgin avait emmené avec lui à Athènes une compagnie d'artistes qui fit tout, je n'en doute pas, pour le détourner d'un projet si funeste à l'art. C'étaient « *don Tita Lusieri, un des plus grands peintres* « *de l'Europe* » (p. 22); « *madame Tita Lusieri, qui* « *s'occupa à composer des vues pittoresques* » (p. 24); « *le jeune Ittar*, rempli *de talents*, et un *Calmouk* nommé « *Théodore*, artiste *distingué*, etc. » (P. 23 du Mémoire précédemment cité.)

Plus de deux cents pieds de la frise et presque toutes les statues des frontons furent enlevées ; les métopes furent arrachées de leurs coulisses, et le marteau fit voler en éclats les triglyphes et les corniches[1] : on emporta en outre des fragments d'architecture, tambours de colonnes, chapiteaux, entablement, corniche[2]. Les Propylées fournirent aussi des échantillons[3] ; deux côtés de la frise du temple de la Victoire[4] n'échappèrent point à un œil trop exercé. Le temple d'Érechthée fut pillé à son tour, et l'on enleva une des statues qui soutenaient le portique des Caryatides, au risque de faire écrouler le portique tout entier[5].

Le temps approchait où la Grèce, remise en possession d'elle-même, pourrait conserver et défendre ses monuments. Pendant la guerre de l'Indépendance, l'Acropole, où les Turcs et les Grecs s'assiégèrent tour à tour, avait eu encore à subir des désastres. Le canon avait mutilé ses marbres et renversé une partie de l'Érechthéion : c'était la dernière épreuve, et une ère nouvelle commença, qui s'efforce de réparer le passé.

Le gouvernement a donné le premier l'exemple

[1] Pag. 26, 27, 28 du Mémoire précité.
[2] Pag. 31.
[3] Pag. 32.
[4] Pag. 33.
[5] Pag. 35 et 36.

en faisant déblayer les Propylées et relever le temple de la Victoire sans ailes. En 1837 une Société archéologique se forma [1], et, soutenue par les souscriptions particulières, continua l'œuvre de restauration. La France y prit part, en relevant le portique des Caryatides [2]. L'Angleterre elle-même envoya moulées en terre cuite la caryatide et la frise du temple de la Victoire qui ornent son Musée. Aujourd'hui les monuments de l'Acropole ont en grande partie revu le jour, et leurs magnifiques fragments les entourent, prêts à reprendre leur place, si on ose jamais tenter un travail si difficile et si hardi. L'avenir verra peut-être les Propylées, le Parthénon et l'Érechthéion rassembler leurs débris, comme le temple de la Victoire s'est déjà relevé, et se présenter plus complets à l'admiration des voyageurs... plus beaux, je ne saurais le dire. Il y a, dans les grandes ruines comme dans les grandes infortunes, une poésie et une majesté qui ne veut point être touchée. Les ligatures, le mortier et le recrépissage

---

[1] *Voy.*, pour les travaux de la Société archéologique d'Athènes, l'article de M. Lévesque, membre de l'École d'Athènes. ( *Revue des Deux Mondes*, 15 août 1851. )

[2] Ce fut M. Paccard, architecte de l'Académie de Rome, qui dirigea les travaux. M. Piscatory, ministre de France à Athènes, avait eu l'idée de cette restauration; à lui revient, en outre, l'honneur de l'avoir conduite à fin.

sont des souillures, et les œuvres antiques leur doivent moins une nouvelle vie qu'une vieillesse profanée : témoin le temple de Junon à Agrigente, et les deux colonnes qu'on a essayé de refaire sur le côté septentrional du Parthénon.

Une grande partie de l'Acropole, du reste, n'a point encore été découverte. Sa base même est ensevelie sous les terres et les débris que depuis quinze siècles on jette par-dessus les murs. L'entrée était profondément enterrée sous des bastions superposés, que les chrétiens et les Turcs ont élevés à l'envi. La France vient de faire reparaître le grand escalier des Propylées qui descendait jusqu'au bas de la pente, les murs et les tours qui fermaient l'entrée de l'Acropole, enfin la porte, sujet de tant d'hypothèses et de discussions.

La plus grande partie du plateau qui s'étend à l'est de l'Érechthéion et du Parthénon, tout l'angle nord-ouest derrière les Propylées, n'ont pu encore être fouillés. Entre le sol actuel et le sol antique, qui sait combien de soubassements, de piédestaux, de sculptures, d'inscriptions reposent ignorés? Je ne parle ni de la tour qui écrase les Propylées, ni du minaret qui défigure le Parthénon, ni des masures qui çà et là subsistent encore. Tout cela pourra disparaître en peu d'heures. Je garde surtout mes regrets pour les vastes terrains que l'on n'a point sondés et pour les restes précieux qu'ils recèlent. Forcé au silence sur tous ces points, je dois m'attendre à ce qu'une description, qui s'efforce aujourd'hui d'être complète, ne le soit plus dans quelques années. D'autres plus heureux verront l'Acropole tout à fait rendue à la lumière et retrouveront de nouvelles traces des richesses dont les arts l'avaient couverte, « si bien, » disait un orateur grec, « qu'elle « ne formait tout entière qu'une seule offrande, « qu'un seul monument¹. »

¹ Ἡ πόλις...... τὴν Ἀκρόπολιν κατεκόσμησε τοῖς τῶν ἔργων ὑπομνήμασι· καὶ τῷ τῆς φύσεως κάλλει τὸ παρὰ τοῦ πλούτου καὶ τῆς τέχνης ἐφάμιλλον προσέθηκεν, ὥστ' εἶναι πᾶσαν ἀντ' ἀναθήματος, μᾶλλον δὲ ἀντ' ἀγάλματος. ( Arist., *Panath.*, p. 149. )

## CHAPITRE IV.

**FORTIFICATIONS DE L'ACROPOLE.**

§ I. — Murs pélasgiques. — Ennéapyle.

L'Acropole est un rocher naturellement si escarpé, qu'une clôture de bois suffit longtemps à la protéger[1]. Une palissade ou des troncs d'arbres liés ensemble la rendaient imprenable dans des temps qui ne connaissaient ni les machines de guerre ni l'art des siéges.

Ce furent les Pélasges qui, les premiers, la fortifièrent d'une manière plus durable. On sait par les historiens[2] quels malheurs amenèrent à

---

[1] *Voy.* les textes cités, ch. I.
[2] *Voy.* les textes, *ibid.*, et M. Raoul-Rochette, *Établissements des colonies grecques*, V, ch. 3.

Athènes, puis en chassèrent ce peuple agriculteur que la conquête des Hellènes condamna à une vie errante, ces constructeurs de murailles qui étaient réduits à ne construire que pour les autres. Leur passage en Attique avait laissé des traces profondes dans les souvenirs ; leur nom resta toujours attaché à l'enceinte qu'ils avaient habitée au pied de l'Acropole, du côté du nord ; et, même après que les Perses eurent détruit leur ouvrage, les murs nouveaux de la citadelle s'appelaient encore quelquefois *pélasgiques*[1]. On n'avait pas oublié qu'Agrolas et Hyperbius en avaient été les architectes[2], et l'admiration des Athéniens avait même donné à la tribu tout entière une épithète[3] qui rappelait leur habileté comme constructeurs.

Ce fut, en effet, un travail considérable que d'entourer de grands quartiers de roche taillée un lieu qui a plus de 2,400 pieds de circuit. En

---

[1] L'antre de Pan, dit Lucien (*Bis accusatus*), est un peu au-dessous du mur pélasgique... τὸν Πᾶνα... οἰκεῖ μικρὸν ὑπὸ τοῦ Πελασγικοῦ. Et Aristophane : Τίς δαὶ καθέξει τῆς πόλεως τὸ Πελαργικόν (*Oiseaux*, 832 ) ; le scoliaste ajoute Ἀθήνησι τὸ Πελαργικὸν τεῖχος ἐν τῇ Ἀκροπόλει.

[2] Φασὶ γὰρ Ἀγρόλαν καὶ Ὑπέρβιον. (Paus., *Att.*, XXVIII.)

[3] On les appelait *Tyrséniens* ou *Tyrrhéniens*. Τύρσις, τύρρις, τύρρος, τυρρίδιον (en latin *turris*), sont autant de mots qui signifient *forteresse* : d'où τυρσηνοί, τυρρηνοί, ceux qui bâtissent les forteresses. (Voy. Phavorin., Τύρσεις.)

même temps les Pélasges nivelaient le sol[1] et le préparaient pour recevoir un jour des monuments. Personne ne peut dire quelle immense quantité de rocher il a fallu abattre pour former un plateau à peu près égal qui a mille pieds de diamètre d'un angle à l'autre.

Enfin les Pélasges, non contents d'entourer l'Acropole d'une enceinte de murailles, s'appliquèrent à protéger le seul côté accessible, la pente qui regarde le couchant, par une série d'ouvrages et de portes. Je ne puis du moins m'expliquer autrement les neuf portes dont parle Suidas. Car on n'avait pu les ouvrir sur les autres côtés de la citadelle, qui sont inaccessibles. Les fortifications de Tirynthe et de Mycènes offrent en petit ces portes répétées et ces entrées obliques. Il ne reste qu'à se figurer ce système sur une plus grande échelle, un long chemin entre deux murs qui barrent la pente trop facile : l'espace intermédiaire est fermé de distance en distance par une suite de portes, à chacune desquelles l'ennemi vainqueur est arrêté et le combat rétabli.

Les fragments de mur pélasgique qui existent encore pourraient même avoir appartenu à l'*Ennéapyle*. En passant devant le temple de la Victoire

---

[1] Ἠπέδιζον τὴν Ἀκρόπολιν περιέβαλλον δὲ Ἐννεάπυλον τὸ Πελαργικόν. (*Suid.*, Ἄπεδα.)

## CHAPITRE IV. 83

sans ailes, on trouvera, derrière la tour qui lui fait face et qui s'élève sur l'aile droite des Propylées, des rochers ajustés les uns sur les autres[1]. La surface extérieure seule est aplanie et assez grossièrement. C'est par là que cette muraille se distingue des murailles cyclopéennes, et aussi par la dimension plus ordinaire des blocs qui la composent. Elle commence au mur du sud, touche l'angle des Propylées qui s'appuie sur elle en brisant son arête, puis se continue dans l'intérieur de l'Acropole. Bientôt elle cesse après avoir formé derrière les Propylées une courbe très-forte et comme un demi-cercle. C'est précisément cette courbe et la position de ce fragment pélasgique, qui se trouve à l'occident de l'Acropole et encore sur la pente, qui me porteraient à croire qu'il appartenait à l'Ennéapyle. En suivant la muraille pélasgique derrière les Propylées, et jusque dans l'intérieur de l'Acropole, on la voit tourner vers l'est, puis se perdre derrière des murs de revêtement, construits[2] plus tard pour la cacher. Un ante en marbre blanc[3] se détache en saillie, et, bien qu'il ne semble pas avoir été complétement achevé, tout annonce un montant de porte avec son seuil qui s'enfonce sous les Propylées : l'autre

[1] Pl. II, lettres *a a a*.
[2] Pl. II, lettres *b b b*.
[3] Pl. II, lettre *c*.

montant a dû être détruit par Mnésiclès lorsqu'il prépara l'emplacement des Propylées.

Cette porte, construite à une belle époque de l'art, probablement sous les Pisistratides, était une décoration ajoutée à l'Ennéapyle ou peut-être substituée à la dernière des neuf portes antiques qui donnaient accès au plateau de la citadelle; mais une décoration qui ne changeait rien au plan d'Agrolas et d'Hyperbius.

Au mois de mai 1852 les fouilles avaient découvert, à soixante pieds en avant des Propylées et à peu près dans leur axe, un autre reste des constructions pélasgiques, un mur conservé pour soutenir la pente du grand escalier. Au printemps de 1853, je l'ai mis au jour par une tranchée sur une longueur de huit mètres environ[1]; un sondage me l'a fait retrouver encore au delà du palier[2]. Les blocs qui le composent sont beaucoup plus petits que ceux du mur dont nous venons de parler : assurément le style et l'époque d'une construction ne se déterminent pas d'après la dimension des pierres, mais d'après le travail; les faces de chaque pierre sont aplanies et de forme polygonale : les joints s'agencent avec une exactitude et une précision remarquables; c'est également le rocher de l'Acropole qui a fourni les

---

[1] Pl. II et III, lettre A.
[2] Pl. II, lettre A'.

matériaux. On reconnaît tous les caractères d'une architecture barbare mais patiente, qui rachetait à force de soins son ignorance et son irrégularité. On a nié que ce mur fût du temps des Pélasges; on a été jusqu'à l'attribuer aux Romains. Je ne puis que recommander, à ceux qui soutiennent cette opinion, une étude plus attentive du monument; ils se réfuteront bientôt eux-mêmes. Le mur n'a plus que quatre mètres cinquante centimètres dans sa plus grande hauteur; mais il a été démoli, ou, pour mieux dire, dégradé de manière à suivre la pente de l'escalier. Son parement regarde le nord et marque, par conséquent, les limites de l'Acropole de ce côté. C'était donc vers le sud qu'il fallait chercher les traces du chemin qui serpentait entre les murs de l'Ennéapyle; c'est vers le sud qu'il s'est retrouvé.

Au-dessous du temple de la Victoire, près de la porte qui fut construite au moyen âge, lorsque les fortifications et l'entrée antique furent ensevelies, il y avait un chemin grossièrement pavé. J'ai fait enlever ce pavage, enlever le sable et les débris sur lesquels il reposait; je suis descendu au-dessous du sol de Cimon et de Périclès, le niveau du grand escalier et le soubassement du temple de la Victoire en font foi, et l'on a vu reparaître le rocher de l'Acropole avec ses traces vieilles de trois mille ans. C'est un petit chemin[1] large d'un mètre environ, inégal, qui suit les caprices du rocher. Il présente d'abord quatre entailles irrégulières, des sortes de marches creuses où le pied s'enfonce; puis, disposés à égale distance sur la pente, des trous ronds et profonds que le sabot des animaux a lentement creusés, à force de se poser à la même place. Tels sont les trous que l'on remarque souvent sur les sentiers des montagnes.

Le chemin semble avoir passé sous l'angle sud-ouest du soubassement du temple; la courbe qu'il décrit l'y conduit nécessairement; mais les rochers que j'ai trouvés rongés par l'humidité n'offrent de ce côté qu'une surface sans indices. Il monte dans la direction du piédestal d'Agrippa, puis plonge tout à coup sous les marches de l'escalier et sous le palier, pour descendre à une assez grande profondeur. Car dans cette partie le rocher se dérobe, et les seuls sondages que l'état des lieux me permit de faire n'ont pu l'atteindre.

Mais au-dessus du piédestal, et près du portique septentrional des Propylées, le rocher reparaît[2] avec un reste de chemin taillé, quelques stries et une surface polie par les pas de nombreuses générations. Cette fois la courbe du sentier se dirige vers le sud, vers le grand mur pélasgique par con-

[1] Pl. II, lettre B.
[2] Pl. II, lettre B'.

séquent et le montant de porte dont il a été question tout à l'heure.

J'en ai cherché en vain les traces en déblayant les fondations des Propylées ; elles ont, selon toute vraisemblance, disparu lorsque Mnésiclès fit préparer l'assiette de son monument. Cependant, au-dessous de l'ouverture centrale des Propylées, le rocher s'élève brusquement et ferme le passage ; toutes les parties voisines offrent des arêtes vives et naturelles, bien différentes du poli ordinaire d'un sentier battu.

Le chemin de l'Ennéapyle se trouve donc forcément reporté vers le sud, et les dernières colonnes des Propylées, au point B″ par exemple[1]. Voici un fait de nature à justifier cette hypothèse : entre l'aile méridionale des Propylées et le grand mur pélasgique, il y a une petite cour, un réduit; on y remarque un reste de construction en marbre que l'on a prise quelquefois pour un autel[2]. Cette construction, coupée et supprimée en partie par les Propylées, était réellement un petit monument, l'abri d'une statue peut-être : car la paroi qui s'appuie contre le mur pélasgique est un revêtement et forme le fond ; l'ouverture et la façade de l'édifice étaient donc tour-

---

[1] *Voy.* planche II.
[2] Pl. II, lettre *d*.

nées vers le chemin, sur le bord duquel il était situé.

Ainsi quatre points sont déjà donnés pour déterminer les courbes du sentier de l'Ennéapyle, B, B′, B″, d.

Il en reste un cinquième, le point c, c'est-à-dire la porte même ou du moins une des portes auxquelles il aboutissait. Le fragment qui nous reste passe sous le temple de la Victoire, monte, plonge et reparaît avec le rocher sous le piédestal d'Agrippa, se retourne alors et se dirige vers l'aile méridionale des Propylées, tourne encore devant le petit monument adossé au mur pélasgique, franchit la porte et arrive enfin au sommet de la citadelle. C'est par ce chemin qu'on montait, dans le temps où la ville tout entière était ramassée sur le plateau de l'Acropole; c'est par là que les bêtes de somme et les troupeaux rentraient le soir du travail et du pâturage. Les Pélasges ne firent peut-être qu'entourer de murs le sentier sinueux que Cécrops avait le premier tracé. Qui sait pendant combien de siècles le pied des hommes a usé le rocher, pendant combien de siècles la marche alourdie des animaux a creusé ces trous profonds où leur sabot s'emboîtait?

L'œuvre des Pélasges paraît avoir subsisté jusqu'à la prise d'Athènes par les Perses. Trente ans auparavant, les Pisistratides s'y étaient soutenus contre les Athéniens[1] et Cléomènes, roi de Sparte, que ceux-ci avaient appelé à leur secours. Il ne faut pas croire en voyant les Athéniens, lors de l'invasion de Xerxès, construire un mur de bois, que ce fût une construction nécessaire[2]. C'était uniquement pour obéir à l'oracle, sur la foi duquel ils s'exposaient à la mort. On remarquera même que, lorsque les Perses eurent incendié avec des flèches entourées d'étoupes ce rempart inutile, les assiégés tinrent si bien Xerxès en échec, qu'il désespérait de les réduire. Le mur pélasgique existait donc, et Hérodote distingue par des mots différents l'enceinte[3] construite à la hâte qui, brûlée par l'ennemi, trahit toutes les espérances des Athéniens, et le mur permanent[4] qui les protégea ensuite beaucoup plus efficacement et d'où ils se précipitèrent, quand ils virent l'ennemi entré par surprise dans la place.

Ce furent les barbares eux-mêmes qui renversèrent les murailles pélasgiques. Ils ne laissèrent

---

[1] Κλεομένης δὲ ἅμα Ἀθηναίων τοῖσι βουλομένοισι εἶναι ἐλευθέροισι ἐπολιόρκεε τοὺς τυράννους ἀπεργμένους ἐν τῷ Πελασγικῷ τείχεϊ. ( Hérod., V, 64. )

[2] Hérod., VIII, 51, 52, 53.

[3] Φραξάμενοι τὴν Ἀκρόπολιν θύρῃσί τε καὶ ξύλοισι — ἐτόξευον ἐς τὸ φράγμα — τοῦ φράγματος προδεδοκότος. ( Ibid. )

[4] Ὡς δὲ εἶδον αὐτοὺς ἀναβεβηκότας οἱ Ἀθηναῖοι, οἱ μὲν ἐρρίπτεον ἑαυτοὺς κατὰ τοῦ τείχεος κάτω καὶ διεφθείροντο. ( Ibid., 53. )

pas pierre sur pierre dans Athènes, disent les historiens[1]. Leur premier soin fut évidemment de jeter en bas les fortifications. Mardonius[2] acheva d'anéantir ce que Xerxès n'avait eu le temps que de ruiner.

### § II. — Murs de Thémistocle et de Cimon.

Après le départ des Perses, il fallut relever peu à peu les murs de l'Acropole. Ceux que Thémistocle et Cimon firent construire existent aujourd'hui en partie, mais défigurés par des restaurations modernes, masqués souvent par de nouvelles murailles. Aussi ne peut-on en avoir une idée exacte qu'en en faisant deux fois le tour et à

---

[1] Diod., l. XI, ch. 28.
[2] ... Καὶ εἴ κού τι ὀρθὸν ἦν τῶν τειχέων πάντα καταβάλων. (Hérod., IX, 13.) Il ne faut évidemment pas prendre à la lettre ces expressions exagérées. Les ennemis se contentent, en général, de démanteler une ville prise. Les architectes de Périclès plutôt firent disparaître les traces des constructions antérieures, et ne conservèrent que celles qui servaient leurs plans. Ainsi le mur pélasgique, qui fermait l'angle sud-ouest de l'Acropole et soutenait la terrasse de Diane Brauronia, fut respecté. Celui qui devait supporter la pente de l'escalier fut seulement dégradé de manière à en suivre la pente, et enterré. La destinée des œuvres humaines est de s'effacer les unes les autres; cela est vrai surtout à Athènes, où la base des monuments repose toujours sur des ruines.

l'intérieur de l'Acropole et à l'extérieur. Encore faut-il, chaque fois que l'escarpement le permet, monter jusqu'à la base même, pour reconnaître, à travers des replâtrages déjà ruinés, le travail antique, toujours inébranlable. Les murailles reposent simplement sur le bord du rocher[1] et suivent ses mouvements et ses inégalités. Le mur d'enceinte, auquel s'appuie l'extrémité du pélasgique, s'appelait le mur du Midi[2] ou le mur de Cimon[3]. Les dépouilles que Cimon avait conquises sur les Perses en firent les frais.

Après avoir formé un des côtés du soubassement du temple de la Victoire sans ailes, il se continue quelque temps vers l'est, puis disparaît sous de misérables fortifications turques qu'il soutient quoiqu'elles aient voulu le soutenir. Cependant, à l'intérieur de la citadelle, par des brèches qui servent à rejeter les décombres, on voit de loin en loin la construction ancienne enfouie en terre. Il n'y aurait qu'à démolir les petites pierres qui la masquent. A l'angle sud-est

---

[1] Il n'y avait point de tours, comme on en voit dans la plupart des fortifications helléniques, parce que le lieu était naturellement trop bien défendu pour qu'une simple muraille ne fût pas suffisante.

[2] Καὶ τῇ Ἀκροπόλει τὸ νότιον τεῖχος κατεσκεύασεν. (Plut., *Cim.*, XIII.)

[3] Πλὴν ὅσον Κίμων ᾠκοδόμησεν ὁ Μιλτιάδου. (Paus., *Att.*, XXVIII.)

au contraire, le mur de Cimon reparaît avec ses régulières assises aux teintes jaunes ou brunies. Un certain nombre d'assises ont été rongées par le temps ; mais le mortier qu'ont ajouté, çà et là, les mains modernes ne peut faire illusion que d'en bas. Il suffit de monter au pied même de l'angle pour reconnaître non-seulement un travail antique, mais un travail remarquable. Le mur, en effet, a une forme pyramidale et va en s'élargissant à sa base, chaque rang de pierres se reculant d'un demi-pouce environ, et faisant degré sur le rang inférieur.

J'ai retrouvé le même principe de construction à *Pérouse*, à l'une des portes de la ville. La porte elle-même a été refaite au temps d'Auguste; mais les deux bastions qui la précédent sont de façon étrusque, c'est-à-dire hellénique. Car il y a entre l'architecture militaire des Étrusques et celle des Grecs une ressemblance si complète, que je ne sache pas une pierre dans cette partie de l'Italie qui ne se retrouve plusieurs fois, avec le même caractère, dans les différentes contrées de la Grèce. Ceux qui veulent écrire sur les monuments étrusques les comprendront, je crois, d'une manière différente, s'ils visitent auparavant la Grèce et étudient soigneusement toutes ses ruines. Ce sera une œuvre de justice que d'aller réclamer un jour, au nom de la Grèce, à l'Étrurie cet art qui a paru si original et si plein de mystères, et de montrer que ce n'est autre chose que l'art grec, l'art grec dans son enfance et ensuite dans sa force, mais étouffé avant son complet développement par la conquête romaine.

Les deux bastions de la porte de Pérouse sont donc construits comme l'angle du mur de Cimon; ils vont s'élargissant vers la base degrés par degrés; ils se servent, en quelque sorte, à eux-mêmes de contre-fort.

Le côté de l'Acropole qui regarde le midi domine le théâtre d'Hérode Atticus, le portique d'Eumènes et le théâtre de Bacchus; plus loin, la vallée de l'Ilissus, jadis fertile et ombragée de platanes, et les collines qui la séparent de la baie de Phalère. L'Hymette, sur la gauche, arrête la vue, qui tourne doucement avec lui vers la mer et s'étend au delà des belles eaux du golfe d'Athènes jusqu'aux montagnes du Péloponèse. Ce spectacle enchanteur entraînait l'esprit bien loin des idées guerrières, et les Athéniens ornèrent le mur de Cimon comme un portique et un lieu de plaisance, au lieu de lui conserver la nudité sévère d'une fortification. Au pied des murailles s'élevèrent successivement les colonnes élégantes qui supportaient les trépieds [1], monuments des vic-

---

[1] Deux de ces colonnes existent encore, avec leur chapiteau

toires chorégiques. Sur le mur lui-même[1], en face du théâtre de Bacchus, était fixée une égide d'or avec la tête de Méduse, offrande d'Antiochus[2].

De la plaine encore on voyait par-dessus le mur de la citadelle, exhaussées sur leur soubassement, une série de statues moins grandes que nature qui se détachaient sur le ciel comme les sculptures de Phidias ou d'Alcamènes sur le fond bleu des frontons. C'était un présent d'Attale, roi de Pergame, que les Athéniens avaient accueilli d'une manière si flatteuse[3], lorsqu'il était venu les engager à se joindre aux Romains contre Philippe. Ces statues devaient être très-nombreuses et occuper une longueur considérable, à en juger du moins par les sujets qu'elles représentaient. C'était la guerre des dieux et des géants[4], puis le

corinthien triangulaire; sur chaque angle reposait une des jambes du trépied.

[1] Ἐπὶ δὲ τοῦ Νοτίου καλουμένου τείχους ὃ τῆς Ἀκροπόλεως ἐς τὸ θέατρόν ἐστι τετραμμένον, ἐπὶ τούτου Μεδούσης τῆς Γοργόνος ἐπίχρυσος ἀνάκειται κεφαλή, καὶ περὶ αὐτὴν αἰγὶς πεποίηται. (Paus., *Att.*, XXI.)

[2] ... Ἀνέθηκεν Ἀντίοχος, οὗ δὴ καὶ ὑπὲρ τοῦ θεάτρου τοῦ Ἀθήνησιν ἡ αἰγὶς ἡ χρυσῆ καὶ ἐπ' αὐτῆς ἡ Γοργώ. (Id., *Elid.*, I, XII.)

[3] Civitas omnis, obviam effusa cum conjugibus et liberis, sacerdotes cum insignibus suis intrantem urbem, ac dii prope ipsi exciti sedibus suis, exceperunt. (Tit. Liv., XXXI, 14, 15, et Polyb., XVI, 25.)

[4] Paus., *Att.*, XXV.

combat des Athéniens contre les Amazones, leur victoire sur les Mèdes à Marathon, la défaite des Gaulois en Mysie. De pareilles compositions ne peuvent se développer en quelques groupes.

Le mur qui regarde l'orient est moderne; seulement, à l'intérieur de l'Acropole, on remarque à fleur de terre des fondations qui ont cinq assises et plus de dix pieds d'épaisseur; comme elles ne paraissent que dans un endroit, l'on ne peut affirmer que ce soit l'enceinte antique. Il faudrait que des fouilles en découvrissent le prolongement.

En passant ensuite du côté du nord, on trouve le mur qui continua de s'appeler *pélasgique*, même lorsque l'œuvre des Pélasges eut été détruite ; c'était au-dessous que s'étendait l'ancien campement des Pélasges, au pied de l'Acropole, lieu maudit qu'un oracle défendait d'habiter[1]. Ce mur est en partie antique, bien qu'on l'ait refait ou consolidé avec du mortier. Ce qu'il offre de plus remarquable, ce sont des tambours de colonnes en marbre pentélique et des entablements doriques en pierre qui ont servi à sa construction. Les tambours de colonnes sont les uns lisses, les autres cannelés à leur extrémité, d'au-

---

[1] Ὃ καὶ ἐπάρατόν τε ἦν μὴ οἰκεῖν καί τι καὶ Πυθικοῦ μαντείου ἀκροτελεύτιον τοιόνδε διεκώλυε λέγων ὡς· τὸ Πελαργικὸν ἀργὸν ἄμεινον. (Thucyd., II, 17.)

tres à peine dégrossis. Ils ont même encore les saillies et comme les anses qui permettaient de les manier et qui ne disparaissaient que lorsque la colonne était définitivement assise. Ces tambours, au nombre de vingt-deux, reposent les uns auprès des autres sur le rocher; quatorze superposés forment un double rang. L'entablement dorique, au contraire, à quarante ou cinquante pieds plus loin, est au sommet de la muraille, comme si, dans la disposition de ces fragments, on avait voulu conserver la disposition du temple lui-même. Nous verrons plus loin que ce temple était le vieux Parthénon, brûlé par Xerxès[1]. Au-dessus de l'architrave, on a placé la frise avec ses triglyphes en pierre et ses métopes en marbre blanc; le tout est couronné par la corniche. Il y a dans cet arrangement un air d'antiquité que l'examen des ruines elles-mêmes est loin de contredire. Les pierres ne tiennent que par leur poids et leur exacte assiette, et ce n'est que çà et là qu'un peu de chaux a été jetée dans ces derniers siècles sur la surface. Aussi ne peut-on ne pas se rappeler à cette vue ce que dit Thucydide[2]:

[1] *Voy.* le premier chapitre du second volume.
[2] Δήλη ἡ οἰκοδομία ἔτι καὶ νῦν ἐστιν ὅτι κατὰ σπουδὴν ἐγένετο· οἱ γὰρ θεμέλιοι παντοίων λίθων ὑπόκεινται καὶ οὐ ξυνειργασμένων ἐστιν ᾗ, ἀλλὰ ὡς ἕκαστοί ποτε προσέφερον πολλαί τε στῆλαι ἀπὸ σημάτων καὶ λίθοι εἰργασμένοι ἐγκατελέγησαν. (Thucyd., I, 93.)

« Encore aujourd'hui, on peut juger avec quelle hâte
« les murs ont été bâtis ; car on a employé comme
« matériaux des pierres de toute espèce, sans plan
« arrêté, mais selon que chacun les apportait. Un
« grand nombre de stèles funéraires et de pierres
« sculptées y sont enclavées. »

Les tombeaux et les monuments de la plaine
servirent à bâtir les murs de la ville, et les temples
de l'Acropole même à bâtir ceux de l'Acropole.

« Ceux des Grecs, » dit Pausanias, « qui com-
« battirent contre les Perses, ne voulurent pas
« relever les temples que les barbares avaient
« brûlés, afin que ce spectacle entretînt éternelle-
« ment la haine. C'est pour cela que le temple de
« Junon sur la route de Phalère, et celui de Cérès
« à Phalère même, subsistent encore de mon
« temps à demi brûlés[1]. »

Mais ces ruines, transportées sur l'enceinte de la
citadelle, à la place même où les Perses l'avaient
escaladée, dominant la ville et exposées sans cesse
à tous les regards, n'excitaient-elles pas plus vivement encore les sentiments d'indignation et de
haine nationale?

[1] Ἑλλήνων δὲ τοῖς ἀντιστᾶσι τῷ βαρβάρῳ τὰ κατακαυθέντα ἱερὰ
μὴ ἀνιστάναι σφίσιν ἔδοξεν, ἀλλὰ ἐς τὸν πάντα ὑπολείπεσθαι χρόνον
τοῦ ἔχθους ὑπομνήματα καὶ τοῦδε εἵνεκα οἵ τε ναοὶ τῆς Ἥρας ἐπὶ
ὁδῷ τῇ Φαλερικῇ καὶ οἱ ἐπὶ Φαληρῷ τῆς Δήμητρος καὶ κατ' ἐμὲ
ἔτι ἡμίκαυτοι μένουσι. (*Phocid.*, XXXV.)

Le mur de Thémistocle existe donc aujourd'hui en partie, immobile sur les rochers de Cécrops, les *Longs* rochers[1] comme on les appelait autrefois. Quoiqu'il ait été réparé, recrépi, on distingue aisément ce qui est antique de ce qui est moderne, sans être étonné par l'irrégularité des matériaux, puisque l'histoire nous en donne l'explication. Il y a cependant des morceaux qui ont été entièrement refaits à une époque postérieure, et avec un soin, une perfection qui fait avec le reste un contraste frappant. A l'intérieur de la citadelle, auprès de la façade orientale de l'Érechthéion, et plus à l'est, derrière les casemates turques, on voit des murs d'un admirable appareil : les pierres ont cette dimension modérée qui est encore la force et qui touche cependant à l'élégance ; leur grain net et serré a permis de les tailler avec autant de précision que le marbre ; les joints sont presque invisibles, et sur les côtés de chaque assise court une bande en creux qui donne à la surface une légère saillie, réminiscence du puissant bossage qu'aimaient les âges plus reculés.

---

[1] Ἄκουε τοίνυν· οἶσθα Κεκροπίας πέτρας
Πρόσβορρον ἄντρον, ἃς Μακρὰς κικλήσκομεν.
(Eurip., *Ion*, 936.)
...Ἔνθα προσβόρρους πέτρας
Μακρὰς καλοῦσι γῆς ἄνακτες Ἀτθίδος.
(Ibid., 11.)

§ III. — **Murs de Conon et de Valérien.**

Enfin le mur qui protégeait le côté occidental, c'est-à-dire l'entrée même de l'Acropole, était encore un problème il y a une année. La forme de cette partie de la citadelle, la série d'angles rentrants qui amènent le mur septentrional jusqu'audessous du piédestal d'Agrippa, la direction du mur de Cimon, dont il est facile de supposer le prolongement, le plan si clair et la façade si ouverte des Propylées, leur disposition si peu favorable à la défense et à la guerre, en un mot toutes les données topographiques m'avaient fait croire, contrairement aux idées généralement reçues, qu'en bas du seul côté accessible de la citadelle, devaient se trouver et son entrée principale et les fortifications qui défendaient l'entrée. Mais ces constructions existaient-elles encore ? à quelle distance au-dessous des Propylées ? à quelle profondeur étaient-elles ensevelies ? Ces questions ne pouvaient être éclaircies que par des fouilles. On sait l'histoire de ces fouilles [1] ; en voici les résultats.

A trente-six mètres en avant des Propylées, à seize mètres au-dessous des degrés de leur soubassement, s'élèvent les véritables fortifications de

---

[1] Voy. dans les *Archives des Missions scientifiques* les rapports adressés à M. le Ministre de l'instruction publique.

l'Acropole; car les Propylées, nous le verrons trois chapitres plus loin, n'ont aucun caractère militaire; c'est une magnifique décoration, rien de plus. Ces fortifications forment une façade intérieure parallèle à la grande façade des Propylées, et à peine un peu plus large, car elle présente un développement de vingt-deux mètres. Cet espace a été divisé en trois parties égales : au milieu, un mur de marbre [1], percé d'une porte dorique exactement dans l'axe de la porte centrale des Propylées; à droite et à gauche, des tours carrées en pierre qui s'avancent pour défendre la porte, et dont la saillie est de cinq mètres vingt centimètres. Ce système de fortifications est trop familier à l'antiquité pour qu'il soit nécessaire de l'expliquer longuement, trop naturel pour qu'il soit besoin d'en démontrer les avantages. La porte de Messène en est un des beaux exemples, les tours étrusques de Pérouse un des plus curieux.

Le mur du milieu a été retrouvé dans toute sa hauteur, qui est de six mètres soixante-quatorze centimètres; sa largeur est de sept mètres vingt centimètres. Il est composé de marbres pris à différents monuments, mais disposés cependant avec une certaine régularité et un certain goût, qui paraît inspiré par un modèle plus ancien.

La partie supérieure, qu'on peut appeler l'enta-

[1] *Voy*. planche IV.

blement du mur, a deux mètres cinquante-sept centimètres de hauteur. Ce sont, en effet, des entablements d'édifices doriques, placés de la même manière que les débris du vieux Parthénon sur le mur de Thémistocle. Les architraves de marbre pentélique supportent une frise en pierre de tuf; des métopes en marbre blanc ont été glissées dans les coulisses des triglyphes; ce sont des plaques sans traces de sculptures ni de couleurs. Au-dessus de la frise on a mis une corniche en marbre qui appartenait à un autre monument, car les mutules sont d'une proportion sensiblement plus petite et ne s'arrangent point avec les triglyphes.

Les couleurs ne se distinguaient point d'abord sur les marbres ensevelis depuis plus de quatre siècles; car les traces des balles qui se sont aplaties sur le mur attestent qu'il a servi au moins jusqu'à l'invention des armes à feu. L'humidité de la terre a déposé comme une mousse sur les surfaces. Mais, si l'on enlève délicatement cette croûte, on voit paraître le rouge et le bleu dans toute leur vivacité : le bleu sur les mutules, le rouge sur les entre-mutules. Les triglyphes conservent aussi de la couleur bleue appliquée à nu sur la pierre; car la substance blanche et friable qui remplit l'intérieur des parties brisées n'est que du salpêtre.

Soit qu'on ait voulu élever le mur, soit qu'on ait senti qu'une corniche et un larmier couronnaient mal une simple épaisseur, on a ajouté un attique, composé d'une architrave et d'une petite corniche qui appartenait à l'intérieur d'un temple et terminait quelque mur de cella.

Du reste, une partie de ces fragments porte écrite non-seulement leur origine mais leur date. La frise, par exemple, en pierre et en marbre, ne le cède, quoique de proportion différente, ni à la frise de l'ancien Parthénon, ni à la frise du temple d'Égine. Les triglyphes sont aussi courts; ils offrent les mêmes caractères archaïques, la même beauté, comme on peut s'en convaincre par l'examen des détails figurés sur la planche IV. Cette frise semble donc avoir appartenu à un des nombreux temples renversés par Xerxès.

Les architraves, au contraire, proviennent d'un monument chorégique élevé la première année de la 115ᵉ olympiade, en même temps que le monument de Thrasyllus. C'est ce que nous apprend l'inscription qu'elles portent gravée[1] :

[1] . . . . . ΑΡΙΣΤ]ΟΔΗΜΟΥΞΥΓΕΤΑΙ
ΩΝΑΝΕΘΗΚΕΝΝΙΚΗΣΑΣΧΟΡΗΓΩ
ΝΚΕΚΡΟΠΙΔΙΓΑΙΔΩΝ[ΕΔΙΔΑΣΚ
ΕΓ]ΑΝΤΑΛΕΩΝΣΙΚΥΩΝΙΟΣΗΥΛΕ
ΙΑΙΣΜΑΕΛΓΗΝΩΡΤΙΜΟΘΕΟΥΝΕ
ΑΙΧΜΟΣΗΡΧΕ

… « Le fils d'Aristodème, de Xypété[1], a con-
« sacré ce monument; il a remporté le prix dans
« le concours d'enfants où il était chorége pour
« la tribu Cécropide. Pantaléon de Sicyone a
« composé la musique; Elpénor[2], fils de Timo-
« thée, l'a exécutée; Néæchmus était archonte[3]. »

Ainsi, le prix fut remporté sous l'archontat de
Néæchmus, l'an 316 avant J. C. La même année,
Thrasyllus, chorége de la tribu Hippothoontide,
était vainqueur dans le concours des hommes
faits.

On n'avait retrouvé encore, à Athènes, que
deux monuments chorégiques : celui de Lysicra-
tes, charmant modèle du corinthien grec, et celui
de Thrasyllus, d'ordre dorique, qui dominait le
théâtre de Bacchus[4]. Voici donc un troisième
monument du même genre et de la même époque, qui vraisemblablement se trouvait dans
la rue des Trépieds, où Pausanias[5] vit réunis
les édifices destinés à immortaliser la générosité

---

[1] Le dème de Xypété était classé dans la tribu Cécropide.

[2] Elpénor, fils de Timothée, du célèbre musicien thébain
qui vint s'établir à Athènes et dont parle Lucien. ( Harmo-
nides. )

[3] *Voy.*, pour l'explication de cette inscription, l'appendice
du second volume.

[4] *Voy.* Stuart, t. II, éd. française.

[5] *Att.*, ch. XX.

et les succès des chorèges. L'ordre de ce dernier monument était dorique, puisque les architraves portent les gouttes des triglyphes. Les proportions seront celles qu'on préférait au siècle d'Alexandre; on peut le supposer aussi élancé que le temple de Némée et le monument de Thrasyllus. La hauteur des architraves est de cinq cent soixante-deux millimètres; les colonnes auront dix architraves, c'est-à-dire cinq mètres soixante-deux centimètres. L'entablement entier devant être à cette époque un peu moins du cinquième de la colonne, la hauteur de l'édifice, sans le fronton, atteindra six mètres cinquante centimètres. On remarque que l'architrave porte des gouttes du côté intérieur de l'Acropole aussi bien qu'à l'extérieur, ce qui ferait croire, au premier coup d'œil, qu'on l'avait ornée des deux côtés. Mais si l'on réfléchit que, dans les temples, l'architrave est composée de deux et souvent de trois épaisseurs, tandis que la frise n'en compte qu'une seule, on comprendra que ce sont ici deux architraves adossées l'une à l'autre.

La partie inférieure du mur est formée de morceaux moins importants. On y reconnaît cependant des piédestaux, et l'on y compte jusqu'à huit inscriptions[1]. Les plus modernes sont tout au plus du deuxième siècle après J. C. Tous ces

[1] *Voy.* l'appendice du second volume.

matériaux sont en marbre blanc, ce qui fait mieux ressortir une bande de marbre noir d'Éleusis [1]. La porte est située en face de la porte centrale des Propylées et dans le même axe. Elle a trois mètres quatre-vingt-sept centimètres de hauteur. Sa largeur est d'un mètre quatre-vingt-neuf centimètres à la base, d'un mètre soixante-treize centimètres au sommet ; car c'est une porte dorique, et chacun de ses côtés s'écarte de la perpendiculaire de huit centimètres. Le linteau et les deux chambranles sont formés d'un seul morceau de marbre. Ils ont été également enlevés à un autre monument, ainsi que l'attestent des trous de scellement aujourd'hui sans objet.

Le seuil de la porte, le dallage sur lequel il repose, les trous carrés où les gonds s'engageaient, le conduit ménagé pour l'écoulement des eaux, tout s'est retrouvé : il y avait même encore dans les trous des gonds du plomb qui avait servi à les assujettir.

Si chaque fragment porte écrites son origine et son époque, il en est autrement du mur lui-même qui n'offre ni style particulier, ni appareil caractéristique. Bien que relevé à la hâte, il est facile de voir que les divers fragments qui le composent sont placés avec un certain art ; mais cet art est également éloigné de la perfection et de la bar-

[1] Pl. IV, lettre B.

barie. Les inscriptions enclavées dans le mur déclarent qu'il ne peut remonter plus haut que le premier siècle après J. C. La méthode et le goût qui ont présidé à la disposition des matériaux, la solidité de leur assemblage, empêchent de descendre plus bas que le troisième siècle.

C'est dans cet intervalle qu'il faut consulter l'histoire.

On sait que, depuis Périclès, les murs d'Athènes ont été détruits plus d'une fois : par Lysandre, d'abord, qui joignit l'insulte au triomphe en appelant à cette triste cérémonie les joueuses [1] de flûte ; par Sylla [2], qui fit renverser par les soldats romains les fortifications relevées par Conon [3]. Les historiens, il est vrai, n'indiquent point spécialement les murs de l'Acropole [4], mais ceux de toute la ville. Est-il croyable, toutefois, qu'un vainqueur ait démantelé la ville sans démanteler au moins l'entrée de la citadelle, et le seul côté par lequel elle fût accessible? Sylla, surtout, dont l'armée fut tenue longtemps en échec par le tyran Aristion, et eut plus de peine à prendre l'Acropole qu'Athè-

---

[1] Ὁ δ' οὖν Λύσανδρος, πολλὰς μὲν ἐξ ἄστεος μεταπεμψάμενος αὐλητρίδας, τὰ τείχη κατέσκαπτε. ( Plut., *Vie de Lysandre*.)

[2] Voy. Plut., *Vie de Sylla*.

[3] Conon... muros dirutos a Lysandro utrosque, et Piræi et Athenarum, reficiendos curat. ( *Corn. Nép.*, § IV. )

[4] *Voy.* Xénoph., *Hélléniq*., V, 8, § 10. Diod. Sic., XIV, 85.

nes elle-même, Sylla pouvait-il épargner ce dangereux refuge?

Les fortifications restèrent à terre jusqu'au règne de Valérien. C'est du moins ce que nous apprennent Zozime[1] et Zonaras[2]. Quand Rome était maîtresse du monde, la Grèce n'avait pas de guerre à craindre, et des murs n'eussent servi qu'à favoriser des rébellions. Ce ne fut qu'à l'approche des barbares, quand les premières invasions des Goths émurent l'Orient, que Valérien envoya aux Athéniens l'ordre de relever leurs murs. Ils le firent avec la précipitation que commandait le danger[3].

[1] Καὶ Ἀθηναῖοι μὲν τοῦ τείχους ἐπεμελοῦντο μηδεμιᾶς, ἐξότε Σύλλας τοῦτο διέφθειρεν, ἀξιωθέντος φροντίδος. (Zoz., éd. Bekker, liv. I, ch. 29.)

[2] Εἰς δέος δὲ τοσοῦτον ἅπαντας περιέστησαν, ὡς Ἀθηναίους οἰκοδομῆσαι τὸ τεῖχος τῆς ἑαυτῶν πόλεως, καθῃρημένον ἐκ τῶν τοῦ Σύλλα χρόνων. (Zonar., XII, ch. 23.)

[3] Vers le deuxième siècle après J. C., un certain Flavius Septimius Marcellinus (*voy.* Bœckh, C. I. G. n° 521) restaura à ses frais les portes de l'Acropole. Ce ne peut être seulement la porte méridionale, l'unique entrée de l'Acropole, d'après le système de M. Leake. Ce ne peut être la porte occidentale nouvellement découverte, comme le croit un des rédacteurs de la *Revue archéologique d'Athènes* (Inscr. publiées en 1852, 2ᵉ cahier; voy. l'annexe de M. Eustratiades). Il eût fallu, pour rétablir les portes, rétablir auparavant les murs démolis par Sylla. Je crois plutôt que Marcellinus fit restaurer les cinq portes des Propylées. Nous verrons plus loin que leur

En même temps, ils rétablirent les tours qui flanquent la porte à droite et à gauche. Les Romains les avaient seulement rasées à neuf ou dix pieds au-dessus du sol : elles n'étaient plus en effet qu'un débris inutile, surtout quand la façade qu'elles défendaient était complétement renversée. Au lieu de les reconstruire, les Grecs préférèrent enlever la terre qui cachait leurs fondations. Ils reprirent ces fondations en sous-œuvre jusqu'au rocher, sur lequel elles reposent aujourd'hui ; et chaque tour grandit ainsi du double, non parce qu'on l'élevait au-dessus du sol, mais parce que le sol s'abaissait au-dessous d'elle. De sorte que nous avons aujourd'hui l'œuvre de deux époques bien différentes : la partie inférieure a été remaniée au temps de Valérien : la partie supérieure est restée intacte et remonte aux beaux siècles de l'art.

Avant de signaler un fait aussi remarquable, j'ai dû réfléchir mûrement et fortifier mon témoignage par l'autorité d'hommes spéciaux. Deux architectes de l'Académie de France à Rome, MM. Lebouteux et Louvet, récemment arrivés à Athènes, ont eu l'obligeance de se joindre à moi pour étudier cette question. Nous avons lon-

chambranles étaient primitivement en bronze, et non en marbre. Le bronze fut enlevé à une époque qui nous est inconnue; Marcellinus les fit peut-être remplacer par les chambranles de marbre dont une partie existe encore aujourd'hui.

guement et à différentes reprises examiné chaque pierre, chaque joint, chaque scellement. Une mine pratiquée pendant le siége de 1822 a ébranlé et déchiré toute cette partie de l'Acropole. Mais ce qui a gâté la beauté de l'architecture nous a permis d'en pénétrer le secret. Une pierre brisée, un joint écarté, laissent découvrir dans l'intérieur des murs les scellements de fer en forme de double T, le plomb qui les lie, le trou précis et profond où ils ont été glissés. Tel est le caractère de perfection que les Grecs ont su donner aux plus petits détails, qu'il est aussi facile de distinguer l'époque d'un scellement que celle d'un monument. Tous les scellements que la main ou le regard saisissent dans les parties que la poudre a entr'ouvertes, le cèdent à peine à ceux du Parthénon et des Propylées. Les faces intérieures des assises sont préparées avec le même soin, ravalées de manière à ne laisser en saillie qu'un léger encadrement. La pression ne pouvant, par conséquent, s'exercer que sur les bords, on obtenait des joints d'une exactitude remarquable. Je ne dis rien de la beauté du travail extérieur qui frappe l'observateur le moins attentif. L'agencement des pierres d'angle (on le reconnaît facilement en pénétrant dans la tour méridionale) est conforme aux règles les plus sévères de l'art. Enfin, les murs ont, comme les cellæ des temples anciens et les tours de Messène, leur socle en saillie, leur soubassement, dont la hauteur est le double de la hauteur des assises : sur le premier rang d'assises court une bande en creux qui le distingue du soubassement. Tous ces traits si caractéristiques ne permettent pas de douter que les tours ne soient un travail grec et l'œuvre d'une belle époque. L'histoire pourra ensuite hésiter sur la date précise. Entre Périclès et Sylla, on ne trouve cependant d'autre destructeur que Lysandre, d'autre restaurateur que Conon[1]. Mais le problème n'en sera pas moins résolu, et l'entrée fortifiée de l'Acropole, cette façade au bas des Propylées, les tours qui la protégent, ne peuvent plus être l'invention d'un architecte de la décadence : c'est tout au moins le plan de Mnésiclès.

La partie inférieure des tours est plus difficile à analyser, précisément parce qu'elle est plus irrégulière. Comme le rocher est à une assez grande profondeur au-dessous de leur base, comme il était inutile de donner des fondations puissantes à de simples épaisseurs de mur qui ne supportaient aucun poids, il est probable que, primitivement, on

---

[1] Les murs des tours n'ont que cinquante-six centimètres d'épaisseur ; ce qui est tout à fait remarquable, car le mur d'enceinte de l'Acropole, qui paraît en divers endroits près de l'Érechthéion, et qui est incontestablement du plus beau siècle de l'art grec, a précisément la même épaisseur.

n'avait point poussé en terre les fondations jusqu'au rocher[1]. Lorsqu'au temps de Valérien on enleva les terrains, il fallut donc soutenir en sous-œuvre les tours que l'on exhaussait ainsi ; on jeta à la hâte des pierres et du mortier, et ce mur grossier fit descendre jusqu'au rocher le pied de chaque tour. On le revêtit de larges assises, pour que l'appareil extérieur de la nouvelle construction ressemblât à l'appareil ancien. Mais la négligence du travail, l'état des matériaux, la forme des scellements trahissent la différence des époques ; le mortier qui double le revêtement apparaît çà et là ; on en voit même une couche épaisse de plusieurs centimètres unir la partie supérieure de la tour à la partie nouvelle : car le dernier rang du revêtement n'arrivait point à soutenir la base ancienne, et l'on glissa dans cet intervalle tout un lit de mortier.

Le rocher se trouve enseveli au-dessous de la pente qui conduit aujourd'hui à la porte de l'Acropole. Je l'ai découvert momentanément en différents endroits, sans reconnaître aucune trace de fondations plus anciennes ; le rocher n'a

[1] Ou bien ces fondations étaient, comme à l'ordinaire, irrégulières et sans parement. On n'avait songé qu'à la solidité. Il fallait également les reprendre et en faire de nouvelles avec des assises à peu près semblables aux assises de la partie supérieure : c'est ce qu'on fit.

été ni taillé, ni préparé pour recevoir l'assiette d'un mur; il était inutile, je l'ai déjà dit, de descendre en terre à quatre ou cinq mètres de profondeur, le pied d'une simple muraille. Les fondations datent du siècle de Valérien, et on y remarque aussi un peu de mortier; la présence de ce mortier et le caractère des scellements qui lient les pierres de revêtement sont la preuve la plus sensible de l'époque de cette construction; car l'irrégularité des matériaux, leur origine différente, n'ont rien de contraire aux habitudes des beaux siècles, du moins à Athènes. Les fondations des Propylées, du Parthénon lui-même, et surtout de l'Érechthéion, en sont un exemple. Les architectes tiraient parti des ruines entassées par l'ennemi, et ne songeaient qu'à la solidité des constructions cachées sous la terre.

On trouvera peut-être étrange cette interprétation d'un monument ancien, ce renversement, pour ainsi dire, des lois ordinaires de la construction; la partie supérieure plus ancienne, la partie inférieure, celle qui supporte l'autre, plus moderne! Cependant il arrive fréquemment, de nos jours, qu'on reprend un édifice en sous-œuvre[1], ou qu'on en refait les fondations. C'est

---

[1] A une séance de l'Académie des inscriptions et belles-lettres, M. Lenormant signalait un fait analogue. Une des tours de Bourges est l'œuvre de deux époques différen-

une opération fort élémentaire, qui ne demande à l'architecte que des précautions et de la surveillance. Si l'on soutient ainsi des palais et des constructions considérables, est-il plus difficile de soutenir des tours rasées à dix pieds au-dessus du sol et dont les murs n'ont que deux pieds d'épaisseur ?

Du reste, c'est une conclusion à laquelle conduit nécessairement l'étude du monument; le fait ne peut être nié, il n'y a qu'à l'expliquer. L'explication que je propose a l'avantage de résoudre en même temps d'autres difficultés, d'autres anomalies que présentent les fortifications et l'entrée de l'Acropole. Car tout s'enchaîne, tout dérive de la même cause.

En effet, lorsqu'on eut emporté les terres et abaissé la pente pour élever les tours, il fallut naturellement placer au-dessous du niveau antique le bas du mur en marbre et le seuil de la porte; autrement il devenait impossible d'arriver jusqu'à l'entrée. Si quelques blocs épargnés par Sylla, si quelques traces des constructions primitives restaient encore, tout disparut, lorsqu'on rebâtit la façade à une plus grande profondeur. La différence est d'environ cinq pieds,

---

tes. C'est la partie supérieure qui est d'époque romaine, tandis que la partie inférieure a été refaite au moyen âge.

et la ligne BBB sur la planche III marque le sol ancien, le sol qu'avaient établi les architectes grecs.

La façade et la porte ainsi abaissées, la difficulté n'était que reculée ; car le premier palier de l'escalier se trouvait exhaussé d'autant, et l'abord en devenait impossible, puisqu'il butait contre la nouvelle porte à cinq pieds au-dessus du seuil. Comme on ne pouvait déranger l'économie entière de l'escalier, on tailla dans le palier une brèche en face de l'entrée, on abaissa encore le sol, et on entassa dans ce petit espace sept marches roides et étroites. Elles commencent même si près de l'entrée, qu'il a fallu pratiquer dans la marche du bas deux échancrures demi-circulaires, afin que les battants pussent se développer librement.

La coïncidence du niveau du palier[1], c'est-à-dire du sol intérieur, avec la base ancienne des tours, c'est-à-dire avec le sol extérieur supposé, est un fait, je devrais dire une preuve, tout à fait digne d'attention ; car le sol extérieur n'est pas fixé arbitrairement. Il est donné par la différence des matériaux, du travail, et surtout par les principes mêmes de l'architecture des beaux siècles.

Au point B commence, on se le rappelle, le

[1] Le palier a été réparé ou refait, comme tout l'escalier, sous la domination romaine, avant le règne de Valérien.

socle du mur un peu en saillie[1]; au-dessus est placé un soubassement de double hauteur; puis s'élèvent les rangs égaux des assises; une bande en creux distingue, selon l'usage, le premier rang.

Une quatrième donnée, tout aussi importante, concourt à rétablir au même niveau le sol primitif. C'est le dallage intérieur de la tour méridionale. Je ne parle pas d'un petit dallage en marbre blanc, de la même épaisseur que les dalles du palier, et probablement de la même époque. Mais, quelques centimètres plus bas, le rang d'assises qui est placé au-dessous du socle de la tour forme une saillie continue; il s'avance au dedans de la tour de manière à supporter un dallage qui a disparu, mais qui est le sol véritable, le sol contemporain de la construction même. Ce sol est au même niveau que le palier dont il vient d'être question et que la base ancienne de la tour (au point B).

Je ne sais si la tour septentrionale présenterait les mêmes indices. Il est difficile d'y faire des recherches parce qu'elle a été remplie au moyen âge par des constructions. On en a fait une salle destinée vraisemblablement aux gardiens de l'Acropole, aux ἀκροφύλακες dont parlent les inscriptions de la décadence. J'en ai trouvé une

[1] Pl. III et IV, lettre B.

moi-même[1] à la porte de cette tour. Pour que la salle fût plus spacieuse, et se prêtât à un plan, du reste, fort bien conçu, on détruisit le mur de la tour qui regarde le nord (lettre *e*), et on le recula (jusqu'en *e'*); alors on appliqua aux murs, tant anciens que modernes, huit piliers qui divisèrent l'enceinte entière en trois petites salles voûtées : celle du milieu, la plus grande, est soutenue par des arcades plein cintre; les deux salles latérales, par des arcades de forme ogivale. La voûte, bâtie avec des briques larges et épaisses, est d'une grande solidité.

Pour compléter une démonstration à laquelle je ne saurais trop m'attacher, voici une dernière preuve qui, pour être d'une appréciation plus délicate, n'est pas moins sérieuse; car elle tient aux dispositions et aux habitudes mêmes de l'art. Si l'on se place sur le seuil de la porte de l'Acropole, et si l'on regarde les Propylées, on est frappé d'un certain défaut de perspective. La pente monte trop vite, et son prolongement coupe les cinq portes du monument, qui devraient, au contraire, apparaître dans toute leur majesté. Il en est tout autrement, si l'on se place sur le palier, c'est-à-dire à la hauteur du seuil primitif, marqué par la bande de marbre

---

[1] *Voy.* l'appendice du second volume. *Voy.* Bœckh, *Corp. inscript.*, I, p. 574, et Ross., *Dèmes de l'Attique*, p. 35.

noir d'Éleusis[1]. Alors les Propylées apparaissent dans leur juste proportion et avec l'effet que l'architecte avait calculé et que les réparations d'un siècle déjà barbare ont détruit. De même, et c'est une conséquence naturelle, si, du haut des Propylées, on se tourne vers la porte d'entrée, on remarque combien elle s'enfonce au-dessous des marches et perd de son importance; son seuil devrait être remonté cinq pieds plus haut, au niveau du palier.

Ainsi se résout un problème qui doit dominer toute l'étude de cette partie de l'Acropole. Car, s'il est intéressant de retrouver des fortifications enfouies depuis quatre cents ans, et relevées il y a quinze siècles, c'est le plan primitif, la pensée de Mnésiclès qu'il faut chercher avant tout. Ce plan a été respecté, bien qu'on ait par précipitation changé les niveaux et altéré, en les changeant, l'effet général et l'harmonie. Les tours sont des beaux temps de l'art grec, et, lors même que Lysandre eût complétement rasé l'œuvre de Périclès, Conon le suit de trop près pour n'avoir pas reproduit le plan présent à tous les souvenirs et écrit sur les ruines mêmes. La position des tours donne nécessairement celle de la façade sur les flancs de laquelle elles se détachent. Ce sont

---

[1] Pl. III, lettre B.

les détails et la décoration des murs que nous ignorons ; il n'est pas impossible toutefois d'en présenter une restauration hypothétique.

Dès le jour où la façade en marbre a reparu, je me suis demandé pourquoi le temps déjà barbare qui l'a rebâtie s'est plu à l'orner d'architraves, de frises et de corniches ; pourquoi, sous le règne de Valérien et à l'approche des Goths, on a été chercher, jusqu'à la rue des Trépieds, d'énormes blocs de marbre numérotés soigneusement[1] et replacés avec un certain goût ; pourquoi tant de travail, lorsque le danger commandait la précipitation ; pourquoi une intention d'art si marquée, lorsqu'il s'agissait d'un simple mur et d'un ouvrage de défense. Il m'a semblé que le souvenir des anciennes fortifications détruites par Sylla ne s'était point complétement perdu, — que les fragments épars sur le sol racontaient encore les splendeurs du passé, — que les architectes de la décadence avaient pu retrouver la conception de leurs devanciers et s'étaient efforcés de la reproduire. Quelle conception, en effet, plus belle et

---

[1] Sur la corniche on remarque, de chaque côté, des lettres qui se correspondent et qui ont servi à replacer les morceaux qu'on transportait : AA, BB, Є Э, ZZ. Ces indices, futiles en apparence, sont cependant une nouvelle preuve de l'époque du monument. La forme des lettres annonce le troisième ou quatrième siècle après J. C.

plus naturelle que de mettre la façade de l'Acropole en harmonie avec cette admirable façade des Propylées qui s'élevait au-dessus d'elle? Ce n'est plus une porte flanquée de deux tours, une courtine flanquée de deux bastions; c'est l'entrée de l'Acropole sainte, du grand sanctuaire de la religion athénienne, décorée, elle aussi, de frises, de corniches, de moulures élégantes, comme le sont les Propylées. L'ordre dorique lui prête sa richesse sévère et sa puissante majesté, qui ne messied point à des ouvrages militaires. Qui sait même si la frise et les triglyphes mutilés qu'on voit encore sur le mur de Valérien n'ont point été ramassés dans cet état; s'ils ne couronnaient point le mur détruit par Sylla; s'ils n'avaient point appartenu à un de ces vieux temples[1] renversés par Xerxès et dont les restes, placés au front de la citadelle comme sur le mur de Thémistocle, rappelaient éternellement à Athènes ses désastres et sa haine? Je serais tenté d'aller plus loin encore, et de supposer que les tours elles-mêmes étaient couronnées, vers leur sommet, par une frise dorique, et répondaient ainsi aux deux ailes des Propylées, sortes de tours dont les murs lisses sont décorés de la même manière, c'est-à-dire de

---

[1] On n'a pas oublié que le caractère de cette frise est archaïque, et qu'elle ressemble à la frise de l'ancien Parthénon, sauf les proportions.

triglyphes et de métopes. Toute hypothèse doit partir d'une donnée matérielle; voici sur quelle donnée je m'appuie : au pied des tours, tant dans l'intérieur de l'Acropole qu'à l'extérieur, les fouilles ont découvert un certain nombre de triglyphes en pierre, de la même proportion, du même caractère, et qui, par conséquent, ont appartenu à un même monument. Leur style est très-beau et nullement archaïque, bien qu'ils soient disposés à coulisses et aient dû recevoir des métopes en marbre.

Le peu d'épaisseur de cette frise indiquerait qu'elle couronnait, non pas un portique à double ou triple rang d'architraves, mais un mur simple, celui des tours, par exemple, qui n'est épais que de cinquante-six centimètres. Dans l'intérieur de l'Acropole, dans l'angle sud-ouest, tout auprès de la tour méridionale, j'ai trouvé un de ces triglyphes entièrement couvert de bleu; la couleur était magnifique au moment où elle sortait de terre; peu à peu elle a pâli; peut-être a-t-elle disparu aujourd'hui, si l'on n'a point songé à la protéger contre l'action de l'air.

Les fortifications de l'Acropole auraient donc été ornées et peintes aussi bien que les temples et les Propylées. Ce ne sont là que des hypothèses; je laisse au lecteur le soin d'en apprécier la vraisemblance.

# CHAPITRE IV.

Il y a encore une question assez grave dans un essai de restauration : c'est la disposition intérieure des tours. Chaque tour, en effet, n'a d'antique que trois de ses côtés[1], ceux qui regardent le dehors de la citadelle ; le côté qui regarde le dedans est plus moderne, il n'est besoin que d'un coup d'œil pour s'en apercevoir ; en outre, je n'ai rien vu, même dans ses fondations, qui annonce qu'un mur se soit élevé plus anciennement à sa place. Il est impossible que l'ennemi ait laissé subsister en partie les trois côtés de la tour qui servaient à la défense, et détruit jusque dans ses fondements le seul côté inutile, celui qui regardait l'intérieur de l'Acropole. Comme d'autre part on ne trouve aucune trace d'escalier pour monter au sommet des tours, comme il n'y a point de portes[2], comme le dallage de la tour méridionale est de plain-pied avec le premier palier du grand escalier des Propylées, on ne peut s'empêcher de reconnaître que le quatrième côté des tours n'a jamais existé. Ce sont, en réalité, des bastions creux, au sommet

---

[1] Le mur septentrional de la tour du nord a été démoli et reculé, mais on a remis en place les matériaux antiques.

[2] La petite porte de la tour septentrionale est moderne, ainsi que le puits profond qui se trouve auprès de cette porte. Le puits était entièrement comblé ; la partie supérieure, en maçonnerie sèche, paraît assez moderne ; la partie inférieure est creusée dans le rocher et paraît un travail plus ancien.

desquels on arrivait par un chemin de ronde ménagé derrière les murs et les créneaux. Les tours de Messène offrent une application remarquable de ce système, et un exemple très-propre à justifier l'explication que je propose.

Ainsi, les bastions creux formaient, à l'extérieur, deux tours pour la défense de l'Acropole; à l'intérieur, un dégagement qui donnait au pied de l'escalier et à son palier plus d'espace et plus de grandeur.

## CHAPITRE V.

ENTRÉE DE L'ACROPOLE. — L'ESCALIER DES PROPYLÉES.

Lorsqu'on a gravi la pente qui passe entre les deux tours et franchi la porte de l'Acropole, on a devant soi un petit escalier de sept marches, roide, irrégulier, composé de marbres différents. Il faut ne tenir aucun compte de cet ouvrage d'expédient, dont j'ai expliqué l'origine dans le précédent chapitre. C'est au temps de Valérien qu'on a fait une brèche au palier et entassé quelques marches à la hâte; il fallait établir une communication entre le sol intérieur et le sol extérieur de l'Acropole, entre le sol ancien et le sol plus moderne.

Au palier seulement commence l'escalier des Propylées; de là, on peut saisir les vraies proportions du monument et embrasser du regard l'avenue grandiose qui y conduit.

L'ouverture de l'escalier est de soixante-dix pieds, égale, par conséquent, à la façade des Propylées. Il était encadré, à droite et à gauche, par des murs de rampe revêtus de marbre blanc. Son développement en longueur est de plus de cent pieds. Entre sa base et la base des Propylées, la différence de niveau est de quarante-cinq pieds. Tout cet espace, qui ne contient pas moins de sept mille pieds carrés, a été couvert de marbre pentélique. La hauteur des marches varie entre dix-neuf, vingt et vingt et un centimètres; leur largeur entre quarante et quarante-deux.

L'escalier est divisé en deux moitiés, ou plutôt en deux systèmes bien distincts, par un vaste palier qui commence au pied du temple de la Victoire. Ce palier avait plus de quatre mètres de largeur : bien qu'il n'en reste qu'une partie, il est facile d'en calculer approximativement l'étendue en prenant l'intersection de son prolongement avec le prolongement de la pente inférieure.

Au-dessous du palier, les marches sont continues et remplissent tout l'intervalle entre les deux rampes. Au-dessus, elles s'interrompent en face du grand entre-colonnement des Propylées et font place à un chemin creux qui est égal en largeur au passage central du vestibule. Ce chemin est formé par des dalles de marbre profondément striées. Elles suivent la pente générale en s'élevant les unes au-dessus des autres par un léger degré de quatre à cinq centimètres.

J'expliquerai un peu plus loin la cause de ces systèmes différents.

Un petit palier, à peine d'une double largeur de marche, termine l'escalier comme un palier l'avait commencé.

Voici donc, en résumé, la disposition de l'escalier :

D'abord, un palier qui sert de dégagement dès l'entrée et se continuait probablement de plainpied dans l'intérieur des tours ;

Puis, vingt-six marches continues, dont le développement, d'une rampe à l'autre, est de soixante-dix pieds;

Un grand palier central, large d'environ quatre mètres ;

Trente-huit marches interrompues par un chemin en pente qui les coupe en deux moitiés égales, et qui est perpendiculaire à la façade des Propylées;

Enfin, un petit palier qui marque la séparation des dernières marches de l'escalier et des quatre grands degrés qui forment le stylobate des Propylées.

Voici maintenant ce qui reste de tout cet ensemble :

Le palier inférieur présente un premier rang de

dalles sur toute sa largeur, en tenant compte de la brèche pratiquée en face de la porte. Les autres rangs de dalles, les plus proches du mur de Valérien, ont été enlevés lorsqu'on a construit le mur.

Des vingt-six marches, douze sont encore en place. Les quatre premières se continuent sur toute l'étendue de l'escalier : les quatre suivantes sont interrompues ; on ne les retrouve qu'en deux endroits, en face et à droite de l'entrée. Les quatre dernières n'existent que sur le côté droit. C'est là que l'escalier s'est le mieux conservé, parce qu'il est établi sur le rocher. Vers le nord, au contraire, le rocher plonge profondément, de sorte qu'au moyen âge on a pu enlever les marches et leurs substructions, et convertir en cimetière cette partie de l'Acropole. Ce que j'y ai trouvé d'ossements est incalculable. Des entailles continues et régulières sur le rocher marquent la place des degrés qui ont disparu. De ce côté également on voit les restes du revêtement de marbre blanc qui décorait la rampe.

Le palier central offre encore un fragment considérable ; seulement j'ai été obligé de faire soutenir par un petit massif de maçonnerie les dernières dalles, qui se seraient affaissées sous le pied des visiteurs. On remarquera, sur la longue bande

## CHAPITRE V.

de marbre où venait buter l'escalier supérieur, des scellements de fer intacts.

Enfin, la partie de l'escalier qui commence au-dessous du temple de la Victoire est, comme on le sait, une restauration récente. Il ne restait que cinq fragments de marche à leur place ancienne et un fragment du chemin creux[1]. Les autres marches étaient dispersées çà et là. J'en ai découvert quelques autres en place au-dessous du piédestal d'Agrippa. La restauration fut faite par la Société archéologique d'Athènes, d'après un petit plan que M. Desbuisson, architecte pensionnaire de l'Académie de France à Rome, avait laissé à M. Pittakis, conservateur des antiquités. Ce furent les degrés antiques que l'on retailla et que l'on établit sur un massif de maçonnerie. L'exécution ne fut pas aussi habile qu'on pouvait le désirer ; le plan de M. Desbuisson ne fut pas très-exactement suivi. Les ouvriers ne surent pas raccorder le petit palier avec le soubassement des Propylées. L'alignement général des degrés n'est pas non plus parallèle à la façade du monument. Il est facile de constater cette déviation auprès du palier central, qui est toujours resté à sa place ancienne, les scellements l'attestent. C'est là le danger des restaurations.

---

[1] Pl. II et III, lettre D.

Si le plan général de l'escalier est ainsi devenu clair et précis, l'époque à laquelle il a été reconstruit est plus difficile à fixer. Tout le monde s'accordait à le croire d'époque romaine, quand on n'en connaissait qu'une partie où quelques marches seulement étaient à leur ancienne place. Aujourd'hui qu'une étendue considérable s'offre aux observations, cette opinion, à laquelle je m'étais aussi rangé avant de commencer les fouilles, est pleinement confirmée. Le travail du marbre, les procédés de construction, la forme des scellements en fer, tout révèle un siècle qui sait faire encore de grandes choses, mais qui ne peut les exécuter avec le soin et la perfection des âges précédents. Les degrés sont taillés en biseau : ce qui économise près de la moitié du marbre. Ils sont posés sur un blocage composé de mortier et de petites pierres, ou sur le rocher grossièrement préparé. D'un autre côté, ce n'est pas dans un temps de décadence trop avancée qu'on entreprend ces grands ouvrages, que l'on couvre de marbre pentélique une surface de sept mille pieds carrés, qu'on revêt de marbre le rocher, les murs, les soubassements, les piédestaux qui forment l'encadrement de l'escalier. Si l'on ne peut remonter au delà du règne d'Auguste, on ne peut non plus descendre au-dessous du siècle d'Adrien et d'Hérode Atticus. En effet, entre ces deux dates se place une inscription qui nommait[1] les *pylores*, c'est-à-dire les gardiens des portes qui virent restaurer l'escalier, ἐφ' ὧν καὶ τὸ ἔργον τῆς ἀναβάσεως ἐγένετο. L'inscription qui rappelle ce fait se trouve dans l'Acropole, auprès du poste des invalides. M. Ross l'a publiée[2], en donnant au mot ἀνάβασις un sens tout différent. Pourtant, il a ce même sens d'escalier dans une autre inscription grecque du temps des empereurs[3], qui atteste les bienfaits de Priscus Justinianus. Il avait restauré la ville de l'Isthme, les temples, leurs soubassements et leurs escaliers, τὰς ἀναβάσεις. Sur la même colonne, on lit six inscriptions du même genre, où il n'est point question de l'escalier; elles sont d'époque et de caractères différents, et rappellent simplement les noms des pylores qui se sont succédé à l'Acropole. On a donc eu tort d'unir l'inscription où il est question de l'escalier à une autre inscription où il est question de l'archontat de Rhœmétalcès[4]. Tout ce que nous apprend ce monument épigraphique, c'est que l'escalier fut restauré sous les empereurs : mais

---

[1] Les noms sont effacés aujourd'hui; on sait seulement qu'un des pylores était du dème de Céphisia.

[2] *Dèmes de l'Attique*, p. 35.

[3] Bœckh, *Corp. inscript.*, I, p. 574.

[4] *Voy.* les inscript. publiées par la *Société archéologique d'Athènes*, 2ᵉ cahier, 1852.

il me paraît impossible de préciser l'époque.

On cherchera aussi vainement un renseignement précis sur deux médailles d'Athènes qui sont conservées, l'une au cabinet de Paris, l'autre au Musée britannique. Leur revers offre le dessin de l'Acropole entière, vue du côté du nord, avec ses rochers et ses murailles, le Parthénon à gauche, les Propylées à droite; au milieu, la grande statue de Minerve dont l'aigrette se distinguait de Sunium[1]; au-dessous des Propylées, l'antre de Pan, et, à côté, un escalier dont la ligne se brise vers le milieu.

On doit réfléchir à quelle inexactitude est condamné l'artiste qui grave un sujet immense sur un coin de deux à trois centimètres de diamètre, et l'on concevra peut-être qu'au mépris des lois de la perspective, il ait essayé de représenter le grand escalier des Propylées. La ligne brisée des rampes indiquerait même les deux systèmes différents de l'escalier, ou plutôt le palier qui les sépare.

Que cette médaille soit d'époque romaine, et qu'elle ait été frappée, suivant l'usage des Romains, en commémoration d'un monument récemment élevé ou restauré, cela paraît peu douteux; mais quel sera ce monument? Sera-ce

---

[1] Paus., *Att.*, XXVIII.

l'escalier, le colosse de Phidias qui domine tout le dessin, le Parthénon, les Propylées? On n'est pas moins embarrassé pour fixer l'époque de la médaille elle-même. Le travail n'a rien de remarquable, le style rien de caractéristique, d'autant plus que la tête de Minerve est copiée sur des coins plus anciens. La forme des lettres, selon M. Lenormant, est postérieure au règne d'Adrien. On ne peut donc savoir à un siècle près quand fut restauré l'escalier. Les détails et les procédés d'architecture seuls me feraient nommer Adrien plutôt qu'Auguste.

Mais un problème bien autrement important, parce qu'il se rattache à la construction même des Propylées, c'est de savoir si dans le plan primitif il y avait un escalier, et si celui qui le remplace fut rétabli sur le même modèle. En d'autres termes, l'escalier des Propylées est-il l'invention d'un architecte de la décadence ou l'idée de Mnésiclès?

Du moment que l'entrée véritable de l'Acropole est découverte, qu'elle est exactement à la place antique; qu'on y reconnaît non-seulement le plan mais en partie le travail du beau siècle, l'escalier devient absolument nécessaire. Comment en effet franchir cette pente qui conduit du pied de la citadelle à son sommet? Le rocher existe-t-il partout? Sa surface est-elle aplanie, régulière, striée comme sur le plateau de l'Acropole? Il n'en est rien. Les Propylées, sans être pour cela moins accessibles, ne sont précédés que par des terrains, par des rochers bruts et par les inégalités les plus choquantes.

Il est difficile de ne pas être frappé de la disposition grandiose des Propylées, de ces ailes qui s'avancent parallèlement, de ce vaste et régulier espace qu'elles encadrent, de cette belle façade ouverte, de ces cinq portes qui appellent la foule : il y a là une intention et comme une exigence d'architecture qui veut un large et magnifique escalier. C'est le complément nécessaire du monument, c'est ce qui l'annonce, le soutient, le grandit; et je ne crains pas d'affirmer que nous ne pouvons plus connaître véritablement l'effet que doivent produire les Propylées, depuis que l'escalier est en grande partie détruit, depuis que du bas de la rampe l'œil ne monte plus de marche en marche jusqu'au sommet, et n'aperçoit plus les Propylées exhaussés sur un soubassement de soixante-quatre degrés.

Lorsque les ailes du monument s'arrêtent, les murs commencent à droite et à gauche à encadrer l'escalier, et leur alignement prolonge les soubassements des Propylées; ils s'ouvrent peu à peu d'un mouvement à peine sensible, pour donner plus de largeur et d'effet au bas de l'escalier.

## CHAPITRE V.

Le mur de gauche [1] est en grande partie détruit : mais au-dessous des degrés je l'ai retrouvé, en ouvrant çà et là quelques trous. Les rangs d'assises sont disposés sur un plan incliné, parallèle à peu près à la pente générale [2]. C'est là un procédé de construction bien remarquable, qui se continue même sous terre, dans les soubassements. Les pierres de tuf, rongées par l'humidité, ne présentent plus de caractère distinctif, et les joints sont trop serrés pour laisser découvrir leurs scellements. Elles ont cependant une apparence d'antiquité très-reculée. Pourquoi, du reste, eût-on employé ce mode de construction à l'époque romaine, alors que le mur était caché sous un revêtement de marbre? Si, au contraire, la pente des couches d'assises se reproduit à l'extérieur et était destinée à annoncer de loin l'escalier qu'enfermaient les fortifications, ne serait-ce pas une application aussi curieuse que nouvelle de l'architecture figurée des Grecs? On remarque sous

---

[1] Pl. II, lettres C C C C.
[2] Le mur extérieur qui se prolonge à l'intérieur de l'Acropole (lettre C), au-dessous du piédestal d'Agrippa, se relie à la rampe C C C. La rampe est détruite dans sa partie supérieure. Mais on distingue dans le mur l'arrachement de ses assises. Je me suis convaincu de ce fait, en enlevant momentanément la terre, et en découvrant cet arrachement à une plus grande profondeur. Là aussi la pente des assises dans le sens de l'escalier est sensible.

terre des saillies irrégulières et deux ou trois pierres qui ont appartenu à de vieux monuments. Mais les soubassements des Propylées, de l'Érechthéion et du Parthénon lui-même nous apprennent, je l'ai déjà dit, comment les artistes de Périclès tiraient parti des ruines laissées par les Perses.

Du côté droit, le rocher existe jusqu'à une certaine hauteur et il a été taillé perpendiculairement, de manière à former la seconde rampe de l'escalier; on a seulement ménagé à sa base des saillies par degrés qui supportaient le revêtement de marbre. Une grande rainure indique la place d'un mur qui s'élevait sur le rocher et qui a disparu. Quelques assises déplacées[1], et dont les scellements sont fort équivoques, paraissent une restauration. Toutefois, elles sont aussi disposées sur un plan incliné, comme celles du mur opposé. Le coin où elles se trouvent a été tellement bouleversé par l'explosion d'une mine en 1822, que je n'ai trop osé remuer un amas chancelant de débris.

Ainsi, le plan général de l'escalier s'accorde parfaitement avec la façade et les ailes des Propylées, avec les fortifications avancées que ses rampes relient aux Propylées, de manière qu'elles servent en même temps de murs extérieurs, de

---

[1] Pl. III, lettre E.

murs de défense. Je vois dans cet ensemble une seule pensée qui a tout disposé avec unité et avec grandeur. Bien loin que les travaux des âges suivants aient complété ou embelli la conception primitive du grand siècle, ils n'ont servi qu'à les mutiler et à en détruire l'harmonie.

Par exemple, au-dessous du portique septentrional des Propylées, les Athéniens élevèrent un immense piédestal qui porte encore aujourd'hui le nom d'Agrippa[1]. Ce piédestal n'a pas seulement fait renverser une partie de la rampe gauche, il en interrompt grossièrement l'alignement et s'avance sur l'escalier. La rampe tend à rejoindre le portique septentrional à travers ce massif gigantesque, qui ne fait que nuire de toute manière à l'œuvre de Mnésiclès.

Nous savons que la statue d'Agrippa fut élevée pendant son troisième consulat, sous le règne d'Auguste. Par conséquent, si le plan de l'escalier eût été tracé pour la première fois du temps des Romains, on eût tenu compte évidemment du piédestal, et on eût amené l'encadrement de l'escalier dans son prolongement.

Les traces de l'escalier sont écrites, du reste, bien clairement sur les substructions qui supportent les deux ailes des Propylées. Ces substructions sont partie en pierre, partie en marbre : en pierre,

---

[1] Pl. II, lettre E.

tout ce qui était caché par l'escalier; en marbre, tout ce qui paraissait. La ligne de séparation de matériaux si différents forme elle-même des degrés qui accompagnent le mouvement de l'escalier.

C'est là un fait tout à fait remarquable : car, si l'on peut dire que c'est en construisant l'escalier qui existe aujourd'hui qu'on a embelli çà et là le soubassement de tuf, on ne dira pas assurément qu'on a glissé après coup tout le soubassement de marbre.

D'un autre côté, on comprend que si l'architecte, en construisant les Propylées, avait déjà déterminé la pente de l'escalier et disposé en conséquence les matériaux des soubassements, il était impossible cependant que chaque assise correspondît exactement à chaque marche. On remédia à cette inégalité en ajoutant quelques plaques de revêtement, dont deux fragments existent encore, non pas à leur place, mais dans les cavités mêmes du soubassement septentrional. Les trous de scellement, qui sont parfaitement visibles sur les dernières assises de marbre, la petitesse, la netteté de l'entaille, semblent annoncer le ciseau grec[1]; ceux qui connaissent les monu-

---

[1] Les entailles n'ont pas la forme du double T, il est vrai; mais les scellements étaient nécessairement extérieurs, puisque

ments de la Grèce, ne trouveront rien de puéril à cette remarque : même dans leurs parties cachées, dans leurs détails les plus humbles, on surprend les différences de travail et d'époque.

Il y a aussi des indications empreintes sur le rocher, du moins dans la partie supérieure de l'escalier. Cependant la surface a été altérée par le temps, par des accidents inconnus et par le remaniement qu'exigea l'escalier plus récent. On observera d'abord à gauche, un peu plus haut que le piédestal d'Agrippa, des pierres de tuf encore scellées sur le rocher, restes des soubassements qui suppléaient aux inégalités d'un pareil sol et formaient l'assiette de l'escalier[1]. Çà et là des entailles, des trous de scellement qui chaque jour s'effacent, montrent que toute l'étendue du rocher était ainsi couverte d'assises de tuf qui supportaient les marches. Ce travail préparatoire ne peut être rapporté à la construction du second escalier, puisque ce dernier fut établi sur un blocage composé de petites pierres et de mortier.

Le mur pélasgique récemment découvert est

ce n'est qu'un travail de raccordement ; il fallait donc faire les entailles aussi petites et aussi peu visibles que possible.

[1] Une de ces pierres s'applique même sur le petit chemin pélasgique dont il a été question au précédent chapitre.

une des preuves les plus décisives. Pourquoi Mnésiclès, lorsqu'il fit disparaître les ruines des constructions antérieures et assit sur leur emplacement son vaste monument, aurait-il laissé subsister cette œuvre d'un âge barbare, si elle n'eût servi ses plans au lieu de les contrarier? Pourquoi eût-il démoli en partie ce mur, en lui donnant la forme d'un escalier, si précisément il ne lui eût paru propre à supporter les degrés qui devaient le cacher et à remplacer le rocher qui manquait de ce côté?

La nature des terrains qui ont été rapportés au même endroit, mérite une attention toute particulière. Le sol primitif est indiqué par la base du mur pélasgique. Jusqu'à Périclès, ce mur avec son parement était à ciel ouvert et servait de fortification. Lorsqu'on voulut l'enterrer pour supporter l'escalier, il fallut des remblais considérables. Or, la tranchée laisse distinguer parfaitement trois couches différentes de terrains. La couche la plus basse est formée par les débris du rocher de l'Acropole, taillé pour établir l'assiette des Propylées; la seconde, par les parcelles de tuf que les ouvriers entassaient en préparant les soubassements; la troisième, par les éclats de marbre que le ciseau faisait voler en travaillant aux Propylées eux-mêmes. On retrouve les mêmes remblais en creusant à l'orient du Parthénon. Le mur pélasgique a donc été enterré au temps même de la construction des Propylées.

Si l'on examine de près les degrés de l'escalier actuel, on verra que plusieurs sont d'un plus beau travail que le reste. Beaucoup de marches du bas ont aussi été repiquées, et l'on a enlevé une surface assez épaisse pour faire affleurer le fond de vieux scellements. Ainsi, dans le travail de restauration, on aurait employé les matériaux de l'ancien escalier et retaillé les marbres les moins usés.

Une dernière preuve, d'une nature plus délicate que les autres, est cependant plus concluante encore à mes yeux : car elle se rattache aux principes les plus savants de l'art grec. L'on sait, et j'aurai l'occasion de le montrer par la suite, que les édifices doriques du siècle de Périclès ont toutes leurs lignes légèrement courbes et que les surfaces qui sont parallèles à l'horizon ne sont pas planes, mais convexes. Ainsi les stylobates sont convexes, les entablements sont convexes, et Vitruve recommande[1] même de garder une certaine proportion entre les courbes de la base et

---

[1] Stylobaten ita oportet exæquari uti habeat *per medium adjectionem* per scamillos impares. Vitr., ed. Schneider, III, 4, 95. Capitulis perfectis et non ad libellam, sed ad æqualem modulum collocatis, ut quæ *adjectio* in stylobatis facta fuerit, in superioribus membris respondeat. III, 5, 8.

celles du sommet du monument. Un temple dorique peut ne pas avoir des courbes horizontales, et certains temples en effet n'en ont pas. Mais ce serait quelque chose d'inouï qu'un entablement courbe et un soubassement plan.

C'est pourtant le cas des Propylées. L'entablement de leurs différents portiques présente la même convexité que l'entablement du Parthénon; cependant les soubassements, les stylobates, sont plans.

Cette anomalie a été signalée déjà par un architecte[1] qui ne s'est nullement occupé de l'escalier des Propylées, mais qui vient de publier de remarquables études sur les courbes des monuments athéniens. Elle me paraît maintenant s'expliquer assez naturellement :

On a fait plan le soubassement des Propylées, pour qu'il fût en harmonie avec l'escalier qui ne pouvait être convexe. Les degrés du stylobate et ceux de l'escalier arrivant à se rencontrer, leurs lignes ne pouvaient se contrarier d'une façon aussi choquante; tandis qu'entre la ligne des stylobates

---

[1] M. Penrose, *Principles of athenian architecture*; London, 1851. The Parthenon and Propylæa... In the latter however the curve *only occurs* in entablature, the line of *steps* being streight and level. (P. 26). The stylobate of the Propylæa both center and wings is *level*, but the horizontal lines of entablature were curved in the central. (Pag. 62.)

et celle des architraves il y a trop de distance, il y a trop de perspective et de lumière à travers la colonnade, pour que cette discordance soit sensible.

On se demandera peut-être pourquoi l'escalier primitif a disparu; pourquoi, six ou sept siècles plus tard, il a fallu en refaire un nouveau. Il suffirait, je crois, d'adresser cette question aux architectes auxquels leurs connaissances pratiques donnent plus d'autorité sur ce point. Ils savent dans quel état peut se trouver, après sept cents ans, un escalier de marbre blanc[1], matière qui s'use plus vite que toute autre par le frottement, surtout lorsque cet escalier conduit au lieu le plus fréquenté du monde. Si l'action du temps ne suffisait pas à expliquer la nécessité d'une restauration, ne faut-il pas tenir compte des accidents, des guerres, des assauts, des ruines? Sans aller plus loin, quand Sylla fit renverser les murailles et les tours qui entouraient de toutes parts l'escalier ancien, les marbres ne durent-ils pas être brisés par la chute des énormes pierres que les soldats romains précipitaient?

[1] Bien plus, il semble que l'escalier romain ait été lui-même réparé: sur les côtés du système inférieur, les degrés sont repiqués grossièrement et comme neufs : il est vrai que la foule y passait peu; tandis qu'au milieu, devant la porte, les marches sont usées et glissantes.

Je parle de l'escalier ancien, de l'escalier primitif : je ne voudrais point que ma pensée parût équivoque ou exagérée. J'entends que dans le plan de Mnésiclès il devait y avoir un escalier, que tout avait été disposé pour le recevoir, que c'était un complément aussi nécessaire que magnifique de ses Propylées, qu'on en découvre encore les preuves, malgré les remaniements et les ruines de tant de siècles. Mais qui pourrait affirmer que ce plan avait été dès lors réalisé, et que l'escalier avait été exécuté dans toute son étendue, lorsque les Propylées eux-mêmes sont restés inachevés? Il est impossible qu'une partie des marches n'eussent pas été mises en place ; autrement les Propylées devenaient inaccessibles. La route pélasgique qui serpente sur le rocher, ne pouvait même plus servir. J'ai déblayé les soubassements des Propylées au-dessous du passage central : ils s'élèvent perpendiculairement de cinq pieds au-dessus du rocher. Comment franchir sans escalier une pareille hauteur à laquelle s'ajoute l'épaisseur d'une dalle, indiquée à droite et à gauche par les traces de ses crampons? Que le travail de Mnésiclès ait été achevé avant la guerre du Péloponèse ou plus tard, qu'il ne l'ait même jamais été jusqu'à la domination romaine, sa pensée n'en est pas moins clairement écrite sur toute cette partie de l'Acropole : réalisée peut-être à une époque qui nous est inconnue, reprise fidèlement sous les empereurs, quand les marbres eurent été usés par les pieds de quinze générations, elle reparaît aujourd'hui à la lumière, et prête aux Propylées une grandeur et une beauté nouvelles.

Il me reste à expliquer, comme je l'ai annoncé plus haut, pourquoi l'escalier est divisé en deux parties inégales, ou plutôt en deux systèmes différents; pourquoi, au-dessous du palier central, les degrés sont continus; pourquoi, au-dessus, ils sont interrompus par un chemin creux.

La position de ce grand palier, large de seize pieds sur soixante-dix pieds d'ouverture, n'a point été choisie au hasard, mais déterminée par les exigences mêmes des lieux.

Du côté du nord, il communique avec un petit escalier taillé dans le rocher, l'escalier de Pan [1], dont il sera question à la fin de ce chapitre. Du côté du sud, il correspond à une seconde entrée latérale [2] qui devait exister au-dessous du temple de la Victoire. Mes recherches pour en découvrir les traces ont été vaines, parce que tout a été ruiné dans cet endroit lorsqu'on voulut y bâtir au moyen âge des fortifications et une porte nouvelle. Mais l'existence du chemin pélasgique

[1] Pl. II, lettre H.
[2] Pl. II, lettre J.

prouve qu'il y avait un passage naturel vers le sud, et que les architectes de Périclès durent en profiter, tout en élevant le sol jusqu'au soubassement du temple de la Victoire[1]. En effet, par là seulement pouvaient monter les victimes et les bêtes de somme : à l'occident la pente était trop roide, au nord il n'y avait qu'un rocher à pic. Les animaux arrivaient par cette porte au palier central, puis suivaient le chemin creux que l'on avait ménagé au milieu de l'escalier supérieur; leurs pieds ne pouvaient glisser sur les dalles de marbre profondément striées. Au contraire, il était inutile de faire descendre le chemin creux jusqu'au bas de l'escalier, jusqu'à la grande porte occidentale, puisque cette partie n'était accessible qu'aux piétons.

De sorte qu'un plan si simple et si naturel se prêtait à la fois aux commodités usuelles et aux intérêts de l'art : la principale entrée, au bas de la colline, et dans l'axe des Propylées[2]; à mi-côte

---

[1] On ne saurait étudier avec trop d'attention ce soubassement, pour bien retrouver le niveau du sol de Périclès, qui était plus élevé que le sol pélasgique. Le travail différent des pierres et du rocher offre des indications très-claires.

[2] Ceux qui ne voient que le plan des Propylées et des fortifications qui les précèdent, s'étonnent qu'un si vaste escalier, qu'une avenue d'un effet si grandiose soit cachée par des tours, par un mur de défense au bas de la colline. Mais,

et débouchant en face l'une de l'autre sur le même palier, deux portes latérales ; voilà, je crois, une belle disposition. Un escalier aussi immense eût paru peut-être trop uniforme, si les degrés eussent été tous semblables, tous continus : le chemin creux qui coupe l'escalier supérieur introduit du mouvement et de la variété. Il a de plus l'avantage de mettre en harmonie l'escalier avec les Propylées et de s'accorder avec le double entre-colonnement de la façade.

Je n'ignore pas que ce système et l'idée même d'un escalier soulèvent une objection sérieuse et contrarient un préjugé très-répandu. Comment, avec un escalier, les statues et les blocs de marbre nécessaires à la construction des monuments postérieurs à Périclès pouvaient-ils arriver au sommet de l'Acropole ? Comment, le jour des Panathénées, les chars à quatre chevaux montaient-

quand il faut fermer une citadelle, les exigences de la guerre passent avant les exigences de l'art. Sans doute, une façade découverte, l'escalier de marbre descendant jusque dans la plaine, paraissent une décoration plus complète ; mais il faut enfermer l'œuvre entière pour la protéger contre l'ennemi, au jour du danger. Du reste, lorsque l'on franchit le seuil de la porte principale, il y a un effet de surprise plein de grandeur. Les Propylées perdraient quelque chose de leur importance et de leurs proportions, si l'avenue qui y conduit était plus longue. L'architecte semble avoir choisi le point précis, le point de vue nécessaire à son monument.

ils jusqu'au Parthénon? J'essayerai de répondre à l'objection et de combattre le préjugé.

Il est vrai qu'après Périclès l'Acropole continua à se remplir de monuments considérables, de statues colossales, et qu'un escalier, même avec un chemin creux, ne se prête que difficilement au transport de matériaux aussi énormes. Mais l'escalier ne me semble pas le seul obstacle. La roideur de la pente elle-même, de la pente naturelle, est telle qu'avant la construction des Propylées je ne me la figure accessible qu'avec des terrassements, des plans inclinés. Au contraire, lorsque les Propylées eurent été construits et eurent fermé le côté occidental de l'Acropole, l'abord du monument fut définitivement interdit aux voitures et aux machines de transport. En effet, le passage qui traverse le vestibule des Propylées est étroit, et le moindre accident pouvait briser les marbres, les colonnes, les bases richement décorées. Comment croire, par exemple, que les architraves de l'Érechthéion, c'est-à-dire des poutres de marbre longues de quinze pieds, ont passé sous ce magnifique vestibule? N'eût-ce pas été folie que de l'exposer chaque jour à d'irréparables dommages? Un faux mouvement des attelages, la maladresse d'un ouvrier pouvait gâter à jamais l'œuvre de Mnésiclès.

Du reste, la disposition du sol sous les Propylées mêmes prouve que le passage central n'était destiné qu'aux victimes et aux bêtes de somme. Le pavage qu'on y voit encore çà et là est tout moderne et composé de débris déplacés. Mais à droite et à gauche, sur le soubassement de la colonnade ionique, on remarque des traces de marches véritables, dessinées soit par la séparation des surfaces brutes qui devaient être cachées et des surfaces finies qui devaient rester apparentes, soit par des empreintes réelles. Au-dessous de la porte centrale, le rocher est taillé de manière à former aussi des degrés qui, pour être doux, n'en sont pas moins insurmontables pour des chars et des machines de transport.

L'Acropole se présente à pic de bien des côtés; il est facile d'amener les blocs de marbre et les statues au pied du rocher, et de les hisser directement sur le plateau. Ce système offre une grande économie de temps et de peine, et il est superflu de se demander si ceux qui ont élevé les architraves et les frontons du Parthénon possédaient les moyens, si simples d'ailleurs, de hisser ainsi les pierres les plus pesantes.

C'est aujourd'hui une idée généralement acceptée que les chars et la cavalerie montaient à l'Acropole, passaient sous les Propylées, et venaient faire leurs évolutions autour du Parthénon. L'imagination trouve dans ce spectacle quelque chose de magnifique et de séduisant, et ne laisse que peu de loisir à l'esprit d'examen.

Aucun texte ancien, cependant, ne parle d'un fait aussi remarquable, quoique les moindres détails de la procession panathénaïque soient minutieusement décrits. Bien plus, si les auteurs parlent des courses qui avaient lieu, le jour des Panathénées, auprès de l'Ilissus, ils ne disent nullement que les chars et les chevaux suivissent la procession. Xénophon[1], dans son *Maître de cavalerie*, cite les différents lieux où les escadrons paradaient dans les fêtes publiques. Il nomme l'Académie, le Lycée, Phalère, l'Hippodrome, la place publique; il recommande même de bien tenir les chevaux en bride sur le terrain de l'Académie, parce qu'il est dur et battu. Mais il ne parle pas des rochers de l'Acropole et des marbres des Propylées : jamais pourtant les conseils n'étaient plus nécessaires.

Lorsque la frise du Parthénon fut connue pour la première fois en Europe, et expliquée par les savants, ils y virent la plupart une copie exacte et matérielle de la procession des Panathénées, ne laissant à l'artiste que le mérite de l'arrangement et de l'exécution. L'occasion se présentera

---

[1] Ἱππαρχικοῦ, ch. III.

plus tard de protester contre ce système. La conséquence directe, c'est que tout ce qui est figuré sur le temple a dû exister en réalité autour du temple, de même qu'une ombre projetée sur un mur suppose nécessairement le voisinage du corps qu'elle dessine. Il y a des chevaux et des chars sur la frise de Phidias, donc les chars et les chevaux montaient à l'Acropole et tournaient autour du Parthénon.

Je n'ai pas besoin de dire, cependant, que ce n'était pas vers le Parthénon, mais vers l'Érechthéion que se dirigeait le cortége; que le péplum n'était point destiné à Minerve Parthénos, mais à Minerve Poliade ; qu'on voit sur la frise de Phidias des dieux, des déesses, des êtres allégoriques qui ne figuraient évidemment point dans la procession ; qu'on y remarque des scènes qui ne pouvaient se passer à l'Acropole : ce n'était point à l'Acropole, par exemple, que les jeunes Athéniens équipaient leurs chevaux, gourmandaient leurs esclaves, nouaient leurs sandales, et passaient leurs tuniques.

L'erreur la plus naturelle, dans un temps où Athènes était peu visitée et où la citadelle était fermée aux étrangers, c'était de supposer que les chars montaient au Parthénon. Cette opinion devint en effet populaire, et, en cherchant plus tard à la justifier, quelques voyageurs crurent voir des traces de roues sur le plateau de l'Acropole[1]. Pour moi, j'ai bien remarqué un large conduit pour les eaux et, de tous côtés, des trous carrés qui servaient à sceller les piédestaux et les stèles. Mais assurément il n'y a pas la moindre trace de roue. Ne serait-il pas extraordinaire que quelques chars qui passaient une fois en quatre ans sur le rocher eussent creusé de profonds sillons ?

Les stries qui coupent la surface du rocher au-dessus des Propylées prouvent simplement qu'on avait voulu la rendre moins glissante pour les piétons et pour les animaux : du reste, ces stries couvrent tout l'espace qui s'ouvre devant la façade intérieure des Propylées.

Ainsi, ni l'étude des lieux ni l'étude de l'histoire ne parviennent à justifier un préjugé qui n'a d'autre origine que le désir d'expliquer la frise du Parthénon. Si l'on examine, au contraire, les dalles du chemin creux et les petits degrés qu'elles forment l'une au-dessus de l'autre, si l'on remarque les traces de marches écrites en quelque sorte sur les soubassements de la colonnade dorique, si l'on observe attentivement le rocher au-dessous

---

[1] Les fragments de dallage, sur le chemin creux des Propylées, sont modernes ; les trous isolés qu'on y remarque sont produits par l'action de l'eau qui séjourne par places après la pluie.

de la grande porte, on reconnaîtra combien il est impossible que des chars aient jamais monté à l'Acropole. D'ailleurs, telle est la roideur de la pente, qu'avec toutes les facilités possibles, des voitures ne pourraient la gravir et encore moins la descendre. L'angle d'inclinaison est d'au moins vingt degrés.

Je pourrais ajouter qu'où l'on fait passer des chars, on devrait faire passer aussi le vaisseau sacré auquel le péplum était suspendu et qui glissait sur la terre par un mécanisme invisible [1]. Car Pausanias nous apprend [2] qu'il était petit, et les rues d'Athènes, où on le promenait, étaient fort étroites, à en juger par celles dont on retrouve les restes. Or, l'on sait la route que suivait la galère panathénaïque : partie du Céramique [3], elle allait jusqu'à l'Éleusinium, en faisait le tour, puis, longeant le mur des Pélasges, arrivait au temple d'Apollon Pythien, et de là à l'endroit où elle remisait, près de l'Aréopage [4]. Ainsi on la

---

[1] *Voy.* Meursius, t. II, p. 512.

[2] Τοῦ δὲ Ἀρείου πάγου πλησίον δείκνυται ναῦς ποιηθεῖσα εἰς τὴν τῶν Παναθηναίων πομπήν· καὶ ταύτην μὲν ἤδη πού τις ὑπερεβάλλετο. (*Att.*, XXIX.)

[3] Τὴν ναῦν ἐκ Κεραμεικοῦ ἄρασαν ἀφεῖναι ἐπὶ τὸ Ἐλευσίνιον, καὶ περιβαλοῦσαν αὐτὸ, παραμεῖψαι τὸ Πελασγικὸν, κομιζομένην παρὰ τὸ Πύθιον ἐλθεῖν οἷ νῦν ὥρμισται. (Philostr. in Herod. Soph., l. II.)

[4] Τοῦ δὲ Ἀρείου πάγου πλησίον... κ. τ. λ.

promenait précisément au-dessous du temple de Minerve Poliade, à l'orient et au nord de l'Acropole. On l'arrêtait au moment où la procession commençait à monter vers la citadelle (car l'Aréopage est au pied des Propylées), et l'on détachait le péplum pour le porter à la déesse.

Alors, je me figure la pompe sacrée se divisant en trois troupes et suivant trois chemins différents. Les prêtres, les magistrats, les vieillards, les jeunes vierges, se dirigent vers la grande entrée. Ils dépassent les tours de la façade, qui sont comme le vestibule de l'Acropole et montent lentement le magnifique escalier de marbre. Pendant ce temps, les sacrificateurs et les bœufs qu'ils conduisent, les métœques chargés de leurs fardeaux arrivent à la porte latérale du sud et se présentent au-dessous du temple de la Victoire. Enfin, la jeunesse athénienne, qui a quitté ses chars et ses chevaux près de l'Aréopage avec le vaisseau sacré, gravit l'escalier de Pan, qui touche presque à l'Aréopage, et débouche par la porte latérale du nord, au-dessous de la Pinacothèque. Les trois troupes se rencontrent sur le vaste palier qui forme le centre de l'escalier; elles se réunissent et reprennent l'ordre accoutumé pour franchir les derniers degrés et pénétrer dans la ville sainte.

A la grande entrée de l'Acropole se rattachait un petit escalier qui regardait le nord, voisin de la grotte de Pan et d'Apollon.

Les Athéniens, reconnaissants du secours que le dieu Pan leur avait promis avant Marathon [1], lui avaient consacré la petite caverne qui se trouve à l'angle nord-ouest de l'Acropole. C'est dans cette caverne, fort ouverte du reste, qu'Apollon avait surpris Créuse et qu'Ion avait été exposé [2]. C'est là que Pan se plaisait à faire retentir des sons de sa flûte les *Longs Rochers* [3], et à exciter aux danses légères les trois filles d'Agraule. Au-dessous se trouvait la fontaine Clepsydre, dont les eaux se dérobaient [4] quand les vents étésiens cessaient de souffler. Là commençait un escalier

---

[1] Paus., *Att.*, XXVIII.

[2] *Voy.* la tragédie d'Euripide.

[3]
Ὦ Πανὸς θακήματα καὶ
Παραυλίζουσα πέτρα
Μυχώδεσι Μακραῖς,
Ἵνα χοροὺς στείβουσι ποδοῖν
Ἀγραύλου κόραι τρίγονοι,..
... ὅταν αὐλείοις συρίζῃς
Ὦ Πὰν, τοῖσι σοῖς ἐν ἄντροις.   *Ion*, 49.

[4] Κλέπτω ὕδωρ. Voy. le *Scol.* d'Arist., *Ois.*, 1695. Ἀρχομένων τῶν ἐτησίων πληροῦται, παυομένων δὲ λήγει. Aujourd'hui encore, pendant les mois de juillet et d'août, elle a, m'a-t-on dit, dix fois moins d'eau que pendant le reste de l'année. La même source alimente probablement le puits moderne dont il a été question au précédent chapitre.

taillé dans le rocher, qui conduisait jusqu'au palier central du grand escalier de marbre, et par lequel Pausanias descendit après avoir visité l'Acropole ; sa description l'indique assez clairement :

« En descendant, » dit-il [1], « non pas dans la ville basse, mais un peu au-dessous des Propylées, vous voyez une fontaine et, tout auprès, une grotte consacrée à Apollon et à Pan. » Il se trouve ensuite tout porté à l'Aréopage [2], qui est, en effet, voisin.

Sans cet escalier, on comprendrait difficilement un passage assez délicat d'Aristophane [3], dans la scène toute conjugale de Cinésias et de Myrrhine, encore moins le jeu de Myrrhine qui rentre à

---

[1] Καταβᾶσι δὲ οὐκ ἐς τὴν κάτω πόλιν, ἀλλ' ὅσον ὑπὸ τὰ Προπύλαια, πηγή τε ὕδατός ἐστι καὶ πλησίον Ἀπόλλωνος ἱερὸν ἐν σπηλαίῳ... ἐνταῦθα καὶ τοῦ Πανὸς ἱερόν. (XXVIII.)

[2] Κάτω δὲ καὶ ὁ Ἄρειος Πάγος. (Ibid.)

[3]         Μυρρίνη.
. . . . . . . . . Ποῦ γὰρ ἄν τις καὶ, τάλαν,
Δράσειε τοῦθ';
                Κινησίας.
    Ὅπου τὸ τοῦ Πανός, καλόν.
                Μυρρίνη.
Καὶ πῶς ἔθ' ἁγνὴ δῆτ' ἂν ἔλθοιμι ἐς πόλιν ('Ακρόπολιν).
                Κινησίας.
Κάλλιστα δήπου, λουσαμένη τῇ Κλεψύδρᾳ.
            (*Lysistr.*, 911.)

chaque instant dans l'Acropole pour prendre une natte, un oreiller, des parfums.

Par cet escalier, on montait à la citadelle en venant du Céramique. C'est ainsi que Cimon [1], à la vue du peuple entier, allait, d'un visage riant, consacrer un mors de cheval à Minerve. Après avoir adressé ses prières à la déesse, il détachait un des boucliers suspendus autour du temple, et descendait par l'Ennéapyle vers la mer et le port de Phalère [2]. Cet acte, plus éloquent que tous les discours, encourageait le peuple consterné à suivre le conseil de Thémistocle et à s'embarquer pour Salamine.

On voyait encore à ciel ouvert, il y a trente ans, un certain nombre de marches taillées dans le rocher. Dodwell [3] les remarqua en 1819, et, lorsque les Grecs assiégeaient les Turcs, quelques-uns montèrent par là dans l'espérance de trouver le passage mal fermé. En 1822, les Grecs furent assiégés à leur tour. Pour prévenir la disette d'eau, Odyssée fit enfermer dans un bastion la fontaine Clepsydre et l'église des Saints-Apôtres

[1] Plutarque, *Vie de Cimon*, V.
[2] Ce ne fut qu'après la bataille de Salamine que Thémistocle fit du Pirée le port d'Athènes.
[3] Towards the north-west angle of the Acropolis and nearly under the Propylæa, I discovered eight steps hewn in the rock and leading up to the wall. (*Tour through Greece*, I p. 303.)

où elle se trouvait. Alors, l'escalier de Pan, couvert d'une voûte grossière et enterré sous les décombres et les constructions, devint souterrain. On refit à la hâte les degrés qui manquaient. Néanmoins, on voit encore le rocher qui forme un passage large d'un mètre environ et soutient la maçonnerie moderne. En haut seulement, la voûte est naturelle. Un peu plus bas, en approchant la lumière et en écartant la poussière qui les recouvre, on distingue les huit marches taillées dans le rocher que Dodwell avait comptées. Au-dessous, il y en a d'autres encore.

Enfin l'on arrive à la petite église des Saints-Apôtres, revêtue de peintures que je n'oserais certainement pas appeler *byzantines*. Ce sont de ces œuvres qui ne peuvent être classées. Ce qu'elles offrent de plus remarquable, ce sont les traces des balles que les Turcs, suivant leur habitude, tiraient au visage des personnages sacrés.

L'eau de la fontaine Clepsydre a un goût légèrement saumâtre, comme dans l'antiquité[1]. Les Athéniens croyaient que l'on n'en pouvait trouver le fond et qu'elle communiquait avec la mer. Ils racontaient qu'un jour une fiole y tomba et reparut dans la baie de Phalère[2].

---

[1] Τὸ δὲ ὕδωρ ἁλμυρόν. ( *Scol.* d'Arist., *Ois.*, 1695. )
[2] Φασὶ δὲ αὐτὴν ἀπέραντον βάθος ἔχειν... εἰς ταύτην ἡμαρτομένην φιάλην πεσοῦσαν ὀφθῆναι ἐν τῷ Φαληρικῷ. (Ibid.)

Une troisième entrée, mais celle-là naturelle, peut conduire sur le plateau même de l'Acropole. Au fond de la grotte consacrée à Aglaure, fille de Cécrops, il y a un passage tortueux, une fissure du rocher, qui se rétrécit rapidement et finit par se fermer. Mais après avoir fait dix pas, si l'on se retourne pour regarder au-dessus de sa tête, on voit le jour descendre par une sorte de puits oblique, dont les parois sont escarpées, hérissées de rochers, et qui semble inaccessible.

A l'intérieur de l'Acropole, à l'ouest de l'Érechthéion et près du mur de Thémistocle, on retrouve la partie supérieure de cette ouverture à douze pieds au-dessous du sol actuel. Un escalier moderne y conduit, taillé dans l'épaisseur du mur antique dont les dernières assises reposent encore sur le rocher. Au moment où le mur finit, la fissure commence.

Il est facile de se convaincre que les marches appliquées entre les deux parois du rocher sont modernes. Par là, dans les temps plus récents, les défenseurs de la citadelle descendaient dans l'Agraulium, qu'ils avaient fortifié, et qui leur servait d'ouvrage avancé pour tirer sur l'ennemi. Lorsque la fente s'élargit, l'escalier cesse ; il reste vingt-deux pieds que l'on ne pouvait franchir qu'au moyen d'une échelle.

Il n'est pas possible que dans l'antiquité ce fût une entrée régulière et fréquentée. Les trois marches que l'on remarquera encore dans le fond de la grotte d'Agraule sont également modernes. Le rocher ne porte aucune trace de travail, et l'on sait, pourtant, par l'escalier de Pan, comment les Grecs savaient tailler ces sortes de passages. C'était une fente naturelle, impraticable dans les temps anciens, et qui ne pouvait servir que dans les circonstances extrêmes ; l'histoire, du moins, le ferait supposer.

Lorsque Pisistrate se fut emparé de l'Acropole, il voulut enlever aux Athéniens leurs armes et eut recours à la ruse suivante. Il convoqua le peuple dans l'Anacéion [1], monument voisin de l'Agraulium, et se mit à le haranguer d'une voix très-faible qui obligeait tout le monde à tendre l'oreille et à prêter la plus grande attention [1]. Pendant ce temps, ses gardes s'avancèrent, s'emparèrent des armes des citoyens et les portèrent dans le temple d'Aglaure. Par là il était facile de les hisser dans l'Acropole sans qu'on s'en aperçût.

Ce fut par la même ouverture que les Perses pénétrèrent dans la citadelle. « A la fin, » dit

---

[1] *Voy.* Leake, *Topogr. of Ath.*, p. 267.

[1] Ἐπεὶ δὲ ὁ μὲν ἡσυχῇ διελέγετο, οἱ δὲ ἐκτείνοντες τὰς ἀκοὰς προσεῖχον, οἱ ἐπίκουροι προελθόντες καὶ τὰ ὅπλα ἀράμενοι κατήνεγκαν ἐς τὸ ἱερὸν τῆς Ἀγραύλης. (Polyen., *Strat.*, I, 21.)

Hérodote [1], « les barbares, toujours repoussés, dé-
« couvrirent *une entrée. C'était* en *avant de l'Acro-
« pole, derrière les portes et la montée*, dans un
« endroit qui n'était point gardé, tant on s'atten-
« dait peu à ce que *personne y passât jamais*. Ce fut
« par *cette entrée, dans le temple d'Aglaure*, fille
« de Cécrops, que quelques Perses escaladèrent,
« *quoique le lieu fût très-escarpé.* Quand les Athé-
« niens les virent sur le plateau de l'Acropole, les
« uns se précipitèrent du haut des murs, etc., etc. »

On s'accorde généralement, je le sais, à faire simplement escalader aux Mèdes le rocher extérieur et à trouver le texte d'Hérodote compliqué et difficile. Il en est tout autrement lorsqu'on cherche si les expressions de l'historien peuvent s'appliquer au passage souterrain de l'Agraulium.

*On découvrit une entrée* prend alors son sens naturel ; *en avant de l'Acropole*, c'est la situation exacte du petit sanctuaire; *derrière les portes* désigne l'ouverture supérieure qui donne sur le plateau de l'Acropole. C'est en effet derrière les Propylées, et, dans le temps où les Propylées

---

[1] Χρόνῳ δὲ ἐκ τῶν ἀπόρων ἐφάνη δή τις ἔσοδος τοῖσι βαρβάροισι· ἔμπροσθε ὦν πρὸ τῆς Ἀκροπόλιος, ὄπισθε δὲ τῶν πυλέων καὶ τῆς ἀνόδου, τῇ δὴ οὔτε τις ἐφύλασσεν οὔτ' ἂν ἤλπισε μή κοτέ τις κατὰ ταῦτα ἀναβαίη ἀνθρώπων, ταύτῃ ἀνέβησάν τινες κατὰ τὸ ἱρὸν τῆς Κέκροπος θυγατρὸς Ἀγλαύρου καίτοι περ ἀποκρήμνου ἐόντος τοῦ χώρου. (VIII, 53.)

n'existaient pas, derrière les portes de la citadelle qui étaient situées peut-être encore plus haut. *Personne ne veillait de ce côté*, tant on savait les parois de la fissure *escarpées*. Quoique le sens général de sa préposition κατὰ se prête aussi bien à toutes les versions, l'on peut, d'après de nombreux exemples[1], lui donner une signification encore plus précise. Les Perses escaladèrent *par en bas, par le temple* d'Aglaure. Ainsi s'explique le désespoir des Grecs, qui les voient tout à coup sur le plateau même, sur leurs derrières, pendant qu'ils défendent les portes contre les attaques de Xerxès. C'est pourquoi ils n'essayent même pas de résister.

Le conduit souterrain de l'Agraulium n'était point une entrée régulière ni facile : l'histoire et la vue des lieux le prouvent d'un commun accord. Avec des échelles on pouvait y passer, et encore fallait-il une urgente nécessité : mais on ne remarque aucun travail qui ait essayé d'aplanir un passage et de le rendre praticable.

Aussi semble-t-il impossible que les deux vierges Errhéphores[2] descendissent par là dans la ville basse, lorsqu'elles transportaient leur

---

[1] *Voy*. Henri Estienne, t. IV, p. 1013, nouvelle édition.

[2] It is likely that... through one of the two caverns the Arrhephoræ descended with their unknown burthen. (Leake).

mystérieux fardeau. « Il y a *dans la ville,* » dit Pausanias [1], « une enceinte qui est voisine de la « *Vénus des Jardins,* et, *dans cette enceinte*, un « escalier souterrain creusé par la nature. C'est « par là que les jeunes filles descendent. »

L'on sait que le temple de Vénus était du côté de l'Ilissus [2]. L'enceinte dont il est question ne peut donc être l'Agraulium. Ce qui prouve que Πόλις ne désigne pas l'Acropole, comme cela arrive souvent, c'est que Pausanias emploie quatre lignes plus bas le mot Ἀκρόπολις [3]. Du reste, où l'on comprend à peine que des guerriers aient passé, il est invraisemblable que des jeunes filles pussent descendre la tête chargée. L'escalier souterrain était dans une enceinte qui se trouvait dans la ville, près de la Vénus des Jardins. C'est ce que dit, du moins, Pausanias.

---

[1] Ἔστι δὲ περίβολος ἐν τῇ πόλει τῆς καλουμένης ἐν Κήποις Ἀφροδίτης οὐ πόρρω, καὶ δι' αὐτοῦ κάθοδος ὑπόγαιος αὐτομάτη· ταύτῃ κατίασιν αἱ παρθένοι. ( Paus., XXVII. )

[2] *Voy.* Leake, *Topogr. of Ath.*, p. 274, 275.

[3] Ἑτέρας δὲ εἰς τὴν Ἀκρόπολιν παρθένους ἄγουσιν. ( Ibid. )

## CHAPITRE VI.

**DESCRIPTION DES PROPYLÉES.**

Lorsqu'on voulut donner à l'Acropole une entrée digne des monuments qu'elle contenait, l'architecte Mnésiclès imagina un plan simple à la fois et plein de grandeur.

Sur la hauteur, un mur percé de cinq portes, voilà le fond et le motif principal. Un vestibule et un portique de la même largeur le précèdent. Deux murs parallèles le coupent à angle droit et forment les côtés du vestibule. A droite et à gauche, sur des terrasses qui les soutiennent au même niveau, deux ailes s'avancent pour encadrer de leurs portiques parallèles la façade principale. Au delà des portes, un quatrième portique regarde l'intérieur de l'Acropole; semblable au premier, mais moins profond et par conséquent sans vestibule.

Si l'étymologie a quelque valeur, les Propylées

sont un monument où l'art a donné moins d'importance aux portes elles-mêmes qu'à tout ce qui les précède. Mais il ne paraît pas pour cela que les portes aient cessé d'être le centre et comme l'unité de l'œuvre entière.

Dès le bas de l'escalier, on voit, à travers les cinq entrecolonnements de la façade, les cinq portes auxquelles ils correspondent. Elles décroissent à droite et à gauche dans une proportion symétrique ; on les aperçoit de tous les points de cette pente qui leur forme un abord grandiose de près de soixante-dix pieds de largeur. La porte du milieu est de beaucoup la plus grande, et, pour n'en masquer aucune partie, comme cela arrive[1] dans les temples, l'ordre dorique dérogea à ses règles, et les deux colonnes du milieu prirent un écartement inaccoutumé. Entre-t-on sous le portique par le chemin ainsi ouvert, on le trouve bordé de chaque côté par trois colonnes ioniques qui divisent le vestibule en deux moitiés et forment à la porte principale comme une élégante avenue. Une fois dans l'enceinte de l'Acropole, si l'on se retourne, on voit encore les cinq portes à travers la colonnade du Propylée intérieur dis-

[1] On sait que la porte des temples doriques a, en général, à sa base un entre-colonnement, plus deux demi-diamètres de colonnes : les côtés sont, par conséquent, masqués par les deux colonnes du milieu.

posé comme le premier. Ainsi tout concourt à ramener sans cesse les yeux et l'attention vers le motif principal, que la décoration semble d'autant mieux faire ressortir qu'elle prend elle-même plus d'étendue.

L'édifice est construit tout entier en marbre pentélique, jusqu'aux dalles qui recouvrent le rocher, jusqu'aux degrés disposés sur la pente. Ces matériaux, si précieux au jugement des modernes, n'avaient même pas de nom chez les Athéniens. C'était une pierre comme les autres, la *pierre blanche* du Pentélique, qui formait une immense montagne où l'on n'avait qu'à tailler. Seulement, les anciens admiraient[1] dans les Propylées la grandeur et la décoration des blocs qui couvraient le portique. On voit encore, en effet, des architraves qui ont vingt pieds de long. Le linteau de la grande porte a vingt-deux pieds : le linteau tant vanté de la porte d'Atrée à Mycènes n'a que deux pieds de plus.

Mais ce qui est plus admirable que l'effort qui soulève de telles masses, et que l'art qui les fait porter légèrement par six colonnes

---

[1] Τὰ δὲ Προπύλαια λίθου λευκοῦ τὴν ὀροφὴν ἔχει, καὶ κόσμῳ καὶ μεγέθει τῶν λίθων μέχρι γε καὶ ἐμοῦ προεῖχε. (Paus., *Att.*, XXII.)

Pausanias semble dire que les Romains eux-mêmes n'avaient rien fait de si audacieux.

ioniques, c'est le génie qui a donné à chaque partie de l'édifice sa plus parfaite proportion et à l'ensemble une idéale harmonie. Tout était innovation dans les Propylées, grande témérité chez un peuple attaché comme l'étaient les Grecs aux traditions de l'art. Les colonnes du grand portique ont un écartement inouï et dérangent l'économie habituelle de la frise; dans l'intérieur du vestibule, l'ordre ionique place sa charmante volute à côté du profil sévère du chapiteau dorique; il aligne son fût élancé avec les vives arêtes d'un ordre plus puissant, ses bases, signe de faiblesse, avec l'assiette immuable de colonnes qui reposent à nu sur le pavé. Les petites colonnes doriques des deux ailes s'exposent à un périlleux parallèle auprès du grand ordre de la façade. Toutes ces difficultés devinrent une source de beautés nouvelles. Je n'en veux d'autres juges que les Grecs eux-mêmes et leur unanime admiration. Un esprit bien autrement disposé à comprendre les arts que Pausanias a célébré les chefs-d'œuvre du grand siècle, particulièrement l'Odéon de Périclès, le Parthénon et les Propylées. « Ces « édifices, » dit Plutarque, « d'une magnifique gran- « deur[1], d'une beauté et d'une grâce inimitables...

[1] ...Τῶν ἔργων ὑπερηφάνων μὲν μεγέθει, μορφῇ δὲ ἀμιμήτων καὶ χάριτι..... Κάλλει μὲν γὰρ ἕκαστον εὐθὺς ἦν τότε ἀρχαῖον, ἀκμῇ δὲ μέχρι νῦν πρόσφατόν ἐστι καὶ νεουργόν· οὕτως ἐπανθεῖ τις και-

« — Dès le premier jour, leur perfection les faisait
« paraître antiques. Aujourd'hui, au contraire,
« on les croirait à leur fraîcheur, neufs et achevés
« d'hier, tant y brille une fleur de jeunesse que
« le temps ne peut flétrir. Il semble qu'un souffle
« immortel anime ces ouvrages, et qu'ils aient reçu
« une âme qui ne sait point vieillir. »

« C'est là, » dit-il ailleurs[1], « ce qui causa
« le plus de plaisir à Athènes, ce qui fit son prin-
« cipal ornement et l'admiration de tout l'univers;
« c'est la seule chose qui atteste que la puissance
« tant vantée et l'antique prospérité de la Grèce
« ne sont point un mensonge. »

Non-seulement les Propylées sont toujours cités
par les auteurs parmi les plus beaux monuments
d'Athènes, mais il est à remarquer qu'ils sont nom-
més même avant le Parthénon : « Trois mille sept
« cents talents, » dit Thucydide, « furent dépensés
« pour les Propylées de l'Acropole[2], les autres
« édifices et le siége de Potidée. »

νότης ἀεὶ ἄθικτον ὑπὸ τοῦ χρόνου διατηροῦσα τὴν ὄψιν, ὥσπερ
ἀειθαλὲς πνεῦμα καὶ ψυχὴν ἀγήρω καταμεμιγμένην τῶν ἔργων
ἐχόντων. ( Plut., *Vie de Périclès*, XXIII.)

[1] Ὁ δὲ πλείστην μὲν ἡδονὴν ταῖς Ἀθήναις καὶ κόσμον ἤνεγκε,
μεγίστην δὲ τοῖς ἄλλοις ἔκπληξιν ἀνθρώποις, μόνον δὲ τῇ Ἑλλάδι
μαρτυρεῖ μὴ ψεύδεσθαι τὴν λεγομένην δύναμιν αὐτῆς ἐκείνην καὶ
τὸν παλαιὸν ὄλβον. ( Ibid., XII. )

[2] Ἐς δὲ τὰ Προπύλαια τῆς Ἀκροπόλεως καὶ τἆλλα οἰκοδομήματα
καὶ ἐς Ποτιδαίαν ἀπαναλώθη. (II, 13.)

## CHAPITRE VI.

C'étaient les Propylées que Démosthènes montrait les premiers de la main [1], lorsqu'il célébrait la beauté des édifices élevés par la vieille Athènes. Et pourtant, le Parthénon se présentait plus majestueux encore à ceux qui le regardaient du Pnyx et le voyaient s'élever sur la droite, au sommet du plateau.

« Les Propylées, » dit Philostrate dans sa Vie d'Apollonius de Tyane [2], « les Propylées et le « Parthénon suffisaient à la gloire de Périclès. »

Peut-être dira-t-on que les Propylées s'offraient les premiers à la pensée parce qu'ils s'offraient les premiers aux yeux. Mais quelque chose de plus éloquent encore que les éloges des Athéniens, c'est l'envie de leurs rivaux. Que souhaitait pour l'ornement de sa patrie Épaminondas, enivré de ses rapides triomphes ? Était-ce le Parthénon avec les chefs-d'œuvre de Phidias ? Était-ce l'Odéon de Périclès, dont la toiture rappelait la tente du roi de Perse ? Non : c'étaient les Propylées. « Il faut, » disait-il nettement devant [3] les Thébains assemblés, « il faut transporter ici les Propylées de

---

[1] Τὸ δὲ τῶν ἀναθημάτων, τῶν ἐπ' ἐκείνοις σταθέντων τὸ κάλλος, Προπύλαια ταῦτα, ὁ Παρθενὼν, στοαὶ, νεώσοικοι..... Démosth., contr. Androt., 69.

Et dans le même discours : Οἱ τὰ Προπύλαια καὶ τὸν Παρθενῶνα οἰκοδομήσαντες.

[2] Περικλεῖ μὲν Προπύλαια πρὸς φιλοτιμίαν ἤρκει καὶ Παρθενῶν.

[3] Ἐπαμινώνδας στατηγὸς εἶπε διαῤῥήδην ἐν τῷ πλήθει τῶν

« l'Acropole d'Athènes et en orner les abords de
« la Cadmée. »

Les Propylées, en effet, devaient émouvoir singulièrement les Grecs par leur nouveauté, par leur *originalité*, pour expliquer par un mot moderne un succès que les modernes semblent s'être réservé. Le Parthénon était au moins aussi beau, aussi parfait que les Propylées. Mais, construit selon les règles ordinaires, il ne différait des grands temples doriques de toute la Grèce que par le choix des matériaux, le fini des détails, par certaines proportions idéales, par ces nuances enfin que goûtaient vivement les artistes, mais qui ne pouvaient faire autant d'impression sur le public. Les Grecs, si attachés qu'ils fussent aux traditions en matière d'art, étaient nécessairement, comme tous les hommes, sensibles à la nouveauté. Quand cette nouveauté était, comme les Propylées, de nature à satisfaire toutes les exigences de la raison, toutes les délicatesses de l'amour du beau, leur âme passionnée devait s'ouvrir facilement à l'enthousiasme. La belle disposition de l'édifice, pleine de mouvement et comme théâtrale, une simplicité qui n'avait même pas demandé les ornements de la sculpture et laissait tout l'effet aux lignes et aux

Θηβαίων ὡς δεῖ τὰ τῆς Ἀθηναίων Ἀκροπόλεως Προπύλαια μετενεγκεῖν εἰς τὴν προστασίαν τῆς Καδμείας. (Esch., *Fals. legat.*, p. 277, éd. Reiske.)

proportions, le mélange et l'harmonie si heureusement trouvés des différents ordres, les difficultés non-seulement vaincues, mais tournées en éclatants mérites, voilà qui commande l'admiration, et, quand s'y mêlent les sentiments inconnus qu'éveille l'originalité, l'admiration en reçoit une plus vive ardeur.

Je n'ai pas besoin de dire que ces réflexions vont beaucoup plus loin que ne le permettent les textes que j'ai cités. Comme les Propylées paraissent préférés partout au Parthénon lui-même, j'ai cherché à expliquer cette préférence.

Du reste, si nous sommes frappés encore aujourd'hui par la beauté grandiose des Propylées, qu'eût-ce été il y a deux siècles, lorsque le monument existait dans son entier? Car on en est à se demander lequel a le plus souffert, dans ce funeste dix-septième siècle, du Parthénon ou des Propylées.

L'escalier de marbre a disparu en partie, et, au lieu de cette rampe magnifique, on ne voit plus que des marches rares et disséminées. Des six grandes colonnes doriques qui formaient la façade des Propylées, deux seulement, celles des angles, ont encore leurs chapiteaux, et sont unies par l'architrave avec les antes qui terminent les deux murs du vestibule. Ces chapiteaux ne le cèdent en rien, pour la beauté, à ceux du Parthénon. Ils ont la même courbe, la même fermeté, la même élégance. On reconnaît cette école d'architectes athéniens qui avait porté l'art dorique à sa plus exacte perfection, et ne pouvait plus chercher le progrès. Les formules étaient arrêtées; mais les combinaisons variaient; c'est par là que se révélait le génie de l'artiste.

L'écartement des colonnes du milieu est presque le double de l'écartement des colonnes de côté. On a donc été porté à croire que la disposition de la frise avait été modifiée et le nombre des triglyphes doublé au milieu[1]. Les frontons n'existent plus; mais on en voit à terre les morceaux. J'ai trouvé, dans mes fouilles, un angle du fronton occidental que Spon et Wheler virent encore. C'est même ce qui faisait affirmer au premier que « l'arsenal de Lycurgue, » comme on disait dans ce temps-là, était un temple.

« Vis-à-vis[2], à la main gauche du chemin, on « voit un bel édifice de marbre blanc que quel- « ques-uns prennent pour l'arsenal de Lycurgue. « Pour moi, je tiens que c'est un temple, parce qu'il « a une façade et un fronton comme les autres. »

« L'aigle[3] du frontispice est façonnée comme « les ailes des autres temples, » dit Wheler, qui

---

[1] *Voy.* Stuart et Revett, éd. franç., t. II, planche 45.

[2] Spon, t. II, p. 141. (Lyon, 1678.)

[3] C'est la traduction du mot ἀετός. Whel., traduct. franç., p. 419. (Dan. Harthemels, 1689.)

se reprend cependant et croit voir là les célèbres Propylées[1].

Aucun texte ancien, aucune découverte moderne ne laissent penser que les frontons fussent décorés de sculptures. Spon et Wheler en auraient parlé, comme ils ont parlé des frontons du Parthénon et de la Victoire sans ailes. Qu'ils fussent peints, selon l'usage quelquefois constaté de l'antiquité[2], le champ est libre aux suppositions.

Du grand vestibule, les deux murs parallèles restent seuls complétement debout, jusqu'à la corniche. Quant aux six colonnes ioniques, on n'en voit plus que les bases et quelques tambours mutilés. Les fragments des chapiteaux gisent à terre, deux heureusement assez considérables pour permettre de juger du caractère de cet ordre. On sait qu'il se dérobait à une dangereuse comparaison avec le dorique, grâce aux nécessités de la construction. Les chapiteaux supportant le soffite se trouvaient de niveau, non pas avec les chapiteaux de la façade, mais avec leur entable-

[1] Cornelio Magni dit : Procedendo alquanto scorgemmo un edificio magnifico da molti creduto l'Arsenale di Licurgo, ma da Pausania la parte interiore del detto Propyleo. ( Parme, 1688.)

On peut voir aussi le fronton des Propylées dans le dessin publié par Fanelli. (*Aten. Att.*, p. 308.)

[2] *Voy.* Brönstedt, *Voyag. et Rech. en Grèce*, II, p. 160; Letronne, *Lettres d'un antiq.*, lettre 22.

ment, qui servait en quelque sorte d'interruption entre deux styles si différents[1]. Malgré cela, on voit que l'ordre ionique a pris toute la simplicité, je dirai même toute la sévérité qu'il comporte. Un rang d'oves, la volute enroulée trois fois, la petite palmette à la naissance de la volute, voilà tout le chapiteau.

Quand on le compare au chapiteau ionique de l'Érechthéion, par exemple, avec les tresses, le rang de perles, les spirales compliquées, le gorgerin chargé d'ornements, on apprécie mieux encore sa belle nudité, sa courbe puissante et sa grâce virile. Au-dessous du rang d'oves, on voit des trous qui supportaient des ornements de métal[2]. Revett n'a plus trouvé ces chapiteaux, dont les fouilles modernes ont découvert les restes. Les bases des colonnes étant elles-mêmes enterrées, il a été amené à cette triste restauration qui dresse sur des bases carrées des colonnes sans chapiteau, c'est-à-dire sans nom. Il eût pu suivre les indications de Spon, qui, dans cette circonstance, est

---

[1] Pour les considérations esthétiques sur la beauté des Propylées et des ordres grecs en général, je renvoie à l'article de M. Burnouf, où ces questions sont traitées avec un sentiment très-délicat et souvent juste de l'antiquité. (*Archives des Missions*, janvier 1850.)

[2] Ce seraient les dorures dont parle une description anonyme du quinzième siècle : Magnum palatium, candido marmore factum, inauratum. (*Voy.* ci-dessus, chap. III.)

plus clair que de coutume : « Les colonnes qui
« soutiennent le temple[1] par dedans, » dit-il[2],
« sont ioniques, parce qu'étant plus hautes de toute
« l'épaisseur de l'architrave pour en soutenir le
« lambris, la proportion de l'ordre ionique qui
« fait la colonne plus haute que le dorique, lui
« convenait mieux. »

J'ai déjà parlé des énormes blocs de marbre qui
soutenaient le toit, la seule chose que Pausanias
ait jugée digne de remarque. Un grand nombre de
fragments sont dispersés autour des Propylées;
mais il en est un qui peut donner une idée exacte
de ces magnifiques poutres dont trois couvraient
une longueur de cinquante-cinq pieds. Quoique
brisées, ses parties ont été raccordées et servent
de piédestal, dans le vestibule même, à quelques
tuiles, inscriptions et autres débris, recueillis dans
ce musée tout provisoire. La mesure de cette architrave est de vingt pieds.

Les cinq portes du fond restent encore, exhaussées sur cinq degrés, le dernier en marbre noir

[1] C'est-à-dire les Propylées.
[2] Page 141.
« Le Pronaos, » dit Wheler, « est une grande chambre carrée
« dont la couverture est portée par quatre beaux pilastres do-
« riques. » ( P. 417. )
« La parte interiore viene sostenuta da colonne cannellate
« co' capitelli ionici scalpellati in gastigatissima proporzione. »
( *Cornelio Magni,* p. 55. )

d'Éleusis. La porte du milieu est d'un tiers plus grande et plus haute que les portes qui sont à sa droite et à sa gauche. Les deux portes des extrémités vont elles-mêmes décroissant dans une proportion encore plus forte. Les restes de chambranles qu'on voit en place, sont d'une époque bien postérieure à la construction des Propylées. Ce sont d'épaisses plaques de marbre d'un travail peu habile et qui ne s'adaptent même pas, par leurs saillies grossières, aux rainures fines et exactes qui avaient été taillées pour recevoir des vantaux de bronze. Les trous de scellement existent encore sur le seuil et dans le haut de la porte. On remarquera aussi des restes de crampons brisés qui n'ont point de correspondants dans les chambranles actuels. Les portes avaient été remplacées comme le grand escalier. Si l'un fut brisé, les autres furent vraisemblablement volées et détruites. Sur les plaques de marbre on ne trouve aucune trace de fermeture : que signifient alors les vers d'Aristophane [1] et les clôtures dont il parle ?

Le portique qui regarde l'intérieur de l'Acropole est composé de six colonnes doriques comme

---

[1] Μόχλοις δὲ καὶ κλήθροισιν
Τὰ Προπύλαια παχτοῦν. ( Lysistr., 264.)
... Καὶ γὰρ ἀνοιγνυμένων ψόφος ἤδη τῶν Προπυλαίων.
(Chev., 1326.)

celui de la façade principale. Cinq ont conservé leur chapiteaux, deux sont encore unies par un morceau d'architrave. Ainsi ce Propylée est aujourd'hui le plus complet, tandis qu'au temps de Wheler, malgré l'explosion du magasin de poudre, c'était la façade de l'ouest qui était intacte[1]. Le portique oriental étant sur un sol plus élevé, le fronton et le système de toiture qui le couvrait étaient eux-mêmes plus hauts que le fronton de l'autre portique[2], et que la toiture du vestibule. Ils étaient indépendants l'un de l'autre, et c'était naturellement le mur percé de cinq portes qui servait de ligne de dé-

---

[1] « La façade du bâtiment qui regarde l'ouest ne fut point « endommagée, mais les murailles du dôme. » (Pag. 417.) Du dôme turc élevé sur les Propylées où demeurait l'aga.

[2] « La couverture du premier vestibule, dit M. Desbuisson, « se composait d'un toit à deux égouts, dont les pentes étaient « coordonnées aux rampes du fronton de la façade principale. « Ce toit s'arrêtait contre le mur de séparation des deux vestibules, qui se trouvait surélevé en raison de l'exhaussement « du sol, et le toit du deuxième vestibule lui était parallèle à « un niveau plus élevé. Ces deux vestibules sont juxtaposés, « et chacun d'eux conserve tout le développement de son ordonnance. » ( Lettre inédite. )

M. Titeux, architecte de l'Académie de Rome, avait commencé, avant M. Desbuisson, des études sur les Propylées, que la mort la plus regrettable a interrompues. M. Chaudet, ami de M. Titeux, a terminé ces dessins, qui ont été, il y a deux ans, exposés à Paris.

marcation. Il est impossible de juger de l'effet que devait produire cette différence de niveau entre les frontons, aujourd'hui que tout est renversé et qu'on n'en a d'autre indice que le brusque changement des corniches et des profils.

C'était là encore une des hardiesses si fréquentes dans les Propylées, que la nature des lieux justifiait et que le talent de l'artiste avait peut-être su faire admirer.

L'aile gauche [1], seule conservée, est d'une charmante couleur. Le corps des Propylées, enseveli pendant des siècles dans des constructions modernes, a maintenu la blancheur de ses marbres. Le petit portique de gauche, au contraire, a reçu continuellement cette couche d'or bruni que le temps et le soleil déposent sur les monuments de la Grèce. L'œil ne sait ce qui le charme plus vivement des couleurs ou des proportions. Les trois colonnes doriques qui soutiennent le portique, sont d'un tiers plus petites que les colonnes de la façade [2]. Elles ont cependant assez

---

[1] L'aile qu'on voit *à sa gauche* en montant aux Propylées. Cette désignation employée par Pausanias est en effet la plus logique. Il n'en est pas d'un monument comme du cours d'un fleuve.

[2] « Il fallait, » dit M. Burnouf, « donner aux ailes des dimen-
« sions plus petites afin que le corps principal ne perdît rien de
« son effet. D'ailleurs, si l'on considère l'ensemble de l'é-

de grandeur pour ne rien perdre de leur effet : elles sont aussi hautes que les colonnes du temple de Thésée. En même temps, elles appuient et font ressortir le grand ordre qui, de son côté, leur prête par son opposition une grâce et une douceur qui surprennent dans le style dorique.

Du portique on passe dans une salle rectangulaire qu'on appelle ordinairement la *Pinacothèque*[1]. La porte est flanquée de deux fenêtres doriques avec pilastres. Cette salle est détruite à partir de la corniche; mais elle était couverte par un toit à trois égouts. Il existe encore plusieurs morceaux qui ont appartenu à la bordure du toit, entre autres, un morceau angulaire avec attache d'antéfixe. C'est ce qui a dirigé M. Desbuisson dans sa restauration. Des trous informes et la fenêtre byzantine pratiqués dans le mur datent des ducs d'Athènes, qui avaient construit leur palais sur les Propylées et détruit le sommet de l'aile gauche pour l'élever d'un étage. C'est pour cela qu'on la voit uniformément rasée au-dessus

« difice, on s'aperçoit aisément que les plus grandes pro-
« portions sont au centre, et qu'il y a décroissance à droite et
« à gauche dans la grandeur des portes, dans les intervalles des
« colonnes. Il était donc nécessaire de construire les ailes sur
« un plus petit modèle afin qu'elles pussent entrer dans l'idée
« générale du monument. » (*Arch. des Miss.*, janv. 1850, p. 25.)

[1] *Voy.* deux chap. plus bas.

de la frise de la même manière que le Tabularium romain. Ces triglyphes se continuent sur les trois côtés de l'édifice, bien qu'à l'occident et au nord il n'y eût que le mur, mur criblé de boulets et de balles, et dont, pourtant, les assises sont à peine déplacées.

L'aile opposée n'était qu'un simple portique, semblable à celui de gauche, et aucune salle n'y était annexée. Cette aile a aussi servi de base à une tour bâtie pendant le moyen âge. Deux des colonnes sont enclavées dans le mur, et on les voit en entrant dans la tour. La troisième a été détruite, mais sa trace est empreinte sur le marbre. Ce portique n'était point fermé complétement par derrière; une porte indiquée aujourd'hui par l'ante qui fait saillie au pied de la tour, conduisait dans un petit espace compris entre les Propylées, le mur d'enceinte de l'Acropole et le mur pélasgique. Dans ce coin, un mince soubassement de marbre dont il a été déjà question [1], appartenait à un petit édifice plus ancien, que les Propylées coupèrent obliquement. Entre la troisième colonne du portique et l'ante de la tour, on voit sur les dalles un encastrement quadrangulaire « qui marque, » selon M. Desbuisson, « l'empla-
« cement d'un piédestal ou d'une stèle ou de tout
« autre accessoire, un point d'appui isolé n'ayant

---

[1] *Voy.* ci-dessus, chap. IV; et pl. II, lettre *d.*

« pas de place possible en cet endroit, » et j'ajouterai : un pilastre tel qu'on l'a supposé quelquefois, ne se trouvant en ligne ni avec l'ante ni avec la colonne.

L'angle sud-est de l'aile droite, qui regarde l'intérieur de l'Acropole, s'appuie sur le mur pélasgique dont j'ai déjà parlé et qui avait été conservé jusqu'à hauteur d'architrave : l'angle, en s'y appuyant, brise complétement son arête.

Enfin, les murs qui unissent toutes les parties de l'édifice et regardent l'intérieur de l'Acropole n'ont évidemment point reçu le dernier fini. Les joints des pierres ne sont pas amenés à leur point, et les angles obtus, ainsi que la surface provisoire qui prévenait tous les accidents de la construction, n'ont point été abattus. On remarque souvent au milieu des pierres une partie saillante qui peut-être servait à les élever à leur place, peut-être aussi à mesurer le travail de l'ouvrier, comme les *témoins* de l'arpentage, et qui devaient plus tard disparaître. On remarque, surtout derrière l'aile droite, des preuves évidentes d'une interruption dans les travaux. Les petites constructions qui existaient précédemment, sont restées dans l'état de mutilation que leur avait fait subir l'établissement des constructions neuves. La cour en forme de trapèze qui s'avance vers le temple de la Victoire, n'a pas été débarrassée des restes du petit édifice en marbre blanc qui a été coupé par le mur méridional compris dans la tour vénitienne.

Ces détails, qu'on n'avait pas eu le temps de finir, pour quelle raison? je l'ignore, disparaissaient dans l'ensemble du monument et n'empêchaient point les anciens d'affirmer qu'il avait été complétement terminé [1]. Ils ne nuisaient en rien à cette fleur de jeunesse qu'admirait Plutarque, ni à ces beautés plus durables que nous admirons encore. La science déployée par l'architecte dans la construction des Propylées est au moins égale à la science d'Ictinus et de Callicrate. Comme eux, il a su éviter la sécheresse et la froideur des lignes droites, avec un art qui est encore un problème pour les modernes. Les plans verticaux ont été inclinés, les plans horizontaux ont été courbés, et c'est ainsi que l'édifice a pris, comme la nature elle-même qui ignore les abstractions géométriques, quelque chose de réel, de vivant, d'harmonieux.

Quelques considérations sur la théorie des courbes trouveront mieux leur place au chapitre du Parthénon. Un temple se prête plus facilement à des rapprochements et à des comparaisons

---

[1] ... Τὰ Προπύλαια παντελῶς ἐξεποιήθη. — Harpocr. Προπύλ. ταῦτα.

qu'un monument aussi original et aussi isolé dans l'art antique que le sont les Propylées.

Du reste, les principes sont les mêmes dans l'un et l'autre édifice. Il n'y a de différence que dans leur application et dans le sentiment des courbes. Ce sont ces variétés qu'il importe de relever. Je ne ferai, bien entendu, que reproduire les résultats constatés par le remarquable ouvrage de M. Penrose, architecte anglais[1].

L'inclinaison des plans verticaux est généralement un peu plus forte qu'au Parthénon. Les colonnes des petits portiques, les murs s'inclinent plus sensiblement vers l'intérieur. Les antes, au contraire, se penchent en avant d'un angle deux fois plus petit. Les colonnes du grand ordre présentent aussi quelque différence dans leur galbe et dans le point culminant choisi pour leur courbe. Mais les courbes horizontales n'ont pas été seulement modifiées : celle du soubassement a été complétement supprimée, tandis que la courbe des entablements et des frontons restait comme au Parthénon. Si le soubassement des Propylées eût été convexe, il n'eût pu se raccorder avec les degrés du grand escalier, qui sont plans. Cette raison est non-seulement très-juste, mais elle prouve, de plus, comme nous

---

[1] Principles of athenian architecture. (1851.)

l'avons vu plus haut, que l'escalier était dans la disposition primitive de l'édifice.

Je renvoie de même au chapitre du Parthénon pour quelques points relatifs à la polychromie. La question des couleurs peut se résoudre dans les mêmes termes pour tous les édifices en marbre de l'époque de Périclès. En même temps, j'émettrai quelques doutes sur l'hypothèse de M. Desbuisson, qui revêt sans preuves matérielles d'une teinte légère « les colonnes, les architraves, « les murs, en un mot tout ce qui constitue la « membrure de l'édifice. »

Mais ici je ne ferai que citer les données acquises à la science, sur les détails principaux de l'ornementation. Dans ces matières délicates, on ne peut avoir confiance qu'en la longue expérience d'un architecte qui a passé deux années à étudier et à mesurer chaque pierre de l'édifice. Je laisse donc parler M. Desbuisson :

« Les moulures, et en général toute la modi-
« nature, recevaient des couleurs plus franches et
« plus éclatantes. Les unes, préparées à la cire[1],
« comme le bleu et le vert, n'avaient que peu
« d'adhérence sur la surface du marbre ; d'autres,
« moins épaisses et moins vernissées, comme le

---

[1] Ces couleurs étaient appliquées à l'encaustique. Sur une inscription dont il sera question à propos de l'Érechthéion, on voit cités les peintres à l'encaustique : Ἐγκαῦται.

« rouge, étaient plus solides et plus pénétrantes.
« La dorure était employée avec sobriété[1], l'or
« n'ayant dans la décoration qu'une valeur de
« reflet. On reconnaît les parties qui ont été cou-
« vertes d'or au poli particulier que la surface
« du marbre a conservé[2]. »

Les observations de M. Penrose sont tout à fait d'accord avec celles de M. Desbuisson. Seulement, dans sa restauration, M. Penrose emploie l'or avec moins de réserve. Les parties des Propylées qui offrent les traces de peinture les plus abondantes sont : les frises, les corniches, les chapiteaux des pilastres de la Pinacothèque, les cymaises de couronnement qui portent les grands oves, les caissons des plafonds surtout, qu'on a réunis sur le plateau de l'Acropole, et dont la richesse rappelle la réflexion de Pausanias : « Les Propylées
« sont couverts en marbre blanc; la grandeur de
« ces matériaux, la beauté de *leur décoration*[3], sur-
« passe ce qui s'est fait, même jusqu'à nos jours. »

---

[1] *Voy.*, pour la coloration des Propylées, ce qu'a écrit M. Raoul-Rochette dans le *Journal des Savants* (juin 1850).
[2] Lettre inédite.
[3] Paus., *Att.*, XXII.

## CHAPITRE VII.

#### DU CARACTÈRE DES PROPYLÉES.

L'originalité même des Propylées, qui fait en partie leur beauté, rend aussi leur caractère plus difficile à saisir. C'est un embarras de décider dans quel but ils ont été construits. Est-ce simplement un monument de décoration? Renferment-ils une pensée religieuse? Est-ce un ouvrage de défense et de fortification? En un mot, appartiennent-ils à l'architecture civile, religieuse ou militaire des Athéniens?

Dans des matières qui prêtent tant à l'interprétation, c'est-à-dire à l'imagination de chacun, et où notre ignorance des usages et surtout des idées anciennes nous peut égarer, il est naturel de rechercher avant tout et de comparer les faits.

L'Égypte, avant la Grèce, construisit des Propylées, et en cela, comme en tant d'autres choses, lui servit probablement de modèle. Hérodote raconte qu'Amasis, voulant honorer Minerve, lui éleva, à Saïs, des Propylées admirables[1]. Aucun de ses prédécesseurs n'en avait construit d'aussi hauts, d'aussi grands, d'aussi remarquables par la *dimension* et la *qualité* des pierres. C'est de Saïs que Cécrops avait apporté à Athènes le culte de Minerve. Ce rapprochement est curieux. Il n'est pas moins singulier qu'Hérodote admire dans les Propylées de Saïs précisément ce qu'admirait Pausanias[2] dans ceux d'Athènes.

A Persépolis, il y avait des Propylées en avant des palais[3]. Ils sont ornés de colonnes, de pilastres, de sculptures; tantôt ils tiennent à l'édifice, tantôt ils forment un corps avancé.

On a supposé[4] qu'à Athènes des Propylées plus anciens avaient existé sur l'emplacement même des nouveaux, et que les Perses les avaient détruits. J'ai cherché en vain un auteur qui en

---

[1] Ἐν Σάϊ τῇ Ἀθηναίῃ Προπύλαια θωμάσιά οἱ ἐξεποίησε, πολλὸν πάντας ὑπερβαλλόμενος τῷ τε ὕψεϊ καὶ τῷ μεγάθεϊ, ὅσων τε τὸ μέγαθος λίθων ἐστὶ καὶ ὁκοίων τέων. (Hérod., l. II, 175.)

[2] Κόσμῳ καὶ μεγέθει τῶν λίθων προεῖχε. (*Att.*, XXII.)

[3] *Voyez*, par exemple, la planche 90 du *Voyage en Perse*.

[4] M. Burnouf, membre de l'École d'Athènes, *Archives des Missions*, p. 31.

parlât[1]. Au-dessous de la Pinacothèque, on remarque, jetées au hasard, quelques pierres revêtues de stuc. Les unes proviennent d'un petit monument ionique, les autres d'un petit monument dorique. Ce mélange des deux ordres, qui se retrouve dans les modernes Propylées, serait-il une preuve suffisante? Ces rares débris, qui appartenaient peut-être à deux temples différents, ne peuvent-ils se trouver fortuitement rassemblés? A moins d'un témoignage écrit, que j'ignore, il est difficile d'admettre une telle conjecture.

Il y avait des Propylées à Corinthe ; mais nous ne savons pas s'ils furent construits par la colonie de Jules César, ou si les Romains restaurèrent seulement un ouvrage grec renversé par Mummius. En sortant de l'Agora, dans la direction du port Léchée[2], Pausanias signale des Propylées dont le sommet était orné de chars dorés. Sur l'un était Phaéthon, fils du Soleil, sur l'autre le Soleil lui-même. C'est ainsi qu'à Athènes le por-

---

[1] Hérodote, au contraire, racontant le siége de l'Acropole par Xerxès, parle des portes de la citadelle, et non des Propylées :

Ὄπισθε δὲ τῶν πυλέων καὶ τῆς ἀνόδου. ( VIII, 53. )

[2] Ἐκ δὲ τῆς Ἀγορᾶς ἐξιόντων τὴν ἐπὶ Λεχαίου, Προπύλαιά ἐστι καὶ ἐπ' αὐτῶν ἅρματα ἐπίχρυσα, τὸ μὲν Φαέθοντα Ἡλίου παῖδα, τὸ δὲ Ἥλιον αὐτὸν φέρον. ( Paus., *Corinth.*, III. )

tique royal[1] était couronné de statues en terre cuite.

L'Agora d'Athènes avait aussi des Propylées[2], qui ne furent élevés, il est vrai, que du temps d'Auguste, mais suivant les règles de l'art grec, car l'entre-colonnement du milieu est de beaucoup le plus grand, et le nombre de ses triglyphes est doublé.

Je ne parle pas des Propylées d'Éleusis, qui étaient la copie exacte des Propylées de Mnésiclès. Il y en avait également à Priène, en Asie Mineure; à Sunium, devant le temple de Minerve; à Pompéi, devant le forum triangulaire.

Si nous ne voyons pas cités dans l'antiquité un plus grand nombre de monuments de ce genre, il n'en faut pas conclure que ceux-là seuls existassent. Quoi de plus naturel que de ménager aux enceintes importantes une entrée plus majestueuse? Les maisons particulières elles-mêmes, si l'on en croit Vitruve[3], étaient précédées d'une dé-

---

[1] Paus., *Att.*, III.

[2] Ces Propylées existent encore; c'est ce qu'on appelle communément le Portique d'Auguste. *Voy.* Leake, *Topogr. of Ath.*, p. 212.

[3] Item Prothyra græce dicuntur quæ sunt ante januas vestibula. (Vitr. VI, 8.)

Entre Προπύλαια et Πρόθυρα il y a seulement la différence de θύρα à πύλαι : la porte des maisons, et la porte d'un grand édifice ou d'une ville.

coration analogue. Les arcs de triomphe des Romains, placés, en général, avant la porte des villes, ou à l'entrée du Forum et des grandes avenues, n'étaient-ils pas une sorte de Propylées?

Ces faits ainsi réunis, il est plus facile de définir le caractère réel des Propylées, qui, d'abord, n'ont rien de religieux, bien qu'ils servissent d'entrée au grand sanctuaire de la religion athénienne. M. Burnouf[1] a réfuté victorieusement cette opinion[2] par des raisonnements philosophiques, qui, en matière d'art, n'ont que peu de portée, et par des preuves plus positives que je ne puis mieux faire que de reproduire :

« Quand nous comparons, » dit-il[3], « les Propy-
« lées d'Athènes à un temple antique, nous ne pou-
« vons trouver entre ces deux choses aucune res-
« semblance. Ce qui constitue le temple grec, c'est
« avant tout le ναός, c'est-à-dire la salle fermée,
« souvent inaccessible au vulgaire, où se trouve la
« statue du dieu. Dans les Propylées, il n'y a rien
« qui ressemble au ναός, puisque le bâtiment prin-

---

[1] P. 14 et suiv. du même article sur les Propylées, dont M. Raoul-Rochette rend compte avec des éloges si flatteurs pour M. Burnouf dans le *Journal des Savants*. (Juin 1850.)

[2] M. Raoul-Rochette a prouvé que M. Burnouf attribuait à tort cette opinion au colonel Leake. (*Ibid.*, 342.)

[3] *Arch. des Miss.*, p. 15.

« cipal se compose d'un simple mur percé de cinq
« portes, avec une colonnade devant et derrière.
« Le temple, sanctuaire de la Divinité, n'est point
« ouvert au premier venu..... Au contraire, sous
« la grande porte des Propylées, passent non-seu-
« lement les hommes à pied, mais, etc., etc.....
« Il ne faut donc pas dire que les Propylées ont
« un caractère religieux, car on demandera aus-
« sitôt quel est le dieu ou la déesse qui *habite* les
« Propylées. »

Spon, apercevant la façade et le fronton des Propylées, s'écrie : « Je tiens que c'est un temple. » Mais il n'est pas besoin de connaître beaucoup les Propylées pour ne pas se laisser tromper à ces apparences. L'architecture grecque n'admettait qu'un petit nombre d'éléments qu'elle reproduisait dans toutes ses œuvres, cherchant plutôt la perfection que la variété, et trouvant une variété infinie par les proportions et les combinaisons. La colonne, la frise, le fronton n'étaient pas attribués aux seuls temples, mais aussi bien aux édifices civils, basiliques, portiques, théâtres, aux tombeaux, aux maisons mêmes[1]. La meilleure preuve que les Athéniens n'attachaient aucune idée religieuse aux Propylées, c'est que l'enceinte du Marché neuf en avait, avec les colonnes doriques, le fronton et tous les dehors d'un temple,

---

[1] Pour le fronton des maisons, *voy.* les *Lett. d'un Antiq.*, XXII.

si bien que le colonel Leake [1] croit devoir établir par une discussion qu'ils n'appartenaient pas à un édifice sacré. En effet, sur la porte même, fut gravé un édit [2] de l'empereur Adrien qui taxait le sel et l'huile.

Le caractère d'un monument est arrêté dans l'imagination populaire par la tradition et surtout par l'habitude. Il est si vrai que c'est souvent une affaire de convention, que le temple grec, qui, peut-être, parlait à la piété des anciens, est destiné souvent par les modernes, quand ils en construisent, à des usages profanes. Comment eût-on entouré d'un respect religieux un monument qui précédait indifféremment un temple, une enceinte fortifiée, une place publique, un marché [3]. Périclès avait voulu que les Propylées de l'Acropole fussent dignes de la déesse protectrice d'Athènes, et en harmonie avec les magnifiques édifices auxquels ils conduisaient. Mais ce n'est pas l'intention d'un homme d'État qui donne aux marbres et aux lignes une expression que l'art et la tradition générale ne leur ont pas donnée. Il y met la richesse, ses artistes la beauté : mais cette âme, dont parle Plu-

---

[1] Leake, *Topogr. of Ath.*, p. 211 et suiv.

[2] *Voy.* Bœckh, *Corp. inscript. græc.*, t. I, n° 355.

[3] La colonnade de la place Saint-Pierre à Rome a-t-elle un caractère religieux ou le caractère de toutes les colonnades?

tarque, c'est notre imagination qui la crée.

Les Propylées étaient-ils un ouvrage de défense et furent-ils destinés à remplacer les fortifications que les Perses avaient détruites? Telle est la seconde question que le colonel Leake et après lui M. Burnouf ont résolue d'une manière affirmative. Je soutiendrai cependant l'opinion contraire, et je crois avoir pour moi l'autorité de M. Raoul-Rochette [1]. M. Leake lui-même semble avoir plus tard modifié ses idées. Je ne saurais, du moins, m'expliquer autrement pourquoi, après avoir énuméré longuement, dans sa première édition [2], les avantages stratégiques des Propylées, les manœuvres et les ressources des assiégés, il supprime tous ces commentaires dans la seconde [3] et remarque, en passant, que cet *ouvrage de défense* [4] était destiné à protéger le seul côté accessible de la citadelle.

M. Burnouf a repris cette démonstration aban-

---

[1] M. Raoul-Rochette loüe la sagacité développée par M. Leake, et il ajoute : « Mais sans qu'il résulte pourtant à nos yeux de « toute cette ingénieuse discussion la conviction que les Pro- « pylées aient jamais été, dans le fait comme dans le principe, « un ouvrage d'architecture militaire. »
(*Journal des Savants*, juin 1850, p. 340.)

[2] Londres, 1821, p. 184 à 189.

[3] Londres, 1841, p. 318 et 527.

[4] This simplicity was characteristic of the work of defence. (P. 317.)

donnée. Comme il tire ses preuves de l'étude des lieux, c'est par l'étude des lieux qu'elles peuvent être combattues. Les faits et les considérations générales auront ensuite leur place. Les découvertes nouvelles me dispenseraient presque de réfuter une opinion qui tombera probablement d'elle-même, car elle repose sur l'ancien système qui plaçait la grande, la seule entrée de l'Acropole au sud, au-dessous du bastion qui supporte le temple de la Victoire sans ailes. Toutefois, on peut dire que, la première enceinte forcée, les Propylées devenaient les fortifications les plus sûres et la véritable clôture de l'Acropole. Comme il s'agit ici surtout de bien établir le caractère du monument, je me mets sur le terrain choisi par M. Leake et M. Burnouf, quoiqu'il soit plus qu'hypothétique.

« Comme l'Acropole est escarpée de toutes
« parts, » dit M. Burnouf[1], « et n'offre qu'un seul
« point accessible, les habitants durent porter
« toute leur attention de ce côté et disposer l'en-
« trée de manière que, d'un accès facile en temps
« de paix, elle fût aisée à défendre en temps de
« guerre. L'ennemi qui monte, après avoir eu à
« sa gauche les rochers à pic, tourne subitement
« pour passer sous le temple de la Victoire sans
« ailes, et laisse à découvert son flanc droit que

[1] *Arch. des Miss.*, p. 12.

« ne protége pas le bouclier. A son approche, il
« est reçu par les traits et les projectiles lancés
« de droite et de gauche par les soldats postés
« sous les colonnes de la Pinacothèque et de l'au-
« tre galerie. Force-t-il ce premier pas, il lui faut
« alors s'engager dans le corps principal des Pro-
« pylées et soutenir, dans le chemin creux de la
« double colonnade ionique, une lutte inégale où
« il se voit attaqué sur les deux flancs. Là, cinq
« colonnes de soldats s'offrent à lui, tandis que le
« corps principal lui ferme le passage de la grande
« porte et a sur lui l'avantage d'un sol incliné;
« par les quatre ouvertures latérales, les défen-
« seurs de la citadelle peuvent entrer dans les
« deux ailes des Propylées, y remplacer leurs morts
« et renouveler sans cesse le combat. Maître des
« portes, l'ennemi aura encore à combattre sur la
« plate-forme de la citadelle, et à prendre un
« ordre de bataille en face d'une armée prête à le
« recevoir. »

Ce qui me frappe d'abord dans ce système de défense, c'est que les Propylées sont, dès le premier instant, un champ de bataille. Le but d'une forteresse est, je crois, d'arrêter un ennemi déjà vainqueur, de lasser sa patience devant des murailles inaccessibles, tandis que les assiégés, à l'abri, attendent des secours ou des circonstances plus favorables et se rient de ses efforts. Dans l'antiquité surtout où les machines ont peu de puissance, les armes peu de portée et l'art militaire peu de ressources, nous voyons que les siéges ne sont qu'un blocus, abrégé quelquefois par un heureux coup de main.

Ici, au contraire, il n'y a point de délais. L'ennemi est maître de la ville, il monte enivré de sa victoire, il arrive aux degrés des Propylées, et là, une nouvelle lutte s'engage avec les débris d'une première défaite.

Si les défenseurs n'ont point l'avantage du nombre et de la confiance, ont-ils au moins celui de la position? Les assaillants passent sous le temple de la Victoire (on admettra, pour un instant, que c'était l'entrée de l'Acropole).

« L'ennemi passe sous le temple de la Victoire
« aptère, laissant à découvert son flanc droit, que
« ne protége pas le bouclier. » Il est vrai; mais, sur la petite terrasse qui soutient ce temple, combien de guerriers pouvaient se tenir et lancer leurs traits? Le temple la couvre presque tout entière, et, du côté du nord et du côté de l'ouest, qui dominaient l'ennemi, il arrive jusqu'à la balustrade de marbre et la grille qui l'entouraient. Il n'y a donc que deux degrés du soubassement, larges à peine d'un pied, où quelques hommes auraient pu prendre place. Aussi le danger n'est-il pas là, et déjà le grand escalier des

Propylées se présente, la moitié des degrés sont franchis : alors pleuvent les traits « que lancent, « de droite et de gauche, les soldats postés sous « les colonnes de la Pinacothèque et de l'autre ga- « lerie. »

La façade de ces portiques offre trois entre-co- lounements de sept pieds en moyenne. Dans un pareil espace, combien d'hommes pourront déve- lopper librement le bras qui balance le javelot, gênés d'ailleurs, à droite et à gauche, par les colon- nes? Je suppose que chacun occupât moins d'un pied et demi de terrain, cela fait cinq par entre- colonnement, quinze pour chaque aile des Pro- pylées. Arrêteront-ils une armée entière qui monte rapidement, en serrant ses boucliers, non pas une pente escarpée, étroite, périlleuse, mais un doux et magnifique escalier? Les assiégés défendront-ils l'accès du grand portique ? Mais là encore ils sont empêchés, heurtés, forcément partagés en petits groupes par les colonnes qui leur enlèvent une partie du terrain, et ils s'opposent en vain, par les entre-colonnements, à l'ennemi qui se présente avec un front compact de soixante-dix pieds, dans toute la largeur de l'escalier, avec l'impé- tuosité naturelle à l'attaque.

« Force-t-il ce premier pas, » — (en effet il l'aura promptement forcé) — « il lui faut alors « s'engager dans le corps principal des Propylées,

« et soutenir dans le chemin creux de la double
« colonnade ionique une lutte inégale où il se
« voit attaqué sur les deux flancs. »

Mais pourquoi dans le chemin creux? Pourquoi le supposer si aveugle? Les degrés de la façade sont-ils inaccessibles? Le portique dorique conquis, le vestibule n'est-il pas ouvert dans toute sa largeur? A-t-on trouvé les traces des grilles qui l'auraient fermé? C'est là que la lutte s'engage en effet, mais égale et corps à corps. « Là, cinq co-
« lonnes de soldats s'offrent à lui, tandis que le
« corps principal lui ferme le passage de la grande
« porte et a sur lui l'avantage d'un sol incliné. Par
« les quatre ouvertures latérales, les défenseurs
« de la citadelle peuvent entrer dans les deux ailes
« des Propylées, y remplacer leurs morts et re-
« nouveler sans fin le combat. »

Tout ce plan est déjoué, dès que l'ennemi, au lieu de commettre une faute énorme, profite simplement des avantages d'un lieu si ouvert. Les Athéniens remplacent leurs morts? Mais les assaillants ne peuvent-ils remplacer les leurs avec une armée entière derrière eux, et ne finissent-ils pas par avoir sur la garnison l'avantage du nombre? Quant aux deux ailes des Propylées, elles sont coupées par le combat même engagé dans toute la largeur du vestibule; leurs défenseurs, loin de recevoir du renfort, auront promptement succombé à ce flot qui monte et se renouvelle sans cesse. Dans sa première édition, M. Leake[1] disait que la porte ménagée derrière le portique du midi était essentielle pour la défense, et que l'inégalité des deux ailes ne devait point être attribuée aux exigences du terrain. Depuis, des fouilles ont montré que cette porte conduisait dans un étroit réduit, peu favorable certes aux communications et aux évolutions militaires.

« Maître des portes, » continue M. Burnouf, « l'ennemi aura à combattre sur la plate-forme et « à prendre un ordre de bataille en face d'une « armée prête à le recevoir. » Maître des portes ! Oui, et l'on n'essayera même pas de les fermer; car, tranquilles sous le vestibule couvert, sans qu'une fenêtre, sans qu'une meurtrière, sans qu'un créneau permette de les inquiéter, les vainqueurs pourraient tout à l'aise faire voler en éclats ces portes magnifiques : mieux vaut livrer ce qu'on ne peut défendre. Ainsi, dès le premier jour, il leur suffit d'un seul engagement heureux pour être maîtres des portes, c'est-à-dire de la forteresse. Car cette armée prête à les recevoir, ce n'est

---

[1] It seams evident that a postern at the back of the southern wing was *essential* to the military defence of the Propylæa, and that the inequality of the two wings *is not to be ascribed* to any difficulties arising from the nature of the ground. (P. 189.)

qu'une garnison affaiblie par deux défaites, et son ordre de bataille semble fort compromis au milieu des temples, des autels, des statues, des offrandes de toute sorte qui remplissent l'enceinte entière et laissent difficilement libre une plateforme où ranger une armée.

Souvent une première impression conduit, sans preuves, à une théorie. C'est ainsi que M. Leake, frappé de la ressemblance des Propylées avec les fortifications modernes, les déclare un ouvrage militaire. Le grand vestibule[1], c'est la *courtine;* les deux ailes, qui présentent une *face* et un *flanc,* ce sont les deux *bastions* contigus à la courtine. Voilà donc l'effet que les Propylées étaient destinés à produire et les expressions qui devaient servir à les louer! Et encore, quelle comparaison! Une courtine qui sert à loger l'ennemi, à le mettre à l'abri pour qu'il enfonce plus commodément

---

[1] The whole work may be said to resemble the front of a modern fortification; the great vestibule resembling to the *curtain,* and each of the wings presenting a *face* an *flanck* like two adjoining *bastions.* (1re éd., p. 179.)

A un moment donné, les Propylées pouvaient servir à arrêter l'ennemi, de même que, dans une ville prise, une église, une maison, un simple mur présente un appui aux efforts désespérés des vaincus. Les Propylées, situés sur la hauteur et barrant l'accès de l'Acropole, pouvaient devenir dans l'occasion un point stratégique qui avait son importance, sans avoir été construits dans ce but.

## CHAPITRE VII.

les portes! Des bastions qui ne communiquent pas avec la citadelle et sur lesquels il est impossible de placer des défenseurs, si l'on essaye de se renfermer! En un mot, une fortification qui ne peut protéger sa garnison, mais que sa garnison est obligée de protéger en sortant des portes, en la couvrant de son corps, en mourant sur les degrés qui y conduisent!

Si la vue des Propylées a tant d'éloquence, ne déclarent-ils pas plutôt par leur richesse, leur élégance, leur ressemblance même avec les édifices civils et religieux, qu'ils n'ont pas été élevés dans une pensée belliqueuse. L'architecture militaire des Grecs nous est assez connue par tant de ruines de toute époque, depuis son enfance, qui entasse les roches cyclopéennes, jusqu'à sa perfection, qui construit Phylé, Éleuthères et Messène. Où voit-on qu'elle s'écarte jamais de ses traditions sévères, logiques, qui n'admettent l'art qu'au service de la force? Où voit-on ce luxe de portiques, de colonnes accumulées, d'ordres variés, de frises, de frontons, d'ornements exquis? Où voit-on des statues équestres [1], un petit temple décoré de charmantes sculptures [2], une collection de tableaux [3], placés en avant des fortifi-

---

[1] Les statues des fils de Xénophon.
[2] Le temple de la Victoire aptère.
[3] La Pinacothèque.

cations et exposés aux premiers coups de l'ennemi? Je sais bien que l'on voudra admirer la grandeur d'âme des Athéniens, qui prodiguaient ainsi, hors de propos, leurs trésors et leurs chefs-d'œuvre? Mais, en réalité, ce serait les accuser d'avoir manqué de sens, leur nier ce goût, cette sobriété que nous appelons de leur nom *atticisme*, ce respect des traditions qui est le propre de l'art antique. Les Grecs riaient des Perses qui marchaient au combat avec des robes traînantes et parés comme des femmes. Mais Athènes se construisant une forteresse sur le modèle de son Pœcile et de son Parthénon, était-ce moins étrange?

Un fait pareil eût certainement frappé les anciens plus vivement encore qu'il ne nous frappe nous-mêmes, et, avant de parler de la beauté des Propylées, de la grandeur de leurs pierres, du prix qu'ils avaient coûté, du temps qu'avait demandé leur construction, ils eussent loué ou critiqué un essai qui n'était rien moins qu'une révolution. Tous gardent le silence sur ce point, Plutarque lui-même, qui s'étend cependant assez longuement sur les monuments de Périclès et qui était naturellement amené à penser à ces merveilleuses fortifications, puisque, quelques lignes plus haut, il venait de parler des Longs murs.

Enfin, si les Propylées, en général, étaient un ouvrage militaire, le petit nombre d'exemples que nous en connaissons contredirait singulièrement ce principe. En Égypte, on les place devant les temples, en Perse devant les palais. Je ne parle pas d'Éleusis, que l'on cite quelquefois [1] comme place forte. Mais comment, sous la domination romaine, lorsque cette ville ne méritait, ni par son importance militaire, ni par sa position, de si somptueuses fortifications, y construisit-on cependant des Propylées semblables à ceux d'Athènes?

Quand Philippe franchit les Thermopyles [2], un décret indiqua Sunium aux habitants de la pointe de l'Attique comme lieu de refuge. Veut-on, pour cela, considérer le Péribole du temple de Minerve à Sunium comme une citadelle? Il avait des Propylées. — Mais là, on ne cherchera ni courtine, ni bastions; car c'est une simple façade, composée de deux [3] colonnes entre deux pilastres.

Une place publique, un marché dans l'intérieur d'une ville, ne semblent pas exiger des fortifications. — Il y avait des Propylées devant l'Agora d'Athènes et de Corinthe.

Mais si les Propylées n'étaient pas un ouvrage de défense, dira-t-on, comment était fermée à l'ennemi l'entrée de l'Acropole? Par des murs,

---

[1] Scylax, 4, 44.

[2] Démosth., *pro Coron.*, p. 238.

[3] Voy. l'*Expédition de Morée*, t. III, pl. 30, 31.

c'est maintenant bien évident, et par des murs propres à soutenir un long siége. Je rappellerai la prise de l'Acropole par Sylla, ou plutôt par son lieutenant Curion [1]. Le tyran Aristion s'y défendit longtemps, dit Plutarque, et le manque d'eau, seul, le força à se rendre. Certes, ce ne sont pas les Propylées qui pouvaient soutenir un blocus. S'il n'y avait pas eu d'autres fortifications construites selon les règles, comment expliquera-t-on l'histoire et ce tyran qui, avec ses mercenaires, tient en échec la puissance romaine?

Ainsi, les Propylées n'avaient aucun caractère militaire. Ni le style de leur architecture, ni leurs avantages stratégiques, ni l'emploi ordinaire des édifices du même genre, ni l'histoire, ni l'autorité d'un seul écrivain ancien, ne justifient, je le crois du moins, une telle opinion.

C'était un monument de *décoration*, rien de plus, mais de magnifique décoration, où l'artiste, sans autres entraves que les exigences du terrain, pouvait se livrer entièrement à ses inspirations. Le temps, les millions, les matériaux les plus choisis, les ouvriers les plus habiles, il eut tout à discrétion. Une telle fortune seconde si merveilleuse-

---

[1] Ἑαλωκότος δὲ τοῦ ἄστεως, ὁ μὲν τύραννος εἰς τὴν Ἀκρόπολιν καταφυγὼν ἐπολιορκεῖτο, Κουρίωνος ἐπὶ τούτῳ τεταγμένου· καὶ χρόνον ἐγκαρτερήσας συχνὸν αὐτὸς ἑαυτὸν ἐνεχείρισε δίψει πιεσθείς. ( Plut., *Vie de Sylla*, XIV.)

ment le talent, qu'elle a l'air de le faire naître. Les modernes, quoi qu'on en dise, savent, tout aussi généreusement que les anciens, élever à grands frais ces édifices, en apparence inutiles, qui font l'ornement et la gloire d'une grande ville. Mais peut-être n'y mettent-ils pas cette passion que mettaient les Athéniens à décorer leur Acropole. C'était pour eux comme une patrie plus chère au sein de leur patrie, la ville de Cécrops et d'Érechthée, le berceau de leur puissance, le sanctuaire de leur religion. Ils voulaient que ce fût le plus beau lieu du monde, ce rocher, que les dieux s'étaient disputé et qui avait vu grandir un peuple. Quand la Grèce tributaire y portait ses trésors, ils le montraient avec orgueil, décoré de chefs-d'œuvre que la Grèce était condamnée à leur envier éternellement. Non, quand Épaminondas voulait transporter les Propylées sur la Cadmée, ce n'était point pour la rendre inaccessible. Mais il sentait quel ornement c'était pour la ville qui les possédait, quelle gloire pour le peuple qui les avait construits.

## CHAPITRE VIII.

PINACOTHÈQUE. — PIÉDESTAL D'AGRIPPA.

« A droite des Propylées, » dit Pausanias[1], « est
« le temple de la Victoire sans ailes... A gauche,
« un bâtiment où l'on voit des peintures. »

Jadis, quand le temple de la Victoire n'avait été
ni relevé de ses ruines, ni même découvert, on
pouvait être incertain sur le sens qu'il faut attacher à ces mots : *à droite* et *à gauche*. Aujourd'hui que le temple est debout avec ses sculptures
si caractéristiques, on ne peut plus douter que
Pausanias ne veuille dire, A la droite et à la gauche
de celui qui monte aux Propylées. C'est, du reste,

---

[1] Τῶν δὲ Προπυλαίων ἐν δεξιᾷ Νίκης ἐστὶν Ἀπτέρου ναός....
ἔστι δὲ ἐν ἀριστερᾷ τῶν Προπυλαίων οἴκημα ἔχον γραφάς. (*Att.*,
XXII.)

une façon de s'exprimer assez logique et qui lui est familière [1].

Une autre difficulté est de savoir si ces deux phrases, exactement symétriques, ont toutes deux la même valeur; si l'on doit croire que l'édifice orné de peintures [2] fait pendant au temple de la Victoire, séparé comme lui des Propylées. Il y a, en effet, au-dessous de l'aile gauche, entre son soubassement, le piédestal d'Agrippa et les murailles extérieures, un espace carré : cet espace a plus de dix mètres sur chaque côté, grandeur suffisante pour qu'on ait pu y construire. Un passage ménagé entre le piédestal et une saillie qui prolonge le soubassement semblerait avoir conduit de ce côté. Mais des fouilles faites en 1845-46 n'ont rien découvert qui justifiât cette supposition. On n'a trouvé qu'un certain nombre d'inscriptions [3], jetées là, jadis, avec tant d'autres débris, et l'on est arrivé au rocher. D'autre part, nous savons que *Polémon le Périégète* avait écrit un ouvrage sur les *tableaux* que renfermaient les *Propylées* [4].

---

[1] Voy. *Bœot.*, X, 2; XIX, 2; XIX, 5; XXII, 5.

[2] Pausanias, parlant d'un édifice isolé, la Lesché de Delphes, se sert exactement des mêmes expressions : Ὑπὲρ δὲ τὴν Κασσιωτίδα ἐστὶν οἴκημα γραφὰς ἔχον τοῦ Πολυγνώτου. (*Phocide*, XXV.)

[3] Actes de la *Société archéologique d'Athènes*, p. 227.

[4] Περὶ τῶν ἐν Προπυλαίοις πινάκων. Harpocr., in Λάμπας.

On n'a donc pas dû attacher un sens rigoureux aux paroles de Pausanias, et l'on a cherché dans les Propylées mêmes un lieu propre à recevoir des peintures. Dans l'aile gauche, précisément, se trouve une salle assez spacieuse [1], conservée dans toute sa hauteur jusqu'à la corniche. Elle communique avec le petit portique dorique par une porte; de chaque côté de la porte, il y a une fenêtre encadrée par deux pilastres doriques. Les trois autres parois, sans ornements saillants, sans ouvertures [2], ont paru se prêter aux exigences de la peinture, et l'on est convenu d'appeler cette salle *la Pinacothèque*. Était-ce, en effet, une galerie de tableaux, comme l'indique ce nom, ou un édifice couvert de peintures sur mur? Cette question a soulevé jadis une grande discussion, où l'auteur de la Lettre à M. Hermann[3] a soutenu la thèse la plus vraisemblable.

On ne peut s'empêcher d'être frappé, tout d'abord, de la blancheur parfaite des murailles. Le plus minutieux examen ne découvre aucune trace de couleur. Pour moi, je n'ai trouvé qu'un petit point d'un bleu suspect, qui paraît une

---

[1] Trente pieds environ sur trente-six.

[2] Il y a des fenêtres qui datent du moyen âge, lorsque les ducs d'Athènes se construisirent un palais sur les Propylées.

[3] Voy. les *Lettres archéologiques sur la peinture grecque*, par M. Raoul-Rochette.

tache ou un grain du marbre. Comment se fait-il, lorsqu'on voit sur les monuments d'Athènes de si nombreux restes de couleur, qu'on n'en remarque point sur des surfaces qu'on prétend avoir été peintes entièrement. Elles auraient dû être peintes avec plus de soin encore, puisqu'il ne s'agissait plus d'une simple décoration qu'on pouvait facilement renouveler, mais de chefs-d'œuvre que les artistes eux-mêmes s'efforçaient de rendre impérissables?

Dira-t-on qu'en servant à des usages modernes, cet édifice a été exposé à des altérations plus rapides, que la chaux dont on a enduit les murs a rongé les couleurs, que les ducs d'Athènes ont peut-être fait détruire les peintures, pour y substituer les peintures byzantines dont on voit encore au deuxième étage quelques fragments? Mais le Parthénon a été converti en église, puis en mosquée, et couvert de peintures modernes; mais les Propylées servaient de logement à l'aga turc; mais le temple de Minerve Poliade était devenu un harem. Malgré le badigeon à la chaux dont les couvraient les Turcs, malgré le feu qui les noircissait, malgré les explosions, ils ont gardé des traces de couleur. Bien plus, il en est resté dans la Pinacothèque même, sur les chapiteaux des pilastres qui encadrent les fenètres. On y voit, par places, du bleu et surtout du vert en abondance.

On répondra encore qu'un enduit adhère plus longtemps sur des ornements gravés, et surtout dans les creux que les saillies protégent; tandis que, sur de grandes surfaces planes, toute la couche est comme solidaire; il suffit d'une petite brèche, pour que, de proche en proche, tout s'écaille et se détache. Si, dans les temps modernes, les fresques s'altèrent rapidement ; si, dans quelques centaines d'années, on est exposé à chercher en vain les peintures d'Orcagna au Campo-Santo de Pise, celles de Cimabuë et Giotto à Assise, et peut-être le *Jugement dernier* de Michel-Ange, — faut-il s'étonner qu'après vingt-trois siècles, les peintures de Polygnote aient disparu d'un lieu qui n'a pas souffert seulement les injures du temps, mais celles des hommes?

Ces raisons ne seraient pas sans valeur, si elles ne pouvaient s'appliquer à toute espèce de muraille antique qui n'a pas été peinte. Aussi l'absence complète de couleur sera-t-elle toujours une présomption en faveur du système qui nie qu'il y en ait jamais eu.

Des difficultés plus sérieuses, inhérentes à la construction même, ont été signalées par un architecte auquel ses longues études sur les Propylées donnent une grande autorité, surtout dans des matières où la critique embarrassée n'attend de secours que des connaissances spéciales. « Les « murs, selon M. Desbuisson [1], ne sont point pré- « parés pour recevoir le stuc : au temple de Thé- « sée, la surface du marbre a été piquée à la « *pointe de fer*, et c'est par ces creux et ces aspé- « rités que le stuc adhérait à la paroi. Dans les « Propylées, le mur est taillé à la *gradine* et sim- « plement dégrossi ; non-seulement il n'y reste « aucune trace de stuc, mais une telle surface est « impropre à le recevoir [2]. »

J'ajouterai, cependant, que, pour la peinture, l'intermédiaire du stuc n'était point nécessaire. Le stuc, qui remédie aux inégalités de la pierre, devient inutile sur le marbre, dont le grain est si parfait. Les ornements peints des Propylées eux-mêmes et du Parthénon sont fixés sur le marbre

---

[1] *Voy.* l'article de M. Burnouf, *Archives des Miss.*, janv. 1850, p. 29, note 2.

[2] M. Letronne, qui affirme que les parois étaient revêtues de stuc, invoque aussi le témoignage d'un architecte. Mais il est douteux que M. de Dreux ait passé seize mois, comme M. Desbuisson, à mesurer les Propylées pierre par pierre. (*Lettres à un Antiquaire*, p. 110.)

M. Morey, qui a étudié avec M. Raoul-Rochette les murs de la Pinacothèque, avait porté déjà le même jugement que M. Desbuisson. Voy. la Lettre à M. Hermann, p. 67 (la note), et le *Journal des Savants*, juin 1850, p. 349.

*Voy.* M. Hittorf (*Arch. polychr. chez les Gr.*), 2ᵉ part., ch. 37.

nu, et les surfaces ne sont point brutes, comme ici, mais polies.

M. Desbuisson fait remarquer encore [1] que la surface des murs a la même saillie que les pilastres et les moulures. Une petite bande en creux, qui les encadre, sert seule de séparation. Comme il n'est pas naturel que la muraille d'un édifice ait la même épaisseur que les membres d'architecture, M. Desbuisson en conclut que les parois ne sont pas dégrossies et qu'elles devaient être abattues au niveau de la bande courante.

En troisième lieu, sur les murs qui, selon M. Letronne, étaient peints, les jointures des pierres ne sont même pas effacées. Avant de poser la pierre sur l'assise déjà établie, on en taillait les bords, non pas à angle droit, mais à angle obtus, de peur qu'en la déposant un accident n'en détachât quelque éclat. Plus tard, la partie obtuse devait être abattue au ciseau, et, la surface du mur étant polie, les joints disparaissaient.

Ces différentes observations, dont la dernière me paraît surtout décisive, enlèvent toute vraisemblance aux peintures sur mur.

Mais, la peinture sur mur écartée, n'était-il pas possible qu'il y eût une galerie [2] de tableaux mo-

[1] Article de M. Burnouf, p. 30.
[2] Voy. l'*Acropole d'Athènes*, mémoire lu par M. Raoul-

biles? Le titre même de l'ouvrage¹ de Polémon le ferait présumer. Le caractère de certains sujets cités par Pausanias, par exemple l'*Alcibiade*, l'*Enfant qui porte des urnes*, le *Lutteur*, n'a rien de monumental, et M. Letronne lui-même² avoue que ce pouvaient être des tableaux mobiles.

Le système pourtant est contrarié également par l'état actuel des lieux³. La surface du marbre est partout intacte, on ne trouve aucune de ces traces qu'auraient laissées des tenons ou des clous de métal. Il est impossible que les tableaux fussent fixés à la muraille. Il ne reste qu'à les supposer isolés, sur des piédestaux⁴, sur des échafaudages, suspendus par des bandelettes⁵.

Ainsi, rien dans l'édifice n'indique quelle était sa destination. Mais, comme il n'y a aucun au-

Rochette à la séance annuelle des cinq Académies (mai 1845), p. 10, et surtout les *Lettres archéologiques*.

¹ Περὶ τῶν ἐν Προπυλαίοις πινάκων. — Voy. Suidas, Πίναξ, σανὶς ἐζωγραφισμένη.

² Page 110.

³ M. Raoul-Rochette a reconnu ces difficultés. (*Journal des Savants*, juin 1850, p. 349.)

⁴ On a trouvé à l'est des Propylées, en 1839, quelques lignes d'une inscription où il est question d'un crochet et de petits escaliers en bois. On ne sait même pas à quel monument se rapporte ce fragment. M. Rangabé (*Antiq. Hell.*, n° 88) a été fort loin en supposant que ce crochet servait à suspendre les tableaux, et les petits escaliers à les mieux voir.

⁵ *Voy.* M. Raoul-Rochette, *loc. cit.*, p. 351.

tre emplacement qui réponde aux textes anciens, peu précis du reste; comme d'autre part on serait fort embarrassé de deviner l'usage de cette salle annexée aux Propylées, il y a tout avantage à accepter cette explication. Hypothèse pour hypothèse, ne vaut-il pas mieux se figurer dans ces beaux murs de marbre, avec ces élégants pilastres et cette corniche d'un profil si pur, une galerie de tableaux plutôt qu'un corps de garde ou un dépôt d'armes?

Pour moi, je ne puis me persuader que Mnésiclès ait disposé cette aile des Propylées avec la pensée d'en faire une galerie. Les conditions d'éclairage s'y opposent. Les deux petites fenêtres ne laissent point entrer assez de lumière pour éclairer comme il convient des tableaux, surtout précédées, comme elles le sont, d'un portique couvert. On suppose naturellement une ouverture ménagée dans le plafond, et le jour venant d'en haut : mais alors, pourquoi percer des fenêtres? Pourquoi ces lumières contrariées dont le jeu est si défavorable à des œuvres d'art? Ce ne serait qu'après coup, et pour des raisons inconnues, qu'on aurait rassemblé dans cette salle un certain nombre de tableaux. Je renvoie, du reste, pour la discussion de ces questions et de toutes celles qui s'y rattachent, aux *Lettres archéologiques* de M. Raoul-Rochette.

# CHAPITRE VIII.

Il y avait donc dans la Pinacothèque des peintures remarquables, puisqu'un critique alexandrin en avait fait le sujet d'un traité spécial. Plus tard, au siècle d'Adrien, le temps avait tellement dégradé une partie d'entre elles, qu'on n'en pouvait plus rien distinguer[1]. Pausanias cite celles qui avaient moins souffert. La plupart représentaient des actions héroïques ou touchantes, immortalisées par la poésie : les peintres s'étaient inspirés d'Homère et des grands tragiques.

Ainsi, l'on voyait Diomède et Ulysse, ces compagnons inséparables, toujours prêts aux aventures et aux exploits les plus hardis. L'un venait de saisir les flèches de Philoctète, l'autre emportait d'Ilion le Palladium. Un autre couple non moins célèbre servait de pendant à ces deux héros : c'était Oreste tuant Égisthe, et Pylade tuant les fils de Nauplius qui veulent secourir Égisthe. Ce qu'Eschyle et Sophocle ne pouvaient mettre sur la scène, la peinture plus audacieuse le représentait aux regards : le tableau complétait le drame.

Euripide, à son tour, avait servi de modèle à l'artiste. Qui ne se rappelle le sacrifice de Polyxène et ce récit dont l'émouvante simplicité n'a jamais pu être rendue par le pinceau ? Le fils d'Achille a tiré du fourreau le couteau

---

[1] Ὁπόσαις δὲ μὴ καθέστηκεν ὁ χρόνος αἴτιος ἀφανέσιν εἶναι.
( Paus., *Att.*, XXII.)

doré ; par l'ordre d'Agamemnon, on laisse libre la jeune vierge, qui veut descendre parmi les morts, non pas en esclave, mais en reine.

« Elle a entendu cette parole de ses maîtres.
« Prenant ses voiles au-dessus de l'épaule, elle les
« déchire jusqu'au milieu des flancs : elle décou-
« vre sa poitrine et ses seins, beaux comme ceux
« d'une statue. Puis, posant le genou à terre : —
« Voici ma poitrine, jeune guerrier, si c'est là que
« tu désires frapper. Si c'est à la gorge, la voici
« prête et tournée comme il le faut. — Mais
« lui, ému de pitié, ne veut pas la frapper et le
« veut... »

C'est cette terrible suspension qu'avait choisie le peintre [1]. On voyait Polyxène près du tombeau d'Achille, au moment où elle allait être immolée. « Homère a bien fait, » dit Pausanias, « de « passer sous silence cette scène cruelle ! » Cette réflexion est d'une âme sensible : mais qu'en pensent les poëtes et les artistes ?

Parmi ces tableaux dont Pausanias ne nomme point les auteurs, il y en avait deux de Polygnote. L'un représentait Achille à Scyros, parmi les filles de Lycomède. Le même sujet a été retrouvé à Pompéi, avec les caractères d'une copie :

---

[1] Τοῦ δὲ Ἀχιλλέως τάφου πλησίον μέλλουσά ἐστι σφάζεσθαι Πολυξένη. Ὁμήρῳ δὲ εὖ μὲν παρείθη τό γ' ὠμὸν οὕτως ἔργον.

(*Att.*, XXII.)

malgré une exécution médiocre, un coloris faux et désagréable, qui sont du copiste, la composition et le dessin sont d'une grande beauté.

La trompette guerrière a retenti ; le bruit des armes s'est fait entendre [1]. Achille s'est précipité sur l'épée et le bouclier qu'Ulysse a cachés parmi les parures. Déjà il descend les degrés du palais ; ses yeux cherchent l'ennemi ; ses vêtements en désordre ne dissimulent plus ses formes mâles et vigoureuses. En vain un de ses compagnons cherche à le retenir, Ulysse l'a déjà saisi par le bras et l'entraîne. Déidamie, qui essayait les présents d'Ulysse, accourt effrayée, presque nue, sur le seuil du palais. Dans le fond, Lycomède et ses gardes, sous le portique orné de guirlandes. Il y a dans cette scène un mouvement, un feu surprenants : c'est une des belles compositions de Pompéi.

Je n'entends nullement dire que ce pourrait être une copie de Polygnote. Je n'ai pensé qu'à faire un simple rapprochement, pour indiquer comment la peinture ancienne comprenait le sujet qu'il a traité. Pausanias ne parle ni d'Ulysse ni

---

[1] Ulysses in regio vestibulo munera feminea posuit, in quibus clypeum et hastam, et subito tubicinem jussit canere, armorum crepitum fieri jussit. Achilles, hostem arbitrans adesse, vestem muliebrem dilaniavit. (Hygin., *fab.* 96.)

de sa ruse. Un mot de sa phrase indique même que Polygnote n'avait pas représenté Déidamie seule, mais toutes ses sœurs. Car il aimait à peindre les femmes avec des vêtements éclatants, à orner leur tête de coiffures aux couleurs variées [1]. Le premier, il s'était essayé dans ce genre ; le succès qu'il y obtint l'engageait, comme il arrive aux artistes, à rechercher les sujets qui se prêtaient le mieux au caractère particulier de son talent. Les filles d'un roi, leurs brillantes parures qu'elles essayent peut-être, en se jouant, au fils de Thétis, voilà une ample matière pour un pinceau délicat et fleuri.

Cette idée semble confirmée par le tableau du même peintre, qui servait de pendant. Il représentait encore un homme parmi des jeunes filles : Ulysse se présentant à Nausicaa et à ses compagnes, qui sont venues laver au fleuve. Il y a, dans le sixième chant de l'Odyssée, plusieurs déli-

---

[1] Polygnotus Thasius qui *primus* mulieres lucida veste pinxit, capita earum mitris versicoloribus operuit, plurimumque picturæ primus contulit. (Plin., XXXV, 35.)

En effet, Polygnote, en peignant la Lesché de Delphes, avait mis tant de femmes dans ses compositions homériques, qu'il avait été obligé d'inventer, dit Pausanias, des noms qui ne se trouvaient dans aucun poëte. (*Phocid.*, XXXV, XXXVI.)

cieux tableaux que l'artiste n'avait qu'à transporter sur le bois ou sur le marbre. Il a choisi le moment où les jeunes filles jouent à la balle, pendant que les vêtements précieux sèchent au soleil.

« Au milieu d'elles, Nausicaa, aux beaux bras,
« dirige les jeux. Telle Diane, qui se plaît à lancer
« des flèches, parcourt les montagnes, le haut
« Taygète ou l'Érymanthe, à la poursuite des san-
« gliers et des cerfs rapides. Autour d'elle jouent
« les nymphes des bois, filles du dieu qui porte
« l'égide, et Latone se réjouit dans son cœur. La
« fille d'Alcinoüs jette à une de ses compagnes la
« balle légère, qui s'égare et va tomber dans le
« courant profond. Toutes poussent un grand
« cri... Aussitôt le divin Ulysse sort des buissons
« qui le cachaient...

« Il s'avance, comme le lion nourri dans la
« montagne, qui, se confiant dans sa force,
« marche trempé de pluie et battu par l'orage...
« Il leur apparaît horrible, souillé par l'onde
« amère... »

On se demande si un peintre n'est pas plutôt téméraire, en voulant lutter avec de telles beautés, que sage en s'inspirant des chants populaires d'un grand poëte.

Toutes ces peintures, et par la nature du sujet, et par le nombre des personnages, et par le développement qu'exigeait la composition, semblent mieux convenir à la décoration monumentale qu'à des tableaux, dont le cadre est nécessairement plus étroit. Aussi conçoit-on que M. Letronne les ait voulu placer sur les murs de la Pinacothèque. Mais, outre les difficultés que j'ai indiquées plus haut, il y en a une que j'ai réservée, parce qu'elle vient mieux à sa place, lorsqu'il est question de Polygnote.

Polygnote, qui était déjà célèbre du temps de la seconde guerre médique [1], et qui peignait le Pœcile l'année qui suivit la bataille de Platée [2], ne pouvait peindre les Propylées quarante-huit ans après [3]. Les forces, sinon le talent, trahissent un peintre; et, à quatre-vingts ans [4] on ne se charge point de tels ouvrages. M. Letronne reconnaît lui-même cette invraisemblance; mais elle ne gêne en rien son système, parce qu'il déclare que Polygnote n'avait pas travaillé aux Propylées, que l'on n'a pas compris les paroles de Pausanias, et que les sujets d'Achille à Scyros, d'Ulysse à Corcyre, ne sont cités que « d'une manière *accidentelle* et *épiso-* « *dique*, sans rapport avec l'édifice que décrit

---

[1] Voy. *Lettres a un Antiq.*, note Ee, p. 456.
[2] Ces dates sont fixées par M. Letronne lui-même, p. 479.
[3] L'année de leur achèvement, l'an 431.
[4] M. Letronne suppose que Polygnote avait trente et un ou trente-deux ans, lorsqu'il commença le Pœcile (p. 455.)

« l'auteur. » Voici le passage, tel que le traduit M. Letronne :

« On voit Polyxène près d'être égorgée sur le « tombeau d'Achille. Homère a bien fait de pas-« ser sous silence une action aussi atroce ; il me « paraît avoir eu également raison de parler dans « ses poëmes de Scyros prise par Achille. Je n'en « dirai pas autant de ceux qui le font demeurer « dans cette île au milieu de jeunes filles, *sujet* « *que Polygnote a peint aussi :* cet artiste [1] a « peint encore, *conformément au récit d'Ho-*« *mère*, Ulysse près du fleuve, apparaissant « aux jeunes filles qui lavent leurs vêtements, « avec Nausicaa. Il y a là d'autres peintures, « savoir, etc., etc. »

Il n'y aurait qu'un reproche à faire à cette traduction : c'est que, voulant être littérale, elle devait laisser à la fin de la phrase et avec toute leur valeur ces mots : *conformément au récit d'Ho-*

---

[1] M. Raoul-Rochette propose de lire, au lieu de Ἔγραψε δὲ καὶ πρὸς τῷ ποταμῷ, — Ἔγραψε δὲ Καύνιος Πρωτογένης πρὸς τῷ ποταμῷ. Mais, quelque plausibles que soient les inductions qui amènent cette correction, elle fait au texte trop de violence. Polygnote et Protogènes ne peuvent-ils avoir fait tous deux une Nausicaa ? Les artistes anciens ont traité aussi souvent les sujets tirés des poëtes que nos artistes modernes les sujets religieux. Voyez, du reste, la *Lettre à M. Hermann* et les *Peintures antiques* du même auteur, p. 229-231.

*mère* [1]. Car, si je la comprends bien, la pensée de M. Letronne est celle-ci :

Pausanias, devant un tableau qui représente la mort de Polyxène, songe qu'Homère a passé sous silence cette scène cruelle, et il l'en loue. Puis, par une association d'idées assez singulière, il le loue encore d'avoir fait prendre Scyros à Achille, plutôt que de le montrer dans cette île, caché parmi des jeunes filles, comme le fait Polygnote, dans un tableau qu'il se rappelle avoir vu *autre part.* Enfin, je ne dirai pas par une nouvelle association, mais par un nouveau renversement d'idées, Pausanias se rappelle qu'il a vu *encore ailleurs* un autre tableau de Polygnote qui, *cette fois, d'accord avec Homère,* a peint Ulysse devant la fille d'Alcinoüs, et, pour prouver que « cette men- « tion vient là d'une manière accidentelle et épiso- « dique, » M. Letronne suppose une vaste parenthèse ; puis il accuse le style de Pausanias « *d'être* « *encore plus embarrassé qu'à l'ordinaire.* »

Je ferai remarquer que, jusqu'ici, les commentateurs désintéressés n'avaient point été frappés des difficultés de ce passage. M. Letronne cite l'autorité de M. Hermann ; mais M. Hermann

---

[1] Ἔγραψε δὲ καὶ πρὸς τῷ ποταμῷ τὰς ὁμοῦ Ναυσικάᾳ πλυνούσαις ἐφιστάμενον Ὀδυσσέα, κατὰ τὰ αὐτὰ, καθ᾽ ἃ δὴ καὶ Ὅμηρος ἐποίησε. (Paus., *Att*, XXII.)

a écrit lui-même sur la peinture[1] monumentale des anciens. N'arrive-t-il pas aux esprits les plus sûrs et les plus sincères, à force d'étudier un texte décisif, de finir par y voir ce qu'ils désirent y trouver? Au lieu de critiquer la pensée de l'auteur et de torturer son texte, j'essayerai de justifier l'une et l'autre.

Pausanias parcourt une galerie de tableaux et les décrit à mesure. C'est d'abord Ulysse et Diomède, puis Oreste et Pylade. Arrivé devant le sacrifice de Polyxène, il fait cette réflexion qu'Homère a eu raison de taire un acte aussi barbare. En passant au tableau suivant, cette comparaison entre la peinture et la poésie se poursuit naturellement dans son esprit, puisqu'il voit le héros même de l'Iliade, non pas entrant en vainqueur à Scyros, comme le raconte Homère, mais caché honteusement parmi des jeunes filles. A côté, il aperçoit un autre tableau du même peintre. Ici, ce n'est plus le héros de l'Iliade, c'est le héros de l'Odyssée, Ulysse, parmi les jeunes Phéaciennes. Le voyageur, deux fois choqué dans son respect pour Homère, remarque avec satisfaction que, cette fois, l'artiste s'est conformé à son récit.

En un mot, trois tableaux qui représentent

---

[1] *De vet. Græc. pict. par. conjecturæ*, p. 19. Voy. M. Letronne, p. 19.

des sujets homériques font penser trois fois à Homère. Cet enchaînement de sensations et de comparaisons se fait sans effort, ce me semble, et rentre dans les opérations ordinaires de notre intelligence. Si vous supprimez les sensations, évidemment il ne reste plus que des idées sans lien et heurtées. Au lieu de supprimer les peintures de Polygnote, il y a un moyen moins violent, qui concilie tout, les difficultés chronologiques, le témoignage de Pausanias, et le respect qu'on doit à un texte ancien : c'est de reconnaître qu'elles étaient sur *tableaux mobiles*. Pour moi, j'avoue que mes sympathies sont pour la peinture sur mur; que je la crois appliquée généralement à la décoration des monuments grecs; qu'ici, en particulier, j'aimerais à me figurer les parois des Propylées couvertes de larges compositions et retraçant les plus beaux récits des poëtes. Mais, comme les dates attestent que Polygnote était mort ou accablé de vieillesse lorsque les Propylées se terminaient, comme Pausanias dit qu'il a vu deux tableaux de Polygnote dans la Pinacothèque, voilà une preuve de plus, qui me force à reconnaître que ces tableaux étaient *mobiles*, de même que ceux qui avaient été successivement réunis dans l'aile gauche des Propylées.

On voyait encore dans la Pinacothèque Alcibiade, avec les insignes de la victoire qu'il avait remportée à Némée, dans la course des chars [1] ; Persée qui arrive à Sériphe et porte la tête de Méduse à Polydecte.

L'on sait qu'Alcibiade s'était fait peindre, par Aglaophon [2], assis sur les genoux de la nymphe Némée, avec un visage plus beau que celui d'une femme. Les vieillards murmuraient [3] d'une telle insolence; mais le peuple se pressait autour du tableau avec un vif plaisir, soit que la beauté d'Alcibiade le ravît, soit que ce fût le talent de l'artiste. Comme Pausanias ne parle que des insignes de sa victoire et ne paraît pas désigner suffisamment une conception aussi hardie, on a supposé, avec raison peut-être, qu'Alcibiade s'était fait peindre de plusieurs manières différentes.

[1] Paus., *Att.*, XXII.

[2] Ἀφικόμενος δ' Ἀθήνησιν ἐξ Ὀλυμπίας, δύο πίνακας ἀνέθηκεν, Ἀγλαοφῶντος γραφήν... Ἐν δὲ θατέρῳ Νεμέα ἦν καθημένη, καὶ ἐπὶ τῶν γουνάτων αὐτῆς Ἀλκιβιάδης, καλλίων φαινόμενος τῶν γυναικείων προσώπων. (Satyr. *ap. Athen.*, p. 534.)

[3] Ἀριστοφῶντος δὲ Νεμέαν γράψαντος ἐν ταῖς ἀγκάλαις αὐτῆς καθήμενον Ἀλκιβιάδην ἔχουσαν, ἐθεῶντο καὶ συνέτρεχον χαίροντες· οἱ δὲ πρεσβύτεροι καὶ τούτοις ἐδυσχέραινον ὡς τυραννικοὺς καὶ παρανόμους. (*Vie d'Alcibiade*, chap. XVI.)

L'un des deux auteurs a confondu Aristophon avec Aglaophon, trompé par la ressemblance des noms. M. Raoul-Rochette croit que l'artiste qui avait peint le tableau déposé dans les Propylées était Aglaophon. (Voy. *Lettres à M. Hermann*, pag. 48, et *Peintures antiques*, pag. 220, 221.

On voyait encore un enfant portant des urnes et un lutteur. Le lutteur était de Timænète, peintre inconnu, du reste. Enfin, il y avait un portrait de Musée.

Au-dessous de l'aile gauche des Propylées, à douze pieds en avant de son soubassement, s'élève un grand piédestal d'environ vingt-cinq pieds de hauteur, en marbre de l'Hymette, qui supportait une statue, probablement colossale, érigée par les Athéniens au gendre d'Auguste, Agrippa. Son nom est inscrit sur une des faces [1], et la date est celle de son troisième consulat.

La bienveillance d'Auguste pour Athènes explique les bienfaits d'Agrippa. Il avait fait construire le théâtre du Céramique qui portait son nom [2]. Aussi les Athéniens firent-ils preuve bien plus de reconnaissance que de goût, en ajoutant à l'entrée de la citadelle cette énorme masse. Non pas que la construction n'en soit remarquable et les profils fort beaux ; le siècle d'Auguste est une des grandes époques de l'art romain. Mais imaginez une statue

[1]
ΟΔΗ]ΜΟΣ
Μ[ΑΡΚΟΝ]ΑΓΡΙΠΠΑ[Ν
Λ Ε [ Υ Κ Ι Ο Υ ] Υ Ι Ο Ν
ΤΡΙΣΥ[ΠΑΤ]ΟΝΤΟΝΕΑΥΤΟΥ
ΕΥΕΡΓ]Ε[ΤΗΝ

[1] Voy. *Leake*, pag. 163.

proportionnée au piédestal : vous avez, en avant des Propylées, une décoration aussi haute qu'eux, qui les écrase, ou du moins nuit à ce caractère de grandeur que leur donne surtout l'harmonie des proportions. Il n'est pas dans la nature que l'homme élève sa tête au niveau du monument. S'il en paraît plus grand, l'édifice en sera rabaissé[1].

Les abords des Propylées étaient, en outre, décorés de statues équestres, plus heureusement situées, assurément, que celle d'Agrippa. « Sont-ce « les fils de Xénophon, » dit Pausanias[2], « ou des « groupes de décoration, c'est ce que je ne sau- « rais dire au juste. » Ce qui l'embarrassait lui-même, les modernes n'auront évidemment pas la prétention de l'éclaircir. Toutefois, nous nous étonnerons moins de voir les deux fils de Xénophon à une telle place, en réfléchissant qu'on les comparait dans l'antiquité à Castor et à Pollux[3] et qu'on leur avait donné le surnom de *Dioscures*. Mais ce qui ressort surtout des paroles de Pau-

---

[1] Le piédestal a été tellement frappé et ébranlé par les boulets pendant les différents siéges, qu'il n'est plus d'aplomb et penche en avant. J'ai été même obligé de faire reprendre en sous-œuvre un des angles qui s'affaissait; le marbre de l'Hymette s'était pourri en terre.

[2] Τὰς μὲν οὖν εἰκόνας τῶν ἱππέων οὐκ ἔχω σαφῶς εἰπεῖν, εἴτε οἱ παῖδές εἰσιν οἱ Ξενοφῶντος, εἴτε ἄλλως ἐς εὐπρέπειαν πεποιημέναι. (Paus., *Att.*, XXII.)

[3] Diog. Laert., liv. II, chap. 2; *Vie de Xénophon*.

sanias, c'est que ces deux statues servaient principalement à l'ornement des Propylées. Quelque part que l'on veuille se les figurer, il faut que ce soit une décoration en accord avec le plan et la disposition générale du monument [1].

[1] Entre le piédestal d'Agrippa et l'aile gauche des Propylées, le mur de soubassement des Propylées se prolonge et forme comme une ante, au sommet de laquelle on remarque les traces d'une plinthe : ne serait-ce pas la place d'une des statues ? L'autre aurait été en face, entre le mur de l'aile droite et le petit escalier qui conduit au temple de la Victoire.

# CHAPITRE IX.

### LE TEMPLE DE LA VICTOIRE SANS AILES.

Le temple de la Victoire sans ailes est situé en avant des Propylées [1], sur une terrasse haute de vingt-quatre pieds. On y monte par un escalier qui se raccorde avec l'escalier des Propylées par un petit soubassement.

Sur trois degrés s'élève une cella fermée de trois côtés ; elle a, en largeur, un peu plus, en longueur, un peu moins de cinq mètres. L'entrée, à l'orient, est entre deux piliers qui soutiennent l'architrave, et qui étaient réunis aux antes des murs latéraux par une grille [2]. La cella est précé-

---

[1] Τῶν δὲ Προπυλαίων ἐν δεξιᾷ Νίκης ἐστὶν Ἀπτέρου ναός. (Paus., Att., XXII.)

[2] Cette disposition rappelle ce que dit Pausanias d'un pe-

dée d'un portique de même largeur, composé de quatre colonnes ioniques ; elles correspondent aux deux piliers et aux deux antes de l'entrée. Derrière, il y a un portique semblable.

Le portique de la façade était fermé lui-même sur les côtés : non-seulement la fermeture qui unissait les deux colonnes d'angle aux antes a laissé son empreinte, mais on remarque, sur les bases, que la partie qu'elle recouvrait n'a été que dégrossie.

Tout autour du temple règne une frise haute de quarante-quatre centimètres et ornée de sculptures ; les frontons et le toit n'existent plus. Les deux portiques seuls ont encore leur plafond décoré de caissons.

Tout l'édifice est construit en marbre pentélique. Le fût des colonnes est d'un seul morceau ; elles ont, avec leurs bases et leurs chapiteaux, un peu plus de quatre mètres ; leur diamètre est de cinquante-deux centimètres à la base, de quarante-trois au sommet [1].

Comme on le voit par ces chiffres, le temple de la Victoire est fort petit ; mais, à défaut du

---

tit temple de Vénus à Corinthe : « Les prêtresses seules y en-
« trent ; les autres personnes peuvent regarder de l'entrée la
« déesse et de là lui adresser des vœux. » (Paus., *Corinth.*, X.)

[1] Voyez les dessins de M. Landron dans le Voyage archéologique de M. Le Bas, *Architecture*, 1re et 2e livraisons.

grand aspect et de l'effet des temples doriques, il a de l'élégance et de la grâce. Le temps et la ruine semblent même y avoir ajouté plus de délicatesse, en découpant inégalement les cannelures des colonnes : ce ne sont plus des lignes d'architecture, mais les plis légers et ondoyants d'une étoffe, qui justifient les expressions de Vitruve [1]. Sa grosseur réelle ainsi diminuée, la colonne paraît porter plus faiblement les belles volutes de son chapiteau : comme une femme, pour continuer la comparaison du même auteur [2], qui fléchit sous sa riche coiffure.

Mais de même que les idées de Vitruve sur l'ordre ionique, trop poétiques pour n'être point dérobées à la Grèce, n'ont qu'une importance littéraire, et nous prouvent que les anciens savaient quelquefois, aussi bien que nous, raffiner sur les questions d'art, de même il ne faudrait pas juger le temple de la Victoire sur des apparences qui ne sont qu'un jeu de hasard.

Quand la colonne était intacte, avec la suite de ses cannelures et toute la pureté de ses lignes, elle devait avoir un caractère différent, plus voisin de la fermeté que d'une mollesse efféminée.

---

[1] « Truncoque toto (columnæ) strias, uti stolarum rugas, « matronali more demiserunt. » (*Vitruv.*, IV, 1.)

[2] « Capitulo volutas uti capillamento concrispatos cincinnos « præpendentes dextra ac sinistra collocaverunt. » (*Ibid.*)

La proportion entre son diamètre et sa hauteur dépasse de peu la proportion de certaines colonnes doriques, des colonnes du temple de Némée, par exemple. A peine pourrait-on critiquer les deux piliers qui divisent le côté ouvert de la cella : ils sont minces et paraissent grêles. Mais l'architrave qu'ils portent est assez légère pour qu'ils soient moins une nécessité de construction qu'un ornement, qui encadre l'entrée à droite et à gauche. Masqués, du reste, par les colonnes du portique, ils ne peuvent être vus que de côté, et leurs côtés, précisément, ont beaucoup plus de largeur.

La comparaison de l'ordre ionique et de l'ordre dorique conduit les modernes à des théories extrêmes, que les Grecs n'autorisent d'aucune manière. A l'un seulement, nous reconnaissons la majesté et la force ; à l'autre, nous n'accordons que l'élégance, et nous transportons en architecture comme une distinction de sexes. Si la différence eût été tellement tranchée, comment les anciens eussent-ils rapproché si volontiers des caractères opposés? Déjà, dans les Propylées, les deux ordres sont mêlés : à quelques pas des portiques doriques, le temple de la Victoire étalerait ses grâces « féminines » ! L'harmonie naît difficilement des contrastes.

Il fut un temps, les noms en font foi, où la

race dont Athènes fut le centre avait adopté particulièrement un ordre qui ne paraissait alors ni sans fermeté, ni sans grandeur. Si le dorique est plus sévère, l'on a vu, par le vestibule des Propylées, que l'ionique savait, auprès de lui, se dépouiller de sa richesse et se faire simple. Non-seulement il affecte la même simplicité dans le temple de la Victoire sans ailes, mais il offre avec l'ordre intérieur des Propylées la ressemblance la plus complète. Le chapiteau est le même, les ornements sont exactement répétés, et répétés à la même place. Le principe de décoration est le même ; c'est-à-dire que les ornements, au lieu d'être sculptés en relief, comme sur le temple de Minerve Poliade, sont dessinés au trait et nécessairement peints. Les couleurs ne sont plus reconnaissables, il est vrai ; mais on remarque sur les contours, ainsi délimités, comme une couche particulière. On conserve même dans le petit Musée de l'Acropole un fragment curieux de la cymaise : le marbre a été rongé par l'air de la mer, ainsi qu'il arrive aux parties tournées vers le sud ; mais les palmettes, protégées évidemment par un enduit, n'ont pas été attaquées ; de sorte qu'elles se détachent par une légère saillie, que l'on ne saurait toutefois confondre avec l'œuvre du ciseau. J'ai observé un accident analogue sur un fragment trouvé parmi les ruines de

Sélinonte, qui sont exposées également à l'action corrosive du vent d'Afrique.

Dans la petite cella fermée par ses grilles était la statue[1] de la Victoire sans ailes, tenant dans sa main droite une grenade, dans sa main gauche un casque. C'était une statue très-ancienne, en bois, comme la plupart de celles qui remontaient aux premiers temps de l'art. Le sculpteur Calamis, que l'on croit contemporain de Phidias, l'avait imitée à Olympie. Quand les Tégéates voulurent placer une Victoire auprès de la statue de Minerve, il la représenta sans ailes, « copiant », dit Pausanias[2], « la statue de bois qui se trouve à Athènes. »

Dans son voyage en Laconie, Pausanias explique aussi pourquoi les Athéniens avaient ôté les ailes à cette déesse :

« Il y a à Sparte, » dit-il[3], « un Mars avec des « fers aux pieds, statue *très-ancienne*, qui a été « élevée dans la même intention que la Victoire

---

[1] Ὅτι δὲ Νίκης Ἀθηνᾶς ξόανον ἄπτερον ἔχον ἐν μὲν τῇ δεξιᾷ ῥοιὰν, ἐν δὲ τῇ εὐωνύμῳ κράνος, ἐτιμᾶτο παρ' Ἀθηναίοις, δεδήλωκεν Ἡλιόδωρος ὁ Περιηγητὴς ἐν τῇ πρώτῃ περὶ Ἀκροπόλεως. (Suid., Νίκη Ἀθηνᾶ, et Harpocration.)

[2] Παρὰ δὲ τὴν Ἀθηνᾶν πεποίηται Νίκη· ταύτην Μαντινεῖς ἀνέθεσαν· Κάλαμις δὲ οὐκ ἔχουσαν πτερὰ ποιῆσαι λέγεται, ἀπομιμούμενος τὸ Ἀθήνῃσι τῆς Ἀπτέρου καλουμένης ξόανον. (*Elid.*, I, ch. XXVI.)

[3] *Lacon.*, XV.

« sans ailes des Athéniens. Les Spartiates pensent
« que Mars ne les quittera jamais, puisqu'il est
« enchaîné; les Athéniens, que la Victoire restera
« toujours parmi eux, puisqu'elle n'a plus d'ailes. »
J'aime mieux cette explication que celle qu'a inventée Wheler[1], et qu'on a répétée souvent sur sa foi : « Le temple s'élevait à la place même d'où se
« précipita Égée, lorsque son fils, vainqueur du
« Minotaure, oublia de changer ses voiles. Cette
« victoire s'appelle *sans ailes*, parce que le bruit
« n'en vint pas à Athènes avant que Thésée l'ap-
« portât lui-même. »

Il serait curieux de voir la même idée chez deux peuples rivaux, et chacun d'eux montrant, par la manière dont il l'exprime, son caractère naturel. Les Spartiates, plus violents, choisissent l'impétueux Mars et l'enchaînent. Les Athéniens préfèrent une jeune déesse et veulent la fixer dans leur ville par la ruse. Mais je crains que Pausanias aussi n'ait inventé cette explication. C'était un rapprochement naturel devant le Mars lacédémonien; mais, loin d'Athènes, on a droit de croire plutôt à un jeu de son imagination qu'à son exact souvenir.

Pour les Athéniens, on le voit par les textes, la déesse de la Victoire, c'était Minerve. Ils lui

---

[1] 1723, traduction de la Haye, pag. 127.

avaient consacré sous ce nom le petit temple dont il est question[1]. La Victoire est un être allégorique, créé plutôt par la poésie et l'art que par la religion. Aristophane chante les ailes d'or de la Victoire [2]. Phidias la met dans la main de sa Minerve et de son Jupiter. Les Béotiens la représentent sur leurs monnaies. Mais le paganisme lui-même ne confondait point la personnification d'un fait avec la cause première de ce fait. Une femme ailée représentait par une image sensible cette idée abstraite que nous nommons *victoire*. On ne croyait point qu'elle se donnât elle-même et décidât des destinées des peuples. Les grands dieux la tenaient dans leur main comme un de leurs attributs ; eux seuls en disposaient à leur gré. C'étaient Jupiter, Mars, Minerve, que les mortels imploraient dans le danger. La Victoire, ailée ou sans ailes, n'était que le symbole du fait accompli.

En Attique, le dogme était plus précis encore. Minerve était la Victoire même : ce n'était pas un *surnom*, c'était son *nom* [3] ; on ne disait pas

---

[1] Νίκης Ἀθηνᾶς ξόανον ἄπτερον.
(Suid., Harpoc., Νίκη Ἀθηνᾶ.)
Ὅθεν ἡ Ἀθηνᾶ Νίκη προσαγορεύεται.
(*Etym. magn. in* Νίκη.)

[2] Αὐτίκα Νίκη πέταται πτερυγοῖν χρυσαῖν.
(*Ois.*, 574.)

[3] ...... Ἡ μόνη τῶν ἁπάντων θεῶν ὁμοίως δὲ πασῶν οὐκ ἐπώ-

Minerve victorieuse, mais, par la réunion énergique de deux substantifs, Minerve-Victoire [1]. Déesse de la force guerrière et de la sagesse, elle possédait la condition infaillible, l'essence même de tous les triomphes [2].

Adorée déjà sous plusieurs noms dans l'Acropole [3], elle l'était en avant des Propylées sous cette nouvelle forme. Aussi croirais-je volontiers que ce nom de Victoire sans ailes ne fut inventé qu'à une époque postérieure, lorsque la tradition eut été obscurcie dans les souvenirs. On oublia Minerve, on ne vit plus que la Victoire, et, comme partout on la représentait sous la forme d'une jeune femme aux longues ailes d'or, on s'étonna de cette différence, on voulut se l'expliquer ; l'imagination fit le reste. A Mégare, les exégètes avaient mieux conservé la tradition [4].

νυμος τῆς Νίκης ἐστὶν, ἀλλ' ὁμώνυμος. (Aristid., *Orat. in Minerv.*)

[1] Ἀθηνᾶ-Νίκη.

[2] Νομιζομένης γὰρ αὐτῆς πολεμικῆς καὶ φρονητικῆς ἀκόλουθον ἂν εἴη καὶ τὸ τὴν νίκην αὐτῇ ξυνέπεσθαι· τὸ γὰρ ἐμφρόνως πολεμεῖν νικητικόν. (*Etymol. mag. in v.* Νίκη.)

[3] Παρθένος, Πρόμαχος, Πολιάς, Ὑγίεια, Ἐργάνη.

[4] Ce fut bien la Minerve-Nicé, et non une victoire sans ailes, qu'ils nommèrent à Pausanias : Καὶ ἕτερον ἐνταῦθα ἱερὸν Ἀθηνᾶς πεποίηται, καλουμένης Νίκης. Τάδε τοῖς ἐξηγηταῖς... (*Att.*, XLII.)

Pendant que Minerve était dans le temple, gage éternel de la puissance athénienne, sur la frise extérieure étaient représentés les combats où elle avait assuré l'avantage à son peuple; et, sur la balustrade de marbre qui entourait le temple, on voyait toute la troupe des Victoires personnifiées, messagères ailées qui, par l'ordre de Minerve, se pressaient, s'envolaient, accouraient de toutes parts à Athènes, pour y répandre la joie et l'orgueil.

Il n'y aura donc point de vaine subtilité à voir dans ces diverses compositions le développement d'une même idée : dans le temple, la Divinité, principe de la victoire; au dehors, les hommes qu'elle protége et l'action qu'elle conduit; détachés du temple, les Génies, image divinisée de chaque victoire, qui franchissent de leur vol le temps et l'espace, et qui s'appellent Marathon, Salamine, Platées.

La frise qui courait tout autour du temple n'orne plus que deux de ses côtés. La frise du nord et celle de l'ouest sont maintenant au Musée britannique; leurs moulages en terre cuite avaient été envoyés à Athènes; mais en les posant, on brisa celui de l'ouest.

Ces charmantes sculptures, par leur relief même et par la petitesse du monument, furent à la portée de tous les barbares qui possédèrent l'Acropole : aussi ont-elles été mutilées sans pitié. Les têtes, les bras, les ornements, tout ce qui se détachait en saillie a été brisé. S'il en reste assez aujourd'hui pour juger de leur beauté, il en reste trop peu pour qu'on puisse comprendre les sujets qu'elles représentent. Je pense surtout à la frise de la façade orientale, qui, si elle était complète, serait peut-être également une énigme pour nous, puisqu'aucun auteur ancien n'en a parlé, mais que son état de dégradation rend inexplicable. Ceux mêmes qui ont essayé de donner des noms à toutes les figures ont été forcés d'avouer [1] qu'ils avaient sous les yeux un mythe inconnu.

Vingt-quatre personnages remplissent la scène; comme le fragment de l'angle nord-est n'a pas encore été retrouvé, on peut porter ce nombre à vingt-huit. Au milieu, on voit une femme debout, d'une taille plus élevée. Son bras gauche ramène vers le corps un bouclier; son bras droit est étendu comme s'il avait tenu jadis une lance. Ces attributs, la place que cette figure occupe au centre du sujet, annoncent Minerve, à laquelle le temple était consacré. De chaque côté de Minerve sont deux hommes assis, l'un sur un rocher,

[1] ....Scheint jeder Versuch einer weiter eingehenden Deutung aufgegeben werden zu müssen.
(*Die Akropolis von Athen*, par MM. Ross, Schaubert et Hansen, pag. 13.)

l'autre sur un trône, les pieds posés sur un tabouret. Il est vraisemblable que, de même qu'au Parthénon et sur le temple de Thésée, les personnages assis sont des divinités. On pourrait peut-être nommer Jupiter et Neptune, ce dernier sur le rocher de l'Acropole où Minerve l'a admis à partager ses honneurs. A droite et à gauche des dieux [1] se tiennent deux groupes composés chacun de trois femmes et de deux hommes qui se font symétriquement pendant. On peut encore conjecturer que ce sont les héros protecteurs de l'Attique et les femmes dont le nom était consacré par les traditions religieuses. Toutes ces figures occupent le centre de l'action ; elles président, en quelque sorte, au drame qui se passe aux extrémités de la frise. Quel est ce drame [2] ? Y en a-t-il

---

[1] Spon dit, avec sa légèreté ordinaire : « La frise est char- « gée de petites figures d'assez bonne main, dont il y en a une « assise et neuf ou dix debout, devant et derrière. » (P. 417.)

[2] M. Lenormant pense que l'on a représenté, du côté gauche, le dévouement d'Aglaure, fille de Léos, que l'opinion populaire confondait avec la sœur de Pandrose. Cette confusion permettait à l'artiste de ramener, comme sur tous les monuments de l'Acropole, la famille de Cécrops. Aglaure s'était immolée pour assurer la victoire à ses concitoyens, comme Codrus à Athènes et les Décius à Rome. Les jeunes Athéniens venaient sacrifier sur son autel, au moment de porter les armes pour la première fois.

Du côté opposé, M. Lenormant est frappé de la ressem-

## CHAPITRE IX.

un seul? Y en a-t-il plusieurs?—A sa droite, le spectateur voit une figure drapée et assise que deux femmes cherchent à entraîner; à gauche, au contraire, trois femmes qui accourent avec un mouvement assez vif. Derrière elles, un enfant nu et ailé est tenu par deux autres femmes : on pense naturellement à l'Amour.

On comprend que devant ces charmantes sculptures la curiosité s'éveille et leur demande le secret que leur mutilation a scellé. On comprend

blance que présente une figure assise avec l'Oreste du vase d'argent connu sous le nom de vase Barberini ou Corsini. (Voy. Winckelm., *Monum. in.*, pl. 151.) Oreste fut absous par l'Aréopage, et le rocher de l'Aréopage est, en effet, voisin du temple.

Dans l'art chrétien, le jugement de Salomon, le plus difficile de tous les jugements, est comme le type de la justice. Il en serait de même, selon M. Lenormant, du jugement de l'Aréopage, osant déclarer qu'il est permis de tuer sa mère pour venger son père. N'est-ce pas la plus terrible de toutes les questions judiciaires? Et il est à remarquer que jamais les anciens, même les poëtes tragiques, n'ont osé la trancher.

Cette représentation dramatique de l'idée de justice n'a rien que de nécessaire sur le temple de la Victoire, surtout lorsque tant de réclamations s'élevaient de tous les points de la Grèce contre la puissance des Athéniens et contre leur domination. Comme pendant à l'idée de justice, on aurait l'idée du dévouement achetant la victoire.

Je laisse à M. Lenormant le mérite et la responsabilité de cette explication.

que l'imagination cherche à animer les personnages, à surprendre le drame qu'ils jouaient, lorsque la main des barbares a fait disparaître leurs pantomimes, leurs costumes, l'expression de leurs visages. L'amour de l'antiquité doit même prolonger ces efforts et ces combinaisons; mais c'est là un plaisir personnel, et je n'ai point le droit de mettre mes fantaisies à la place de l'histoire [1].

[1] Je me suis rappelé, devant cette frise, la fable que raconte Athénée : les dieux donnant à la Victoire les ailes de l'Amour.

..... Ἀποκόψαντες αὐτοῦ πτερὰ,
Ἵνα μὴ πέτηται πρὸς τὸν οὐρανὸν πάλιν,
Δεῦρ' αὐτὸν ἐφυγάδευσαν ὡς ἡμᾶς κάτω·
Τὰς δὲ πτέρυγας ἃς εἶχε τῇ Νίκῃ φορεῖν
Ἔδοσαν·

(Aristoph. *cité par Athénée*, pag. 563.)

Voici comment on pourrait voir ce sujet représenté sur le temple : Minerve est au milieu de la scène; encore irritée de l'attentat de Vulcain, elle demande que l'Amour soit chassé du ciel et qu'on donne ses ailes à la Victoire. La Victoire deviendra sa messagère et annoncera d'un bout du monde à l'autre les triomphes qu'elle promet à son peuple. Le grand Jupiter l'écoute; Neptune, assis sur le rocher de l'Acropole, où il vient d'être admis, Neptune est de son avis; les héros protecteurs de l'Attique les entourent et se réjouissent. En vain les trois Grâces, vêtues comme les a vêtues Socrate, accourent pour défendre la cause de l'Amour. Déjà la Force et la Violence, ministres de Jupiter, l'ont saisi, quoiqu'il lève

## CHAPITRE IX.

Si le sujet de la frise orientale est un mystère, la beauté des sculptures, malgré leur état, n'échappe à personne. Les figures du milieu et des extrémités ont particulièrement souffert. On n'y peut admirer que quelques draperies, les poses, le mouvement général. Mais les deux groupes intermédiaires, composés chacun de cinq personnages qui se tiennent debout, sont beaucoup mieux conservés : les femmes n'ont perdu que la tête et une partie des bras. L'élégance des ajustements, la finesse des plis, ce mouvement si cher aux artistes grecs qui font fléchir une jambe pour donner plus de souplesse et de variété à la draperie, la tunique, qui, nouée à la ceinture par l'extrémité, se double [1] et tombe mollement sur les hanches, tout cela se voit encore, et l'on ne sait ce qui doit étonner davantage, de la délicatesse du ciseau qui a rendu ces détails sur une si petite échelle, ou de la largeur du style qui a créé

---

une main suppliante ; l'arrêt va s'exécuter, et, du côté opposé, Iris et Hébé font lever de son siège la jeune Victoire pour la conduire auprès de Minerve.

Ce n'est qu'un roman, je le sais, et un roman qui n'a pas un caractère assez sérieux pour figurer sur la frise d'un temple. Il m'a paru seulement curieux de trouver le récit d'Aristophane développé sur le marbre par un jeu d'imagination ; mais cette note n'a pas d'autre importance.

[1] Διπλοΐδιον.

une grandeur que semblaient interdire les dimensions réelles.

Cette remarque s'applique également aux hommes, et surtout à ceux qui se trouvent derrière Neptune. L'un, qui paraît un jeune homme, est presque entièrement nu ; un léger manteau, retenu sur l'épaule gauche, passe derrière les reins et vient s'enrouler au-dessus du genou. Le poids du corps repose sur la jambe droite; l'autre jambe, ramenée en arrière, ne touche à terre que par la pointe du pied ; aussi le corps, porté en avant, s'appuie-t-il fortement sur un bâton ou sur une lance, le long de laquelle le bras s'allonge élégamment. La simplicité de cette pose, la beauté des formes, le sentiment et l'arrangement si parfait de l'ensemble, font de ce petit morceau un chef-d'œuvre.

L'autre personnage paraît au contraire d'un âge mûr. Les hanches sont peu accusées, la taille plus forte ; sa tenue est pleine de calme et de gravité. Le torse est nu, mais la partie inférieure du corps est étroitement serrée par un manteau dont la plus grande partie s'enroule autour du bras gauche et retombe en plis harmonieux. Le mouvement des jambes et des draperies si justes qui les couvrent rappelle singulièrement l'*Aristide* du Musée de Naples et le *Sophocle* du palais de Latran.

Les trois autres côtés de la frise représentent des combats, et l'animation des sujets fait un contraste complet avec le calme majestueux de la façade. Au nord et au sud, les Athéniens sont aux prises avec des barbares que leur habillement fait facilement reconnaître. A l'ouest, comme les combattants sont nus, on est porté à croire que c'est un engagement entre les Athéniens et d'autres Grecs.

Au milieu du silence des auteurs anciens, on ne peut prétendre deviner quelles batailles les artistes ont voulu retracer. Certains savants [1] nomment la double victoire de Cimon à l'embouchure de l'Eurymédon, d'autres [2] Marathon et Platées. Les premiers verraient alors sur la frise occidentale les Grecs asiatiques, Lyciens et Cariens par exemple, qui suivaient les satrapes; les seconds, les alliés que le grand roi avait trouvés dans le nord de la Grèce. D'après un des systèmes, il y aurait unité de sujet; l'autre accepterait des victoires et des époques différentes. Des deux parts les preuves manquent et les objections se balancent. Outre que la victoire de l'Eurymédon fut en grande partie une victoire navale, ce qui me ferait préférer l'opinion de M. Leake, c'est cette

---

[1] Ross, Schaubert et Hansen, *Die Akropolis*, p. 15.
[2] Leake, *Appendix XV*, p. 533.

considération, qu'un temple est plutôt élevé pour attester la puissance d'une divinité que pour rappeler les exploits d'un homme : une démocratie jalouse [1] et les sentiments religieux sont d'accord sur ce point. Assurément des triomphes différents sur différents ennemis donnent une plus grande idée de cette puissance et flattent mieux l'orgueil national. Dans cet esprit, je souhaiterais même pouvoir reconnaître sur la façade occidentale une troisième guerre entre Athènes et un peuple grec. Cela n'a rien d'invraisemblable, puisque dans le Pœcile on avait peint [2] la défaite des Spartiates à Œnoé, et dans le portique des Douze Dieux [3], la bataille de Mantinée.

Au reste, on se demande comment les anciens pouvaient distinguer de pareils sujets autrement que par la tradition. En sculpture, la représentation d'un combat, surtout tel que l'exigeait une frise grecque, était un lieu commun, une suite de groupes qui offraient à l'art une variété et des ressources infinies, mais rien de distinctif qui marquât le temps et le lieu. Le peintre fera facilement reconnaître la bataille de Marathon par le

---

[1] « The democratic jealousy of the Athenians would hardly have permitted so direct and immediate an honour been conferred on Cimon. » (Leake, *ibid.*, p. 533.)

[2] Paus., *Att.*, XV.

[3] *Ibid.*, III.

paysage [1], par les marais où les Perses se précipitent, par les vaisseaux phéniciens qui essayent en vain de les recueillir; mais tous ces détails sont interdits au sculpteur qui décore un temple. Les personnages mêmes sont sur un seul plan et ont une égale importance : ce n'est pas un combat général, mais une série de combats singuliers. Ici, il est vrai, les costumes indiquent des Perses — mais les Perses ont compté plus d'une défaite. Entre Grecs, au contraire, la couleur des manteaux, les signes peints sur les boucliers [2], maintenaient pour des yeux exercés la distinction des peuples — mais les Grecs s'étaient mesurés en tant de lieux! Enfin, si l'on retraçait des épisodes, des portraits célèbres, les contemporains seuls en avaient le secret; les âges suivants en étaient réduits à la tradition. Faut-il nous étonner de notre incertitude, quand cette tradition nous manque ?

L'art, il faut l'avouer, ne perd rien à cette lacune, qui ne préoccupe que l'histoire. Qu'importent le lieu, le nom, la date ? Le combat en est-il

---

[1] ...... Ἐς τὸ ἕλος ὠθοῦντες ἀλλήλους...... ἔσχατα δὲ τῆς γραφῆς νῆές τε αἱ Φοίνισσαι καὶ τῶν βαρβάρων τοὺς ἐσπίπτοντας ἐς ταύτας φονεύοντες οἱ Ἕλληνες. (Paus., *Att.*, XXV.)

[2] Les Messéniens vinrent surprendre Élis, qui attendait le secours des Lacédémoniens, et ils les trompèrent, σημεῖα ἐν ταῖς ἀσπίσι Λακωνικὰ ἔχοντες. (Pausan., *Mess.*, XXVIII.)

moins animé, les guerriers sont-ils moins bien groupés, leurs formes moins belles, l'imitation de la nature, dans le développement de sa force, moins parfaite?

La frise méridionale est celle qui a le moins souffert. On y compte vingt-huit figures, dont sept seulement sont devenues à peu près méconnaissables. Je n'entreprendrai point une description minutieuse qui n'apprendrait rien à personne. L'imagination se rend aisément compte d'une série d'engagements où, avec des mouvements et des succès divers, chacun attaque ou se defend.

Le moment choisi par l'artiste est celui de la défaite. Déjà plusieurs barbares ont succombé; étendus à terre, ils sont foulés aux pieds par les chevaux. D'autres, blessés ou désarmés, vont recevoir le coup mortel. Mais c'eût été répandre sur la composition générale trop de monotonie que de ne pas donner quelquefois aux Perses de l'énergie et une apparence d'avantage. On en voit un, en effet, d'une taille élevée, qui, de son genou, presse un Grec renversé et lève le bras pour l'achever. C'est un chef sans doute, et son courage, autant que les riches draperies qui s'agitent autour de lui, l'a signalé à trois Grecs qui volent au secours de leur compagnon; un d'eux lui a même déjà saisi le bras. Malheureusement, cette partie où la composition semble avoir plus d'étendue est fort endommagée; il en est de même de la scène suivante, où un Perse tombe avec son cheval. Dans les autres groupes, on peut admirer certains détails, particulièrement les formes des guerriers grecs, qui sont complétement nus; car l'on ne peut compter pour un vêtement la courte chlamyde qui vole derrière leurs épaules, ou qu'ils ont enroulée autour de leur bras gauche, pour parer les coups de l'ennemi.

La frise du nord, qui représente un sujet analogue, donnerait lieu aux mêmes remarques. C'est celle qui a été emportée en Angleterre, et qu'on a remplacée par un moulage en terre cuite. Les morceaux furent retrouvés par lord Elgin dans les murs d'une poudrière turque. Alors, pour la première fois, on découvrit l'erreur des anciens voyageurs, qui avaient vu ce petit temple debout et avaient parlé d'un combat d'Amazones. Le costume efféminé, les formes quelquefois délicates, l'action molle que l'artiste a donnée avec intention aux Perses, l'état de ruine[1] surtout de ces bas-reliefs, pouvaient tromper un coup d'œil rapide comme celui qu'on jetait dans ce temps-là sur les plus belles choses. Peut-être même un bouclier échancré, semblable à ceux des Amazones, un seul, que tient un Perse agenouillé,

---

[1] « ...... fregio carico di bassi rilievi di ben effigiate figu-
« rine, ma mancanti tutte della testa. » (Corn. Magni, p. 55.

a-t-il contribué à cette illusion. Mais, lorsqu'on eut retrouvé et vu de près ces marbres précieux, on reconnut que toutes les figures bien conservées étaient des hommes; ce qui n'engageait nullement à croire que celles qui étaient ruinées fussent des femmes. La barbe chez quelques-uns, le grand cimeterre oriental, la tiare, la tunique à manches, le vêtement plissé des jambes [1], ne diffèrent en rien de tout ce qu'on observe sur la grande mosaïque de Pompéi.

La frise de l'ouest est également à Londres. Mais elle est presque entière, tandis que les deux tiers de celle du nord sont complétement effacés [2].

Ce qui m'a frappé surtout, c'est le caractère général de cette bataille, qui est engagée avec une violence et une fureur que l'on ne remarque point dans les deux autres. Il est possible, je le sais, que cela tienne uniquement à ce que différents artistes ont peut-être travaillé à la frise; un talent plus fougueux se serait chargé de ce côté. Mais ce n'est point prêter à l'art grec des beautés trop raffinées que de supposer que la sculpture suit fidèlement l'histoire. Elle fait combattre plus mollement ces Mèdes que l'on égorgeait par troupeaux, mais réserve toute sa force pour mettre dignement aux

---

[1] Comme au Pœcile : ..... braccatis illita Medis
    Porticus.
[2] *Die Akropolis*, pl. XI.

prises des Grecs qui ont la même force, le même courage, les mêmes armes. Ils se précipitent, en heurtant leurs boucliers, assènent des coups terribles, se disputent avec acharnement leurs morts. Pas un ne fuit, pas un ne recule; les blessés eux-mêmes, au lieu de demander grâce, se défendent encore sous le pied qui les presse.

Comme dans le Parthénon, comme dans le temple d'Apollon Épicourios à Bassæ, la direction de la frise, sur les côtés du temple, est de l'ouest à l'est; c'est-à-dire que la marche du combat, partant de la façade postérieure, aboutit à droite et à gauche du fronton principal. De sorte que l'artiste, dans l'arrangement des personnages et de leurs poses, avait à observer une triple convenance qui devenait une triple difficulté.

Il fallait d'abord que les combattants se fissent face les uns aux autres, sous peine de ne pouvoir combattre. Malgré cela, on devait sentir un entraînement général de l'action vers l'orient. Enfin il fallait, autant que possible, présenter de face ou de trois quarts chaque personnage au spectateur, les morts eux-mêmes : car une série de profils prête peu au développement de formes et de muscles que l'on demande à la sculpture. Avec quel art, quelle variété, quelle aisance surtout, l'artiste ne s'est-il pas joué au milieu de tant d'entraves! Je ne parle ni de la nature, si exactement copiée, ni du goût, dont les lois les plus délicates sont toujours respectées. C'est là, peut-être, ce que n'ont pas assez remarqué ceux qui comparent [1] la frise du temple de la Victoire sans ailes avec les bas-reliefs de Phigalie.

A Phigalie, quelque habile que soit une main qui avait sans doute travaillé aux sculptures du Parthénon, on reconnaît une tendance fâcheuse : le besoin de renouveler des sujets aussi usés que l'étaient alors des combats d'Amazones et de Centaures, le désir surtout de faire, non pas mieux, mais autrement que les grands maîtres de l'art. De là une exagération qui fausse la nature ; de là une recherche maniérée que le goût réprouve toujours ; de là ces Centaures qui mordent à la gorge et ruent tout en même temps dans les boucliers, ces Amazones aux poses prétentieuses, que l'on renverse de cheval par les pieds, et dont les accidents sont plutôt ridicules que tragiques. Beaucoup de détails sont tourmentés, invraisemblables, et, lorsqu'on voit l'ensemble de ces bas-reliefs à côté des sculptures du Parthénon [2], c'est

[1] Ross, Schaubert et Hansen (*ibid*).
[2] L'Angleterre a *donné* à la Grèce les moulages en plâtre de toutes les sculptures du Parthénon enlevées par lord Elgin. Les moulages de la frise de Phigalie, réunis à Athènes dans la même salle, sont exposés à une comparaison fâcheuse, mais instructive.

alors, surtout, qu'on remarque une véritable décadence : tant il est vrai que le mauvais goût est de toutes les époques !

Les sculptures du temple de la Victoire, au contraire, sont d'un style pur, sévère, irréprochable : c'est le sentiment grec, avec toute sa mesure et son admirable instinct du vrai. Que ne les compare-t-on plutôt aux bas-reliefs du temple de Thésée, qui ont le même caractère, la même beauté, et qui sont peut-être de la même époque ?

J'ai fait allusion tout à l'heure aux couleurs dont avaient pu être revêtues certaines parties de la frise. Je dois dire cependant qu'il n'en reste absolument aucune trace. L'air corrosif de la mer, le marteau des Turcs, la chaux qui fixait la moitié de ces débris dans le mur d'une poudrière, ont enlevé la surface même et comme l'épiderme du marbre ; mais les restes de peinture que l'on voit sur la frise du Parthénon, sur la frise occidentale du temple de Thésée, autorisent, je crois, cette induction. Cependant, je ne parle que du fond de la frise, des armes, des draperies ; là seulement on a trouvé de la couleur. Le nu restait-il blanc ? Était-il revêtu d'une teinte légère ? C'est encore un

---

Pendant que Phidias, Alcamènes et Panænus ornaient le temple d'Olympie, des sculpteurs d'un moindre mérite allèrent, avec Ictinus, en Arcadie. Leur œuvre m'a toujours semblé trahir la prétention d'éclipser Phidias lui-même.

problème. Lorsque les bas-reliefs étaient taillés dans la pierre, on ajustait aux personnages féminins des têtes, des mains, des pieds, en marbre blanc : ce n'était probablement pas pour les peindre comme on avait peint la pierre. C'est ce qui est arrivé à Sélinonte, non pas dans ces temples archaïques où l'art est encore grossier et primitif, mais au temple plus moderne, dont les sculptures annoncent déjà par leur beauté le commencement du siècle de Phidias.

Lorsqu'en 1835 on détruisit la batterie qui s'élevait devant les Propylées, on trouva successivement de grosses plaques de marbre d'un peu plus d'un mètre de haut, entières ou en fragments, sur lesquelles étaient sculptées en relief des femmes ailées. Des trous de scellement montraient que ces plaques avaient dû être unies entre elles par les côtés et fixées, par en bas, sur quelque surface. La tranche supérieure, au contraire, percée de petits trous réguliers, supportait une grille de métal à laquelle la balustrade de marbre servait de soubassement. MM. Hansen et Schaubert, à qui revient l'honneur d'avoir découvert et relevé le temple de la Victoire, remarquèrent au bord de la terrasse, sur les dalles de marbre, une rainure d'un poli et d'une couleur différente; sa largeur correspond exactement à la largeur des plaques dans lesquelles les bas-reliefs sont taillés comme dans des cadres. Il y avait, en outre, des traces de scellement, et, comme ce côté de la terrasse est précisément celui qui domine l'escalier des Propylées, ils ont conclu avec raison qu'il y avait là une balustrade formée par une série de sculptures qui regardaient l'entrée de l'Acropole et lui servaient de magnifique décoration.

Plus tard, on a découvert des fragments du même genre, dont un, surtout, est assez complet et d'une grande beauté. Je viens moi-même de trouver trois morceaux d'une nouvelle Victoire, un pied, une draperie, une aile; le bras d'une autre Victoire qui tient un bouclier; le torse d'une troisième dont les deux mains semblent avoir porté ou présenté quelque objet. Tous ces fragments sont réunis dans la cella même du petit temple. C'est là que cette troupe charmante attend que la main d'un artiste la restaure et lui redonne la vie.

Sur la plaque la plus considérable, on voit un taureau qui se cabre; une Victoire, qui le masque en partie, le retient avec effort. Ses jambes sont écartées; le corps se rejette en arrière comme pour résister à l'impétuosité de l'animal, qui l'entraîne à demi. En avant de ce groupe, une autre Victoire s'élance vivement : son bras gauche est levé en signe de triomphe, ses ailes sont étendues, ses draperies sont agitées par la rapidité de ses mouvements : on dirait qu'elle va prendre son vol.

Le même sujet se retrouve sur deux bas-reliefs, à Rome et à Florence. Celui de Florence, surtout, est une copie manifeste : seulement je ne me rappelle pas si les femmes ont ou non des ailes; au Vatican, elles n'en ont pas. Lorsque ces représentations étaient ainsi détachées, on ne pouvait y voir autre chose qu'une victime destinée au sacrifice qui s'échappe, et deux prêtresses ou deux figures allégoriques, dont l'une s'efforce de la retenir, tandis que l'autre s'enfuit effrayée. A Athènes, au contraire, à côté du temple de la Victoire, le sujet devient plus précis; que ce soit le taureau de Crète ou le taureau de Marathon, ce sera toujours un triomphe remporté par un héros athénien, et l'on ne comprend pas pourquoi la peinture allégorique de ce triomphe marquerait la fuite et l'effroi. Du reste, le mouvement de la Victoire qui précède le taureau, son élan résolu, la hardiesse et les jets de sa draperie, trahissent plutôt l'ardeur que la crainte, et j'y vois plus volontiers un être immortel qui part pour annoncer une nouvelle glorieuse qu'une femme qui fuit devant un danger.

On remarque, à la ceinture des Victoires, deux petits trous destinés à recevoir des ornements de métal.

Quelque justement admiré que soit ce bas-relief, la pose un peu théâtrale de la première Victoire, ses draperies tourmentées, trahissent une prétention à l'effet qui ne laisse point l'esprit complétement satisfait. Il y a de la tournure, et le style est hardi, mais aux dépens de la simplicité.

Le second cadre, dont il ne reste que la moitié, renferme un des plus délicieux morceaux de l'art antique : la Victoire qui *délie ses sandales* [1]. En équilibre sur la jambe gauche à demi fléchie, soutenue par le faible battement de ses ailes entr'ouvertes, elle se penche, en levant la jambe droite. Sa main tient délicatement les bandelettes qui attachent la sandale au-dessus du pied. L'autre bras, étendu, soutient le manteau qui a glissé et laissé découvertes les épaules et la poitrine, qu'une étoffe transparente semble destinée, non pas à voiler, mais à mieux faire voir. La ceinture est dénouée; les plis, après avoir modelé finement les contours des reins, se dérangent et mettent à nu une partie du flanc; ou, pour mieux dire, ce ne sont pas des plis, c'est un souffle qui court légèrement sur des formes d'une pureté admirable, comme il riderait la surface d'une onde tranquille. Sur les jambes, au contraire, que le manteau enveloppe encore, la draperie a plus de con-

---

[1] M. Ross l'appelle *Die Sandalenbinderinn*; mais on fait difficilement un nœud avec une seule main, tandis qu'on le défait très-aisément. C'est un détail, du reste, peu important.

sistance; tout en accusant les formes, elle les voile; mais, en même temps, elle garde une finesse moelleuse en accord avec le reste de l'ajustement. Mille plis et replis se forment, s'accompagnent, se séparent, se confondent, légers, naturels, pleins d'ampleur, de grâce et d'harmonie. Jamais le ciseau n'a rencontré plus heureusement la vérité jusqu'à l'illusion. Le marbre semble une substance transparente où s'est reflétée et fixée la conception idéale de l'artiste. Ajoutez une blancheur enchanteresse que le temps a respectée, en jetant seulement sur les fonds quelques ombres dorées.

La critique que je soumettais plus haut aux admirateurs de la Victoire *au Taureau*, je sais qu'on pourra me l'adresser à mon tour. N'y a-t-il pas aussi de la recherche et de la manière dans cette figure ? Je l'avoue, et le contraire devrait plutôt surprendre. Il y a dans ces deux morceaux la même tendance, comme il y a peut-être la même main; mais ce qui fait la différence, c'est le succès.

Le propre des écoles qui commencent, non pas la décadence, mais le raffinement de l'art, c'est l'inégalité. Les difficultés qu'elles se créent à plaisir, pour en triompher, deviennent parfois des écueils, et l'*effet*, qu'elles poursuivent avec amour, a ses caprices et ses fuites. Mais lorsque le but est heureusement atteint, l'œuvre a une beauté qui frappe, parce qu'elle a voulu frapper, et un charme d'autant plus puissant qu'il a été plus cherché. L'artiste a rêvé, sous des voiles transparents [1], un beau corps dont les formes pures se dessinent, s'accusent, se révèlent, en paraissant se cacher, mélange de volupté et de pudeur. Il a voulu traduire cette illusion sur le marbre. — Eh bien ! il a admirablement réussi. Dès lors, la recherche est devenue un art infini et une grâce idéale. Ce n'est plus la grande école de Phidias ; mais la beauté n'a-t-elle qu'un principe et qu'un moule, dans la nature comme dans l'art ? Après la Vénus de Milo, la Vénus de Médicis n'est-elle pas aussi un chef-d'œuvre ?

La tête de la Victoire *à la Sandale* a été brisée. Au-dessus du cou, on voit peintes en rouge sur le fond uni deux ou trois petites boucles de cheveux. Quelque partisan que je sois de la couleur, quelque persuadé de l'existence de la couleur sur la chevelure de certains antiques [2], j'ai toujours

---

[1] Le pendant de cette Victoire, bien propre à montrer comment le même principe mène à des résultats différents, ce sont ces étranges statues des élèves du Bernin, qui remplissent une chapelle de Naples, Santa-Maria della Pietà de' Sangri : la *Pudeur* sous un linge mouillé, le *Christ* dans son linceul, le *Vice* dans un filet.

[2] Les filles de Balbus avaient les cheveux dorés ; la Vénus de Médicis les avait peints en rouge.

tenu pour suspectes ces traces si nettes et si spirituellement placées. La couleur antique, appliquée à l'encaustique sur les surfaces lisses, forme un enduit, une croûte légère : c'est ainsi qu'on la retrouve constamment. Ici, au contraire, il n'y a qu'un coup de pinceau rapide, une teinte passée sur le marbre, inégale et laissant dans l'épaisseur même de la ligne des parties blanches. Je ne critique point le dessin, par égard pour son auteur encore vivant, peut-être. Mais n'est-ce pas un prodige, quand les couleurs des autres bas-reliefs et du temple tout entier ont disparu, qu'il soit resté en un seul endroit lisse, c'est-à-dire plus exposé qu'un autre, non pas quelques points, non pas quelques parcelles colorées, mais des traits suivis, précis, que vingt-quatre siècles n'ont pas altérés? Ces raisonnements sont inutiles, au reste; les faits parlent plus éloquemment. MM. Ross, Schaubert et Hansen, qui découvrirent eux-mêmes ce bas-relief, dans la description [1] qu'ils en donnent, ne parlent pas de cette couleur si visible; eux pourtant qui regrettent de n'en avoir trouvé ni sur le temple, ni sur la frise, qui sont des partisans si convaincus de la polychromie et qui en ont cherché minutieusement la preuve sur chaque pierre du monument. Ceux qui assistèrent

---

[1] P. 14 et 18.

aux fouilles [1] ne la remarquèrent pas davantage. Lorsqu'un fragment est mis au jour, l'action de l'air fait disparaître, d'ordinaire, les couleurs que l'humidité de la terre avait conservées. Il serait assez étrange qu'elle fît revivre celles qui avaient disparu.

Une quatrième Victoire, moins complète que les autres, se présente de profil, et rappelle, par sa pose, la Victoire des monnaies béotiennes. Droite et calme, elle étend son bras mutilé comme si elle avait présenté une couronne. Un voile léger, mais chaste, dessine ses formes pleines de fermeté. Les plis tournent sur la hanche, serrés entre les deux jambes, dont l'une fléchit gracieusement. Il y a dans cette sculpture plus de simplicité que dans les précédentes; un goût sévère lui donnera peut-être la préférence.

Je ne décris point les fragments plus petits qu'on a trouvés encore, des ailes, des membres nus ou drapés, des ornements : ici, une épaule percée de trous réguliers pour recevoir un ajuste-

[1] M. Pittakis, conservateur des antiquités d'Athènes, qui ignore, du reste, quand cette peinture parut pour la première fois.

Il est bon de faire remarquer que les artistes de tous les pays passent des journées entières, des mois, dans l'Acropole, dessinant, peignant, mesurant les ruines à leur aise. Les sculptures ne sont point enfermées, mais réunies dans la cella ouverte et toujours accessible du petit temple.

ment de métal; là, les pieds croisés d'une femme assise, ou bien un autre pied qui s'est posé sur un rocher (l'Acropole?); plus loin, un sein sur lequel des bandelettes croisées serrent la tunique, comme dans les statues de Diane. Partout de l'art, de la variété, de la délicatesse, mais partout aussi la plus complète obscurité.

Ces Victoires qui s'envolent, arrivent, se posent sur l'Acropole, délient leurs sandales, sont levées, sont assises, tendent des couronnes, représentent-elles un seul mythe, une seule action? Ou bien accourent-elles des différents points du monde et viennent-elles se ranger autour de la grande Victoire, de Minerve, dont elles sont les messagères? Quand le peuple athénien monte l'escalier des Propylées, lui disent-elles par leur pose allégorique, par des inscriptions[1], ou par la seule force de la tradition : « Je suis Marathon, je suis Sala-
« mine, je suis l'Eurymédon; je viens de Thrace,
« je viens de Lesbos, je viens de Sphactérie. »
Flatteurs muets, que l'on imitait moins éloquemment à la tribune du Pnyx.

Que cette balustrade soit postérieure au temple lui-même, c'est ce dont on se convaincra facilement, en comparant ses sculptures avec celles de

---

[1] C'est ainsi que, dans la Lesché de Delphes, Polygnote avait écrit le nom de chacun des personnages de ses tableaux. (Paus., *Phoc.*, XXV, XXVI.)

la frise ; non-seulement le style, mais le principe même en est tout différent. Autant que nous pouvons nous faire une idée des époques de l'art grec et de la manière de ses grandes écoles, les Victoires sont plus près du siècle de Lysippe que du siècle de Phidias. Aussi l'opinion de M. Ross[1] n'a-t-elle rien d'invraisemblable. Il croit que cette décoration fut ajoutée par l'orateur Lycurgue[2], ce grand administrateur qui s'était proposé Périclès comme modèle, qui amassa dans le trésor public six mille cinq cents talents de plus que lui et enrichit Athènes de monuments et d'œuvres d'art de toute sorte.

Il est également impossible de déterminer avec certitude l'époque à laquelle le temple de la Victoire a été construit.

On sait que son emplacement était consacré par une antique tradition : « La mer, » dit Pausanias[3], « se découvre de cet endroit, et c'est de là « qu'Égée se précipita, lorsqu'il aperçut les voiles « noires du vaisseau qui revenait de Crète. » D'autre part, la statue de la Victoire était en bois[4], c'est-

---

[1] P. 18.

[2] Λυκούργῳ δὲ ἐπορίσθη μὲν τάλαντα ἐς τὸ δημόσιον πεντακοσίοις πλείονα καὶ ἑξακισχιλίοις ἢ ὅσα Περικλῆς συνήγαγε. (*Vie des dix Orateurs*, et Paus., *Att.*, XXIX.)

[3] *Att.*, XXII.

[4] *Voy.* Suidas, Harpocrat., Photius, Νίκη Ἀθηνᾶ.

à-dire fort ancienne, comme toutes les statues de ce genre ; les auteurs manquent rarement à nous en avertir [1]. En conclure qu'il y a eu un temple avant les guerres médiques, que ce temple a été détruit par Xerxès, et en voir les restes dans quelques fragments d'ordre ionique trouvés au-dessous des Propylées, c'est ce que chacun est libre de faire, suivant sa fantaisie ; mais cela jetterait peu de lumière sur l'origine du monument actuel.

Les observations suivantes, au contraire, disposent à le croire antérieur à la construction des Propylées :

1° Le silence de Plutarque, qui énumère et loue si longuement les travaux de Périclès —

2° La situation de la terrasse qui supporte le temple ; elle est unie au mur d'enceinte dont un de ses côtés n'est que le prolongement : c'est le mur qui regarde le midi et qui fut construit par Cimon —

3° Les traces de remaniement qu'offre cette terrasse, au-dessous de l'escalier des Propylées : on dirait qu'on l'a taillée et réduite pour l'amener à l'alignement général, et que d'un rectangle on en a fait un trapèze ; les assises du bas, en effet, par leurs saillies inégales et leur rudesse, ressem-

---

[1] *Voyez* le *Jupit. Olymp.* par Quatremère de Quincy, p. 15–18.

blent singulièrement à l'intérieur d'un massif de maçonnerie qu'on aurait mis à découvert.

4° L'affleurement des degrés du temple au nord et à l'est avec les bords de la plate-forme, tandis que du côté opposé il reste un espace libre. Il y a là quelque chose d'étroit, de gêné : on semble avoir réduit la terrasse jusqu'à la dernière limite, pour la faire rentrer dans le plan général.

5° La disposition du petit temple, qui se présente obliquement sur la façade des Propylées. Tout en l'ouvrant vers l'orient, on eût pu le tourner un peu plus vers le nord et le rendre perpendiculaire au grand édifice qu'il précédait. L'orientation des temples n'était pas déterminée par des procédés très-rigoureux. Le Parthénon en fournit la preuve; car son axe fait avec l'est un angle plus écarté que l'axe du temple de la Victoire, et celui-ci s'en écarte déjà lui-même. Ou l'architecte des Propylées a cherché cette irrégularité, ou le monument était plus anciennement construit.

6° L'inégale largeur des deux ailes des Propylées, qui semblerait s'accommoder aux exigences de constructions antérieures, c'est-à-dire du temple et de sa plate-forme.

7° Une statue d'Alcamènes [1], qui était placée auprès du temple de la Victoire : c'était une Hécate

---

[1] Ἀλκαμένης πρῶτος ἀγάλματα Ἑκάτης τρία ἐποίησε προσεχό-

à trois corps qu'on appelait l'*Hécate de la Terrasse*. Alcamènes était contemporain de Phidias[1]; mais, comme une statue est chose éminemment meuble, je ne puis guère tirer parti de ce fait.

J'avoue que toutes ces remarques, prises isolément, n'ont qu'une faible portée; réunies, elles se fortifient l'une par l'autre et concourent à former, non pas une preuve, mais une probabilité.

Du moment qu'on ne peut attribuer un monument à Périclès, on se reporte naturellement au temps de Cimon. Lui aussi avait la passion des arts; lui aussi embellit Athènes de temples, de portiques, de jardins; seulement il ne les payait pas avec l'argent des alliés, mais avec les dépouilles des Perses. C'est Cimon qui a donné l'impulsion à ce grand siècle que remplit injustement un seul nom. Précisément il fit construire la muraille qui regarde le midi [2], et l'on sait par un écrivain latin [3] qu'il ne fortifia pas seulement cette partie de l'Acropole, mais qu'il l'orna.

μενα ἀλλήλοις, ἣν Ἀθηναῖοι καλοῦσιν Ἐπιπυργιδίαν· ἕστηκε δὲ παρὰ τῆς ἀπτέρου Νίκης τὸν ναόν. (Paus., *Corinth.*, XXX.)

[1] Ἀλκαμένους ἀνδρὸς ἡλικίαν τε κατὰ Φειδίαν.... (Paus., *Élid.*, I, chap. 10.)

Il y a à Rome, au musée du Capitole, une petite statue en bronze qui représente une Hécate comme celle d'Alcamènes.

[2] Plut., *Vie de Cimon.*

[3] « Ilis ex manubiis Athenarum arx, qua ad meridiem ver-
« git, est *ornata.* » (Corn. Nép., *Cimon*, 2.)

Enfin, l'examen du temple lui-même fournit encore quelques indices. La frise rappelle la frise orientale du temple de Thésée[1] par son style, par son fort relief et par certaines parties de la composition qui sont presque semblables. On retrouve au-dessus du pronaos ces figures debout ou assises, aux poses calmes, aux belles draperies, ces groupes de combattants, au contraire si animés, que l'on admire sur l'entablement du temple de la Victoire. D'en bas, les sculptures du temple de Thésée, noircies et mutilées, se distinguent mal ; mais, de près, on est frappé de leur beauté et de leur air de famille. Cette perfection n'a rien d'étonnant, puisque Cimon ne précéda Périclès que de quelques années. Je me suis toujours figuré reconnaître dans ces deux ouvrages la même école, j'allais dire la même main.

Pour le caractère de l'architecture, la conformité du temple de la Victoire avec l'ordre intérieur des Propylées m'inspirerait de grands scrupules, si je ne voyais le dorique du temple de Thésée reproduit minutieusement par le dorique du Parthénon. Il est naturel que, dans l'ordre ionique également, les formes, les lignes, les moindres ornements, fussent fixés par la tradition. C'était à la recherche de l'idéal dans les propor-

[1] Que l'on attribue avec raison à Cimon. (Voy. Leake, *Topogr. of Ath.*, Appendix IX, p. 498.)

tions et de la perfection dans les détails que s'appliquaient la science et le génie des architectes. Aussi distinguons-nous, avec raison, les époques de l'art dorique par l'échelle des proportions, depuis la pesanteur jusqu'à la légèreté, et par les nuances des détails, depuis la rudesse jusqu'à une délicatesse efféminée. Mais, si ces progrès sont faciles à suivre sur vingt-cinq à trente temples doriques qui restent encore en Grèce, en Sicile et en Grande-Grèce, il n'en est pas de même de l'ordre ionique, qui a laissé peu de traces, et qu'Athènes seule offre à son apogée.

Faute de données, l'analogie pourrait faire croire les colonnes de la Victoire plus anciennes, parce que le rapport entre leur hauteur et leur diamètre est plus fort, les cannelures plus profondes, les caissons des plafonds trop petits et semblables à ceux du temple de Thésée. Le trait le plus décisif, c'est que le temple de la Victoire, quoique semblable à l'ionique des Propylées, en est bien loin par le sentiment et par le fini d'exécution.

La terrasse qui sert de soubassement au temple est en pierre; mais du côté des Propylées, elle se termine par une corniche de marbre blanc, et des trous régulièrement disposés sur trois rangs, dans toute la hauteur, servaient vraisemblablement à sceller le revêtement de marbre qui se raccordait avec la corniche.

## CHAPITRE IX.

Du côté de l'ouest, dans l'épaisseur du mur, deux niches sont ménagées, d'inégale profondeur, séparées par un pilier isolé du mur[1].

Lorsque M. Leake vit l'Acropole, ces niches étaient murées, car les Turcs croyaient que l'intérieur du massif était rempli de sable[2], et qu'en cas de siège il suffisait de les ouvrir pour que le sable s'écoulât et découvrît une entrée dans la citadelle.

C'est probablement cette idée qui a fait imaginer à M. Leake[3] un sanctuaire souterrain, où étaient honorées en commun deux divinités, chacune avec sa porte particulière, la *Terre nourrice* et *Cérès verdoyante*. On dégagea plus tard ces prétendues portes, et l'on ne trouva que deux niches où il y a place à peine pour un autel ou une statue.

Néanmoins on continua[4] à les regarder comme consacrées à Cérès et à la Terre, peut-être parce

[1] Elles ont 2 mèt. 32 cent. de hauteur. Celle du nord a 1 mèt. 18 cent. de largeur, 1 mèt. 22 cent. de profondeur; celle du midi a 1 mèt. 31 cent. de profondeur, 1 mèt. 67 cent. de largeur.

[2] *Die Akropolis*, p. 4, note 26.

[3] « At the foot of the wall are two doors conducting into a « small grotto or excavated chamber. This chamber is proba- « bly the adytum of *Ceres* and *Tellus*. The two doors are well « appropriated to the two deities. » (P. 303.)

[4] Ross, Hansen et Schaubert, p. 4; M. Raoul-Rochette,

qu'il vaut mieux donner un nom, même sans preuves, à un lieu antique, que de le laisser obscur et sans intérêt. Moi aussi, je suis tout disposé à croire qu'un tombeau inconnu à Sparte est celui de Léonidas, à Syracuse celui d'Archimède, à Naples celui de Virgile. Quand la science n'a pu arracher à une ruine son secret, qu'elle l'abandonne à l'imagination populaire, qui la pare de poétiques souvenirs! Mais la Terre nourrice et Cérès verdoyante ne sont point des noms si célèbres, deux niches dans un mur ne captivent point si souvent l'attention du voyageur, que je ne puisse faire remarquer combien les témoignages anciens se prêtent peu aux idées reçues.

Pausanias d'abord, en montant à la citadelle, énumère les temples qu'il rencontre sur sa route, celui d'Esculape, le tombeau d'Hippolyte, les statues de Vénus populaire et de la Séduction, enfin le temple de la Terre nourrice et de Cérès Chloé[1]. Soudain il commence : « La citadelle n'a qu'une entrée et n'en souffre point d'autre, étant escarpée de toutes parts. » A moins de s'écrier : « J'entre dans l'Acropole! » peut-il indiquer plus clairement que les monuments qu'il vient de décrire sont en dehors?

*Mémoire du 2 mai* 1845, p. 7; M. Pittakis, l'*Ancienne Athènes*, p. 230.
[1] Chap. XXII.

# CHAPITRE IX.

« Le temple de Cérès Euchloé, » dit le scoliaste de Sophocle[1], « est auprès de l'Acropole. »

Lysistrata s'est enfermée dans la citadelle avec les femmes athéniennes et fait bonne garde à la porte pour empêcher les désertions qui commençaient déjà. Tout d'un coup elle s'écrie[2] :

Femmes, femmes, venez à moi, accourez promptement!

UNE FEMME.

Qu'y a-t-il, dis-le-moi? pourquoi cries-tu?

LYSISTRATA.

Un homme! Je vois un homme qui court comme un forcené.

UNE FEMME.

Où donc est-il?

LYSISTRATA.

Près du temple de Chloé[3].

UNE FEMME.

Oui! je le vois! Mais qui ce peut-il être?

LYSISTRATA.

Regardez! Quelqu'une de vous le connaît-elle?

MYRRHINE.

Oui, certes, moi! c'est mon mari Cinésias.

Ainsi, Cinésias est bien en dehors de l'Acropole, lorsqu'il est auprès du temple de Cérès, puisque les femmes ont le temps de le voir accourir, de

---

[1] Εὐχλόου Δήμητρος ἱερόν ἐστι πρὸς τῇ Ἀκροπόλει.
OEdipe à Colone, 1596.

[2] Aristoph., 830 et suiv.

[3] Παρὰ τὸ τῆς Χλόης.

le regarder, de s'interroger, de se répondre. Ensuite, Myrrhine et Lysistrata peuvent encore s'entendre pour leur malin complot :

LYSISTRATA.

Tu dois alors le tromper, le brûler, le torturer.....

MYRRHINE.

Sois tranquille : c'est mon affaire.

LYSISTRATA.

Eh bien ! je reste auprès de toi pour t'aider à l'enflammer et à le jouer. Vous autres, éloignez-vous.

**Alors seulement Cinésias, dont la course est si furieuse, arrive auprès d'elles** [1].

Enfin, si l'on doutait encore, voici un passage de Thucydide qui me paraît décisif :

« La citadelle et le quartier qui s'étend à ses
« pieds, du côté du midi, étaient jadis toute la
« ville. En voici la preuve : dans l'Acropole même,
« on voit les temples de différents dieux, et ceux qui
« sont *en dehors* de l'Acropole sont situés, presque
« tous, au midi de la ville, par exemple, le temple
« de Jupiter Olympien, celui d'Apollon, celui de
« la Terre...[2]. »

---

[1] Ἐντὸς τῶν φυλάκων (*loc. cit.*)

[2] Ἡ Ἀκρόπολις ἡ νῦν οὖσα πόλις ἦν καὶ τὸ ὑπ' αὐτὴν πρὸς νότον μάλιστα τετραμμένον. Τεκμήριον δέ· τὰ γὰρ ἱερὰ ἐν αὐτῇ τῇ Ἀκροπόλει καὶ ἄλλων θεῶν ἐστι, καὶ τὰ ἔξω πρὸς τοῦτο τὸ μέρος τῆς πόλεως μᾶλλον ἵδρυται, τό τε τοῦ Διὸς τοῦ Ὀλυμπίου καὶ τὸ Πύθιον καὶ τὸ τῆς Γῆς. (Thucyd., II, 15.)

« De la Terre, » ajoute le scoliaste[1], pour qu'il n'y ait point de méprise, « de la Terre, c'est-à-dire de Cérès. »

L'usage, on le comprend, n'était pas de désigner le temple par les deux noms. Il paraît qu'au temps du scoliaste on disait, par abréviation, le temple de Cérès, comme Aristophane dit le temple de Chloé, et Thucydide le temple de la Terre.

Je remarque, en outre, que ce monument n'était point sans importance, puisque c'était un point topographique si clair pour les Athéniens et puisqu'un historien le cite à côté des grands temples de Jupiter Olympien et d'Apollon Pythien. M. Ross a tort de restreindre, le plus qu'il peut, le sens du mot ἱερόν[2] pour l'appliquer aux deux niches qui nous occupent depuis trop longtemps.

Quant aux surnoms des deux déesses, voici la réponse assez ridicule de Pausanias : « Ceux qui veulent en savoir la raison[3], » dit-il, « peuvent la demander aux prêtres. »

---

[1] [Τῆς Γῆς] τῆς Δήμητρος. (Ibid.)

[2] Ibid., p. 4, alinéa 3.

[3] Τὰ δὲ ἐς τὰς ἐπωνυμίας ἔστιν αὐτῶν διδαχθῆναι τοῖς ἱερεῦσιν ἐλθόντα ἐς λόγους. (*Att.*, XXII.)

## CHAPITRE X.

#### INTÉRIEUR DE L'ACROPOLE : DES PROPYLÉES AU TEMPLE DE DIANE BRAURONIA.

L'intérieur de l'Acropole était tellement rempli de monuments, d'autels, de statues, de bas-reliefs, d'offrandes de toute sorte, d'inscriptions qui consacraient, soit les actes et les intérêts publics, soit les services ou la gloire des particuliers, que ce n'était plus, aux yeux des anciens [1], qu'un immense monument et, pour ainsi dire, qu'une seule statue. Aussi ne se rencontrait-il qu'un archéologue assez patient, assez courageux pour décrire complétement ce monde créé par l'art. Il ne fallait pas moins de *quinze livres* à Héliodore [2] pour rem-

---

[1] Ὥστε εἶναι πᾶσαν ἀντ' ἀναθήματος μᾶλλον δὲ ἀντ' ἀγάλματος· (Aristid., *Panath.*, p. 149.)

[2] Ἡλιόδωρος ὁ Ἀθηναῖος ἐν τοῖς περὶ Ἀκροπόλεως [πεντεκαίδεκά ἐστι ταῦτα τὰ βιβλία]... (Athen., VI, pag. 229.)

plir une pareille tâche. Mais les savants des siècles postérieurs ne firent qu'effleurer un si vaste sujet. Strabon, qui vit l'Acropole encore intacte, écrit quatre lignes, où il nomme la lampe qui ne s'éteint jamais et la statue en ivoire de Minerve : « Mais, » dit-il tout à coup, « si je voulais indiquer « tous ces monuments tant célébrés et tant van- « tés, je craindrais par trop d'abondance de pas- « ser les bornes convenables[1]. » Il pousse, en effet, si loin la réserve, qu'il n'en dit pas un mot.

Pausanias, le consciencieux Pausanias, qui avait consacré quarante et un chapitres à l'Altis d'Olympie, n'en donne que six à l'Acropole, qu'il visite en courant. Jamais son récit n'a montré autant de précipitation ni laissé plus de lacunes; lui-même nous en avertit. « Je ne veux [2] point décrire, » dit-il, « les statues d'une moindre importance.» — « Il faut que je passe outre [3], puisque je dois par- « courir également toute la Grèce. » Et cependant, l'Acropole était depuis le règne de Néron [4] dépeuplée d'une partie de ses chefs-d'œuvre.

En contemplant aujourd'hui les débris de ces

---

[1] Livre IX page 396.

[2] Τὰς γὰρ εἰκόνας τὰς ἀφανεστέρας γράφειν οὐκ ἐθέλω. ( *Att.*, XXIII.)

[3] Δεῖ δὲ μ' ἀφικέσθαι τοῦ λόγου πρόσω, πάντα ὁμοίως ἐπεξιόντα τὰ Ἑλληνικά. (*Att.*, XXVI.)

[4] *Voy*. les textes cités au chapitre III.

immenses richesses, l'on comprend que les anciens s'effrayassent à la seule pensée d'en dresser l'inventaire. Bien des siècles, bien des révolutions, bien des barbares, ont anéanti jusqu'aux traces du plus grand nombre. Le reste ne nous est connu que par des inscriptions gravées sur les piédestaux, les stèles, les colonnes, de même que nous lisons sur leurs tombeaux les noms des générations qui ne sont plus que poussière. Mais telle est la quantité de ces fragments, qu'il me faut à mon tour m'excuser d'en passer un grand nombre sous silence, et de ne choisir que les plus intéressants ou ceux qui se rattachent le plus directement à mon sujet. On avait fondé à Athènes, en 1837, un journal archéologique pour publier les antiquités, à mesure que les fouilles les découvraient. L'Acropole, bien entendu, occupait la place la plus considérable. En quatre ans, cinq cents pages in-folio ont été remplies. On juge où cela m'entraînerait, si je voulais être complet.

Le but de cet ouvrage est, à la fois, de décrire les ruines de l'Acropole et de retrouver les principaux éléments d'une restauration qui retracerait à notre imagination un ensemble à jamais perdu pour nos yeux. Il est donc naturel que je m'attache à tout ce qui a une signification topographique et une place dans l'histoire de l'art, en négligeant les détails qui n'en ont aucune, par exemple, toutes les tables de marbre sur lesquelles on écrivait les lois, les décrets, les comptes publics, les noms des magistrats, les récompenses votées par le peuple, les traités conclus avec les autres États, les dettes des villes tributaires, le relevé des trésors contenus dans les temples, les dépenses faites pour les monuments, etc., etc., témoignages d'un prix inestimable pour l'histoire, mais qui ont une place plus convenable dans des ouvrages spéciaux. Faciles à briser et à transporter, ces tables ne présentent souvent que des fragments jetés au hasard ou employés comme matériaux dans des constructions modernes.

Il en est tout autrement des indications entaillées sur le rocher, des soubassements, des petits édifices, des piédestaux. On a pu les renverser, les mutiler, mais les plus considérables sont restés à leur place par leur propre force ; les plus petits se sont retrouvés à peu de distance, enterrés de bonne heure sous les cendres et les décombres. Malheureusement, les Grecs ont plutôt songé à leur conservation qu'aux intérêts de la science. Ils en ont recueilli un certain nombre dans le petit musée des Propylées, sans réfléchir qu'il importait moins encore de savoir qu'une statue avait été élevée par tel ou tel personnage inconnu, que de savoir quelle place cette statue occupait. Déjà l'on a oublié aujourd'hui leur situation exacte : « Trou-

« vée au nord du Parthénon, — à l'est de l'Érechthéion, » dit le journal archéologique qui publiait les inscriptions peu de temps après leur découverte. Il faut bien se contenter [1] de ces renseignements assez vagues et classer les plus petits objets par *régions*. Chacun peut les grouper à son goût autour des masses principales, non pas avec une symétrie et une régularité géométriques, mais disposés avec une variété et un désordre auquel le caprice des différents âges avait, peut-être, seul présidé. L'on sait, pourtant, combien ce système est conforme aux habitudes antiques, et les traces multipliées çà et là sur le rocher en sont une preuve incontestable.

Je suivrai, dans ma description, l'ordre suivi par Pausanias; c'est, du reste, le plus naturel. Après avoir franchi les Propylées, il trouve le grand chemin qui conduit vers la façade orientale du Parthénon. Il s'arrête devant les premières statues qui le bordent à droite, puis fait un détour pour visiter les deux terrasses qui s'étendent entre le péribole du Parthénon et la partie méridionale des Propylées : l'une, à laquelle on monte

[1] J'ai voulu recourir aux souvenirs particuliers : mais je les ai surpris trop souvent en contradiction avec eux-mêmes pour leur donner une sérieuse confiance. Faute d'un plan et d'un catalogue minutieusement dressé, une foule de détails précieux sont déjà perdus pour la science, et perdus à jamais.

par huit marches, forme l'enceinte de Diane Brauronia ; l'autre, plus élevée, celle de Minerve Ergané. Il décrit une partie des objets d'art qui ornent ces deux enceintes. De là, il regagne la route principale, passe entre le Parthénon et l'Érechthéion et arrive devant l'entrée du grand temple Hécatompédon, tourné, selon la tradition, vers le soleil levant. En sortant du Parthénon, il parcourt le sud-est et l'est de l'Acropole, se trouve amené en face de l'Érechthéion ; puis de l'Érechthéion, il revient aux Propylées, en indiquant les statues qui décorent la région du nord. Cette marche se déduit si clairement de la comparaison des lieux avec son texte, que tout le monde est, je crois, d'accord sur ce point [1].

« Dès l'entrée même de la citadelle, » dit Pausanias [2], « on voit la statue de Mercure Propyléen « et les Grâces qui sont, à ce que l'on prétend, « l'œuvre de Socrate, fils de Sophronisque. »

C'était sous le portique du Propylée intérieur qu'étaient ces sculptures [3].

---

[1] *Voy.* Leake, page 345 et suiv. ; M. Raoul-Rochette, *Journ. des Savants*, décembre 1851, page 741.

[2] Κατὰ δὲ τὴν ἔσοδον αὐτὴν ἤδη τὴν ἐς Ἀκρόπολιν Ἑρμῆν, ὃν Προπύλαιον ὀνομάζουσι, καὶ Χάριτάς Σωκράτη ποιῆσαι τὸν Σωφρονίσκου λέγουσιν. (*Att.*, XXII.)

[3] Non postferuntur et Charites in Propylæo Atheniensium quas Socrates fecit. (Plin., XXXVI, 4, § 20.)

Socrate avait représenté les trois Grâces [1] complétement vêtues. [2] Non pas que cela eût quelque chose d'extraordinaire dans ce temps-là. C'était une tradition absolue de draper les figures féminines, et ce fut une innovation dans le fronton du Parthénon que Vénus nue assise sur les genoux de sa mère : encore était-ce Vénus ! Différents auteurs ont parlé de la vocation de Socrate pour l'art avant que la philosophie lui eût fait tout quitter[3]. Il paraît, d'après les expressions de Pline, que son œuvre avait beaucoup de mérite; mais, qui l'a jamais jugée d'un esprit impartial? Aristophane s'en moquait et faisait jurer Socrate *par les Grâces*[4].

La première statue qu'on trouvait au seuil même de l'Acropole était une lionne de bronze, sans langue, image qui rappelait le nom et l'héroïsme de la courtisane Léæna : Hippias la fit

---

[1] Ἀθήνησι πρὸ τῆς ἐς τὴν Ἀκρόπολιν ἐσόδου Χάριτές εἰσι καὶ αὗται τρεῖς. (Paus., *Bœot.*, XXXV.)

[2] Χαρίτων εἰργάσατο ἀγάλματα Ἀθηναίοις. Καὶ ταῦτα μέν ἐστιν ὁμοίως ἅπαντα ἐν ἐσθῆτι. (Paus., *ibid.*) Ἐπεὶ τά γε ἀρχαιότερα ἐχούσας ἐσθῆτα οἵ τε πλάσται καὶ κατὰ ταῦτα ἐποίουν οἱ ζωγράφοι· οἱ δὲ ὕστερον μεταβεβλήκασι τὸ σχῆμα αὐταῖς. (Ibid.)

[3] Diog. Laert., *Vie de Socr.*, II, p. 37, et *Suidas in V*. Σωκράτης, πρότερον γενόμενος λιθοξόος, ὥστε καί φασιν αὐτῷ εἶναι τὰς Ἀθήνησιν ἐνδεδυμένας Χάριτας.

[4] Σοφῶς γε, νὴ τὰς Χάριτας. (*Nuées*, 773.)

expirer [1] dans les tourments, parce qu'il la savait aimée d'Aristogiton et supposait qu'elle avait eu connaissance de son projet. Les Athéniens, devenus libres, n'osèrent point [2] mettre dans le sanctuaire de l'Acropole le portrait d'une courtisane; mais leur admiration ingénieuse inventa ce détour. Le trait de Léæna est du reste souvent cité par les écrivains anciens [3].

Auprès de la lionne était une statue de Vénus [4], offrande de Callias, ouvrage de Calamis, sculpteur célèbre de la vieille école attique, dont le style, malgré un reste de sécheresse [5], ne manquait ni de grâce ni de légèreté [6]. A la place même que la Vénus devait occuper, devant la

---

[1] Ταύτην γὰρ Ἱππίας εἶχεν ἐν αἰκίᾳ ἐς ὃ διέφθειρεν, οἷα ἑταίραν Ἀριστογείτονος ἐπιστάμενος οὖσαν, καὶ τὸ βούλευμα οὐδαμῶς ἀγνοῆσαι δοξάζων. Χαλκῆ Λέαινα Ἀθηναίοις ἐστὶν ἐς μνήμην τῆς γυναικός. (Paus., XXIII.)

[2] Tisicratis Leæna laudatur. Athenienses et honorem ei habere volentes, nec tamen scortum celebrasse, animal nominis ejus fecere, atque ut intelligeretur causa honoris, in opere linguam addi ab artifice vetuerunt. (Plin., XXXIV, 19, § 23.)

[3] Plut., *de Garrul.*; Athen., XIII, 576; Cicer., *de Glor.*

[4] Παρὰ δὲ αὐτὴν ἄγαλμα Ἀφροδίτης, ὃ Καλλίου τε φάσιν εἶναι ἀνάθημα καὶ ἔργον Καλάμιδος. (Paus., *ibid.*)

[5] Jam minus rigida Calamis. (Quint., XXII, 10.)
Calamidis dura illa quidem, sed tamen molliora quam Canachi. (Cic., *de Clar. orat.*, 18.)

[6] Dion. Halic., *de Antiq. orat. in Isocr.*, 3.

première colonne à main droite en sortant du chemin creux des Propylées, on trouve aujourd'hui un grand piédestal rond en marbre pentélique. Il a été dérangé évidemment : mais sa dimension ne permet pas de supposer qu'il vienne de bien loin, et précisément on y lit le nom de Callias [1] en caractères du beau siècle. Comme en même temps le donataire a rappelé les victoires qu'il avait remportées dans les différents jeux, on dirait qu'il n'a consacré la statue que pour avoir l'occasion d'immortaliser ses triomphes. Ce Callias était-il l'athlète célèbre qui vivait vers la 77ᵉ olympiade? Ou bien appartenait-il à une famille athénienne puissamment riche [2] qui fournit plusieurs générations d'archontes, et dont les

[1]  ΚΑLLΙΑ[ΣΑΝΕΘΕΚΕΝ]
        ΝΙΚ[ΕΣΑΣ]
        ΟL[ΥΜΠ]ΙΑΣΙ
        ΓΥΘΙΑΔΙΣ
        ΙΣΘΜΙΑΠΕΝΤΑΚΙΣ
        ΝΕΜΕΑΤΕΤΡΑΚΙΣ
        ΠΑΝΑΘΕΝΑΙΑΜΕΛ[ΑLΑ

[2] On racontait qu'après la défaite de Marathon, un Perse avait indiqué à Callias un trésor caché dans un fossé. *Voy*. dans la *Vie d'Aristide* par Plutarque les détails de cette histoire, § 15.

chars et les chevaux gagnèrent souvent le prix [1] dans les fêtes nationales de la Grèce ? C'est ce que l'on ne saurait décider.

Tout auprès était Diitréphès [2], général athénien, percé de flèches et sur le point d'expirer. Sa statue était en bronze ; son fils *Hermolycus* [3] la lui avait élevée. Du moins, c'est ce que nous apprend un piédestal trouvé deux cents pas plus loin, à l'ouest du Parthénon, dans le mur d'une citerne moderne. Le nom de l'artiste, *Crésilas*, y est aussi gravé, et c'est sur cette indication qu'on a reconnu, malgré son déplacement, le piédestal de Diitréphès. Car Pline rapporte [4] que l'on ad-

[1] Hérod., VI, 122 ; Arist., *Nuées*, 61, Le Scol.

[2] Πλησίον δέ ἐστι Διιτρεφοῦς ἀνδριὰς ὀϊστοῖς βεβλημένος. (Paus., XXIII.)

[3] ΗΕΡΜΟΛΥΚΟΣ
ΔΙΕΙΤΡΕΦΟΣ
ΑΠΑΡΧΕΝ
ΚΡΕΣΙΛΑΣ
ΕΠΟΕΣΕΝ

Publiée pour la première fois par M. Ross. Voy. *Journ. des Savants*, oct. 1851, p. 742.

Cf. *Voyage archéologique en Grèce et en Asie Mineure* par M. Le Bas ; Inscriptions, n° 40.

[4] Cresilas vulneratum deficientem in quo possit intelligi quantum restet animæ, et Olympium Periclem. (XXXIV, 19, § 24.)

Quelques manuscrits portent, à ce qu'il paraît, *Cresilaüs* et

mirait parmi les statues de Crésilas « le Périclès
« olympien et le *Blessé qui expire*, si heureuse-
« ment rendu qu'on peut calculer ce qui lui reste
« de vie. »

« Près de Diitréphès, » continue Pausanias [1],
« en laissant de côté les statues les moins re-
« marquables, on voit la déesse Hygiée et Minerve,
« surnommée elle-même Hygiée. En outre, une
« petite pierre d'une dimension suffisante pour
« qu'un petit homme puisse s'y asseoir : on ra-
« conte que Silène s'y est reposé lorsque Bacchus
« vint en Attique. »

Le piédestal de Minerve Hygiée est encore à sa place [2]. Il est en marbre pentélique et forme un peu plus du demi-cercle. Adossé à la dernière colonne de l'angle sud-est des Propylées, il nous montre comment les précédents piédestaux étaient disposés : mais aucun ne s'adapte avec tant d'art au monument lui-même. On y reconnaît une grande conformité dans le style ; c'est la même pureté de profils, c'est jusqu'à la couleur du marbre.

*Ctésilaüs*, le premier nom, traduction latine ; le second, faute du copiste.

[1] Τοῦ δὲ Διειτρεφοῦς πλησίον (τὰς γὰρ εἰκόνας τὰς ἀφανεστέρας γράφειν οὐκ ἐθέλω) θεῶν ἄγαλμά ἐστιν Ὑγιείας τε καὶ Ἀθηνᾶς ἐπίκλησιν καὶ ταύτης Ὑγιείας. (Paus., XXIII.)

[2] *Voy.* à la fin de ce volume Pl. II, lettre *o*.

# CHAPITRE X.

La statue de Minerve Hygiée fut, en effet, consacrée [1] par Périclès pendant la construction des Propylées.

Le plus actif et le plus zélé de ses ouvriers [2] était tombé d'une grande hauteur, et les médecins désespéraient de le sauver. Périclès en était fort affligé, lorsque Minerve lui apparut en songe et lui indiqua un remède qui guérit aussitôt le malade. Ce remède était une herbe qui croît naturellement sur l'Acropole et qu'on appela depuis *Parthénion* [3]. Pendant le siége de Sylla [4], les Athéniens s'en nourrirent. Aujourd'hui elle couvre chaque printemps l'Acropole, et poursuit de son arome le visiteur qui la froisse du pied.

Périclès reconnaissant éleva à Minerve Hygiée une statue en bronze [5] qui était un peu plus grande que nature, comme on peut le présumer d'après la trace des pieds sur la base. *Pyrrhus* en fut l'auteur [6] : le texte de Pline et l'inscription

---

[1] Plut., *Vie de Périclès*, XIII.
[2] Ὁ γὰρ ἐνεργέστατος καὶ προθυμώτατος τῶν τεχνιτῶν ἀποσφαλεὶς ἐξ ὕψους...
[3] Matricaria Parthenium, ou Parietaria diffusa., Linn.
[4] Plut., *Vie de Sylla*, XIII.
[5] *Vie de Périclès*, ibid.
[6] Pyrrhus Hygiam [et] Minervam.
  Plin., XXXIV, 19, § 31.
*Et* est une addition des copistes, car *Hygiam* est employé comme adjectif.

gravée sur le piédestal [1] sont d'accord sur ce point.

Quant à l'autel dont parle Plutarque, on ne l'a pas retrouvé ; mais autour du piédestal, quelques dalles de raccordement leur formaient probablement un sol commun. En avant de la statue de Minerve, à quelque distance, il y a bien une grande base qui a deux mètres vingt-cinq centimètres de long sur un mètre soixante centimètres de large [2]. Mais, outre que le travail et les moulures annoncent une époque de décadence, il est facile de se convaincre que c'était encore un piédestal. Les crampons que l'on voit à la surface devaient être cachés par une plinthe. Le degré qui précède le massif principal est tourné vers les Propylées : ce serait le contraire si c'était un autel. Les dimensions, du reste, indiquent un piédestal destiné à porter quelque colosse. Là s'est trouvée une tête deux fois plus grande que nature, autour de laquelle s'enroule une grosse

[1] ΑΘΕΝΑΙΟΙΤΕΙΑΘΕΝΑΙΑΙΤΕΙΥΛΙΕΙΑΙ
ΓΥΡΡΟΣΕΠΟΙΗΣΕΝΑΘΕΝΑΙΟΣ

L'η, jusqu'à l'archontat d'Euclide, n'était qu'une aspiration devant les mots qui commençaient par une voyelle. C'est ce qui a fait supposer que cette inscription était postérieure à Périclès. J'ai donné plus haut les raisons pratiques qui me font croire le contraire.

[2] *Voy.*, à la fin de ce volume, Pl. II, lettre *f*.

tresse. Elle est déposée aujourd'hui sous le petit portique des Propylées.

Auprès de Minerve Hygiée, il y avait un autre piédestal plus petit, en marbre de l'Hymette ; on l'a enlevé et déposé dans le vestibule des Propylées. Le nom d'Hygiée [1] s'y lit en lettres d'époque romaine.

Naturellement, les premières statues que l'on consacra après le renouvellement de l'Acropole par Périclès se groupèrent vers l'entrée, pour attirer les regards. C'est là, en effet, qu'on a découvert un certain nombre d'inscriptions archaïques : la plupart se réduisent à quelques lettres. J'ai déjà cité les offrandes de Callias et d'Hermolycus : à gauche de l'entrée et comme pendant au piédestal de Vénus, il y en a un autre en forme de fer à cheval, consacré par Alcibius le joueur de lyre [2]. La statue était l'œuvre du célèbre sculpteur Nésiotès, contemporain de Phidias et un de ses rivaux [3], dont nous retrouverons plus d'une fois

ΣΕΒΑΣΤΗΙΥΓΙΕΙΑΙ

*Voy.* M. Le Bas, Inscript., n° 140.

[2] ΑΛΚΙΒΙΟΣ
ΑΝΕΘΕΚΕΝ
ΚΙΘΑΡΟΙΔΟΣ
ΝΕΣΙΟΤΕΣ

[3] Quo eodem tempore æmuli ejus fuere Alcamenes, Cri-

le nom dans l'Acropole. Ainsi, de concert avec Critios (que Pline traduit par Critias), il fit une statue, dont le piédestal a été emporté en bas des Propylées, pour servir à la construction du grand bastion, et que je rétablirais aussi [1] à l'entrée de la citadelle.

Avant de s'avancer plus loin, si l'on tourne à droite du piédestal de Minerve Hygiée, on entre dans un passage de dégagement qui sépare le sud des Propylées d'une grande terrasse. Le mur qui entoure cette terrasse est formé d'abord par le rocher taillé qui s'élève par degrés : lorsque le rocher cesse, des assises de tuf posées sur une large rainure, préparée pour les recevoir, continuent à élever la muraille. C'est cette muraille qui forme au nord l'enceinte de *Diane Brauronia*. Quelques pas plus loin, le passage de dégagement est coupé par une saillie qui se rattache perpendiculaire-

---

tias, *Nestocles* (lisez Nesiotes), Hegias.
(Plin., XXXIV, 29, 1.)
Encore une rectification au texte de Pline. Junius l'a proposée avec raison. (*Catal. artif.*, p. 75.)

. . . . . . . . . . .
KRITIOSKAINESIOTESEPOIESATEN

[1] *Voy.* l'Εφημερὶς ἀρχαιολογική (pag. 16), qui restitue avec une grande probabilité le nom de Critios, que nous verrons associé de nouveau avec Nesiotès.

ment à la muraille et ressemble à la base d'une tour carrée. Encore au delà on rencontre une autre saillie, mais oblique et dont la hauteur, aussi bien que la forme, annoncent un des côtés d'une porte, une ante, pour mieux dire, qui s'avance vers l'angle rentrant des Propylées d'environ six pieds. Immédiatement après, on aperçoit le mur pélasgique avec lequel l'ante se raccorde par un revêtement d'assises régulières. J'ai déjà parlé du mur pélasgique, dont la courbe, après avoir entaillé jusqu'à hauteur d'architrave l'angle saillant de la petite aile des Propylées, se perdait dans l'intérieur de la citadelle. On ne sera donc pas étonné de le retrouver ici, mêlé aux constructions moins anciennes, mais antérieures pourtant aux Propylées de Mnésiclès et épargnées par lui [1].

A une époque qu'il est impossible de fixer, l'entrée de l'Acropole à laquelle aboutissaient les détours de l'Ennéapyle fut remaniée et embellie. Cette époque ne précéda cependant que de peu les guerres médiques, car l'ante n'avait point été terminée et les surfaces du marbre ne sont que dégrossies. Au contraire, les assises de tuf sur lesquelles le marbre est plaqué et qui se raccordent elles-mêmes avec les quartiers de la roche Pélasgique, ont tous les caractères d'un travail achevé,

[1] Le pavé de marbre, sur lequel l'ante repose, va se perdre sous les Propylées.

et achevé avec un grand soin. Leurs surfaces ont été préparées avec un art dont je ne connais que ce seul exemple. Des arêtes verticales coupent très-également chaque assise dans sa hauteur et s'y dessinent par une fine saillie; qu'on se figure les arêtes d'une colonne dorique redevenues parallèles et appliquées sur un plan. Ce travail avait-il été fait au profit de la solidité du stuc, ou bien faut-il y voir une intention d'élégance et même de recherche dans la préparation des surfaces nues? Je pencherais pour la première opinion; car on trouve des morceaux considérables de stuc rouge auprès de l'ante en marbre blanc. Les traces de l'enduit sont marquées également sur la saillie de l'ante, et marquées de telle sorte qu'il est bien clair que le tuf seul était revêtu de stuc, tandis que le marbre, matière choisie, restait apparent.

Je crois donc, sauf toutes les réserves qu'imposent de si obscures matières, que nous avons dans ce coin perdu de l'Acropole un échantillon de toutes les époques qui ont travaillé à la fortifier ou à la décorer :

1° Le mur pélasgique avec ses masses puissantes;

2° Le mur en tuf qui le prolongea en formant à une époque indéterminée l'enceinte de Diane Brauronia;

3° Un essai d'architecture plus riche qui employait le marbre du Pentélique, mais qui fut suspendu par la guerre des Perses;

4° Les Propylées véritables qui assirent sur les débris de tous les âges leur base immortelle.

Si l'on se demande pourquoi cette partie des anciennes constructions avait été ménagée, on verra qu'elle ne contrariait en rien le plan des Propylées, et qu'elle soutenait les terres de l'enceinte sacrée. Ce que Xerxès n'avait pas détruit, les Grecs pouvaient-ils sans nécessité le détruire? Il paraît, du reste, que ce réduit, qui devient à son extrémité un véritable fossé, avait été comblé dès les temps anciens. En le déblayant, on l'a trouvé rempli par les innombrables éclats de marbre que le ciseau avait fait voler en taillant les Propylées. Dans le fond, au contraire, au-dessous du mur pélasgique, on a trouvé une grande épaisseur de cendres et de charbons, mêlés à des fragments de vases, de figurines en terre cuite. C'est là qu'on avait jeté les restes de l'incendie de Xerxès: nous aurons plus d'une fois l'occasion de remarquer comment on les utilisa dans l'Acropole pour les remblais.

En revenant vers Minerve Hygiée, on aperçoit auprès de l'ante du grand portique des Propylées quelques piédestaux sans inscriptions qui s'appliquaient le long du mur : une petite stèle est particulièrement curieuse, parce qu'elle porte encore à son pied un large trou de scellement carré, qui correspond aux trous taillés sur le rocher. Au-dessus de ces fragments, on a placé un grand bas-relief coupé par le milieu. Ce sont deux jambes nues qui s'écartent par un mouvement assez violent, comme si l'homme auquel elles appartenaient s'avançait vivement. Derrière lui flottent quelques plis d'une courte chlamyde. Ce bas-relief, grand comme nature, est d'un très-beau style, et une certaine roideur pleine de force et de vie, rappelle telle et telle métope du Parthénon. Il est vraisemblable qu'il était appliqué sur le mur naturel qui va en montant peu à peu, et forme le côté septentrional du péribole de Diane Brauronia. Tout le pied du rocher était masqué par une multitude d'offrandes, dont il ne reste malheureusement que les traces. Grands, petits, carrés, rectangulaires, ces monuments s'entassaient, se dressaient de toutes parts; ils bordaient surtout la droite du grand chemin qui fait, en sortant des Propylées, une courbe vers le sud. Il longe le pied de l'escalier qui conduisait au temple de Diane Brauronia. Nous entrons dans l'enceinte à la suite de Pausanias.

# CHAPITRE XI.

### ENCEINTE DE DIANE BRAURONIA.

L'enceinte consacrée à Diane Brauronia est bornée, au nord, par la muraille qui vient d'être décrite, à l'ouest par le mur pélasgique, au sud par le mur de Cimon, à l'est par une quatrième muraille semblable à celle du nord; c'est-à-dire que le rocher, tant qu'il existe, est taillé perpendiculairement; lorsqu'il cesse, des assises reposent sur sa surface aplanie comme sur un soubassement, et s'élèvent jusqu'à la hauteur voulue. Quelques-unes sont encore à leur ancienne place.

On monte au plateau sur lequel était le temple par huit marches très-douces, également taillées dans le rocher et bordées par une haie de statues et de stèles, dont les traces sont profondément creusées, selon l'ordinaire. Pausanias n'indiquant aucune divison, il est difficile de deviner le moment précis où il quitte la voie principale pour monter au temple. Cependant, après avoir parlé de Minerve Hygiée et de la pierre de Silène, il suspend sa description pour raconter je ne sais quelle horrible fable concernant les Satyres; puis il reprend en ces termes [1] :

« Voici ce que j'ai encore observé dans l'Acro-
« pole d'Athènes : un enfant en bronze tenant *le*
« vase d'eau lustrale. C'est l'ouvrage de Lycius, fils
« de Myron. Myron lui-même a fait Persée qui
« vient de couper la tête à Méduse. »

Je remarque d'abord que ces deux statues, d'une même école, représentant [1] toutes deux des personnages qui portent quelque chose à la main, semblent se faire pendant, et se prêter, par conséquent, à la décoration des deux côtés d'une entrée. En outre, je prendrai à M. Ulrichs une considération [2] très-ingénieuse et en même temps très-juste : c'est que le vase d'eau lustrale que tenait la statue de Lycius n'était pas un ornement

---

[1] Καὶ ἄλλα ἐν τῇ Ἀκροπόλει θεασάμενος οἶδα. Λυκίου τοῦ Μύρωνος χαλκοῦν παῖδα ὃς τὸ περιρραντήριον ἔχει, καὶ Μύρωνος Περσέα τὸ ἐς Μέδουσαν ἔργον εἰργασμένον. (*Att.*, XXIII.)

[2] Cité par M. Raoul-Rochette (*Journ. des Sav.*, déc. 1851, pag. 743).

sans objet, mais qu'il devait être placé sur le seuil d'un sanctuaire pour que chacun s'y purifiât [1] en passant. C'est ainsi que, dans nos temples modernes, le vase qui contient l'eau bénite est souvent soutenu par un ange. Seulement M. Ulrichs place la statue à l'entrée de l'Acropole, qui n'est qu'un vaste sanctuaire; et je voudrais la placer à la porte de l'enceinte consacrée à Diane. Car Pausanias ne la signale qu'après s'être avancé dans l'intérieur et avoir rencontré déjà un certain nombre de statues. Au contraire, à peine l'at-il nommée, ainsi que le Persée qui lui sert de pendant, qu'il se trouve en face du temple de Diane.

« On appelle la déesse *Brauronia* [2], » dit-il, « du dème de Brauron [3], où se trouve l'antique

---

[1] *Voy.* Lys. *adv. Androt.*, 255 ; Eurip., *Herc. fur.*, 928, 930; Athen., IX, 409.

[2] Τῇ θεῷ δ' ἔστιν ἀπὸ Βραυρῶνος δήμου τὸ ὄνομα καὶ τὸ ἀρχαῖον ξόανόν ἐστιν ἐν Βραυρῶνι Ἄρτεμις, ὡς λέγουσιν, ἡ ταυρική. (XXIII.)

Iphigénie et Oreste avaient débarqué à Brauron, selon la tradition, et laissé la statue de Diane aux habitants. Les Lacédémoniens prétendaient le contraire et montraient chez eux la véritable Diane apportée par Iphigénie. (Paus., *Lac.*, XVI.)

[3] L'existence du temple de Diane Brauronia a une assez grande importance historique. Elle prouve que la religion, que le culte local des dèmes, était admis par les Athéniens et représenté dans l'Acropole.

« image de bois qui vint, à ce qu'on rapporte, de
« Tauride. »

Le temple n'existe plus, et le sol véritable de l'Acropole n'a pas encore été assez dégagé pour qu'on en marque la place avec certitude. Voici cependant quelques indications.

Le niveau de l'enceinte n'est point partout égal; la partie occidentale, la plus voisine des Propylées, va sensiblement en pente; le rocher brut y apparaît çà et là; on n'y découvre aucune substruction d'édifice. Ce n'est point de ce côté évidemment qu'il faut diriger ses recherches. La partie orientale, au contraire, présente une surface exactement aplanie. Le rocher est taillé sur une longueur d'au moins vingt-cinq pas. C'est à cette plate forme que conduit immédiatement l'escalier de huit marches. Aujourd'hui, elle est coupée par deux murs à hauteur d'appui dans lesquels sont encastrés, comme les éléments d'une mosaïque, tous les caissons [1] qui proviennent, soit des Propylées, soit des différents temples. Cet étalage assez malheureusement situé n'empêche point cependant de reconnaître que la surface du rocher ne conserve aucune trace de la préparation qu'exige l'assiette d'un édifice. Mais

[1] On voit encore, au fond de la plupart des caissons, les étoiles et les palmettes qui les décoraient; la peinture a disparu, mais le tracé est resté.

plus loin, lorsque cesse le petit musée, on aperçoit une large rainure, dans laquelle s'ajuste bientôt un rang d'assises de tuf, qui se dirige vers le midi. D'autres pierres semblables sont dispersées aux environs : les restes de constructions modernes et les terres qui recouvrent en cet endroit le sol antique, empêchent d'en voir davantage. Mais s'il est impossible, avec si peu de données, de restaurer le plan du temple, elles suffisent pour en indiquer l'emplacement. Il était, si je ne me trompe, voisin du mur de Cimon, et occupait l'angle sud-est de la grande enceinte.

Un autre point, plus intéressant encore, serait de découvrir, parmi les fragments entassés vers la région occidentale de l'Acropole, quelques restes du temple de Diane. Il n'a pu être si complétement anéanti qu'un seul chapiteau, un seul tambour de colonne, ne soit demeuré gisant à terre.

J'ai toujours été frappé de l'existence de huit fragments de colonnes ioniques, dont le travail et le style annoncent encore une belle époque de l'art. Il y en a trois auprès du mur pélasgique, deux auprès du plateau du temple, trois autres un peu plus haut, vers le Parthénon. Leur longueur est, en moyenne, d'un mètre quarante-cinq centimètres. Leur diamètre est semblable, en tenant compte toutefois de l'*entasis* qui le fait varier de cinquante-cinq à cinquante-sept centimètres, et ce n'est pas la preuve la moins concluante de leur noble origine que le renflement du galbe. En supposant que les colonnes eussent, selon la règle assez vague de l'ionique, huit diamètres et demi ou neuf diamètres avec la base et le chapiteau, elles arrivent à un peu plus de cinq mètres, ce qui n'excède nullement la proportion d'un petit temple.

D'autre part, si l'on examine attentivement une série de chapiteaux ioniques entassés sur le mur oriental du péribole de Diane, on en remarquera deux, que font d'autant mieux ressortir la médiocrité ou la barbarie des autres. Ils ressemblent aux chapiteaux de l'Érechthéion, sans avoir la même élégance dans les courbes, la même pureté de moulures, la même finesse de sentiment. Le tailloir est orné d'un rang d'oves; le tore est formé également par un entrelacs; les coussinets portent des rangs de perles : mais le travail du marbre est moins parfait. La largeur du tailloir[1] est de quatre-vingt-deux centimètres, proportion en rapport, si j'en crois encore la règle, avec le diamètre des colonnes dont je parlais il y a un instant; un peu plus forte cependant que la proportion de l'Érechthéion.

---

[1] Au-dessus de ces chapiteaux sont déposés, en outre, des morceaux de volutes brisées.

Enfin, en montant vers le Parthénon, on découvre parmi des fragments grecs, romains, byzantins, turcs, encastrés pêle-mêle dans un quatrième mur, de charmants ornements ioniques, sculptés avec délicatesse, qui, par leur style, ont avec les chapiteaux un air de famille. Je citerai particulièrement des rais de cœur, trop petits pour avoir appartenu à l'Érechthéion. Ces différents morceaux, trouvés à des endroits différents, quoique dans la même région, se rattachent-ils à un même temple? C'est ce qu'un architecte aurait seul le droit de décider. Ce temple était-il celui de Diane? Cette seconde question, la première étant affirmativement résolue, serait immédiatement éclaircie par des fouilles qui permettraient de comparer le plan du monument et son élévation supposée.

Pour moi, je me permettrai seulement ici d'émettre le vœu qu'on rapproche quelque jour ces éléments dispersés, qu'un des architectes de l'Académie de Rome les analyse, pendant son séjour à Athènes, avec cette science et ce goût qui ont conduit ses prédécesseurs à de si beaux résultats ; et, si son jugement justifie mes pressentiments, qu'on relève à leur place ces deux ou trois colonnes oubliées aujourd'hui et dédaignées. L'Acropole s'embellira d'une nouvelle ruine, et le voyageur ne cherchera pas en vain les traces du temple de

Diane. Ce ne serait pas non plus une étude stérile pour l'art que de comparer à l'Érechthéion un monument postérieur de peu d'années, comme l'indique le caractère des fragments. L'histoire est loin de contredire cette supposition, puisqu'elle nous apprend que la statue de la déesse [1] était l'œuvre de Praxitèle.

Dans l'enceinte consacrée à Diane, on a trouvé des débris d'animaux en marbre [2]. Il en est un assez curieux, non par sa beauté, mais par sa conservation : c'est un petit ours assez gentiment assis. Les chasseurs consacraient aussi leurs offrandes, pour se recommander à la protection de la déesse, ou la remercier de les avoir sauvés du danger. C'est ce qu'atteste un petit bas-relief où l'on voit un cavalier courir sus à un sanglier [3].

Immédiatement après le temple de Diane, Pausanias cite le cheval *Durien* [4], colosse [5] en bronze

---

[1] Πραξιτέλους μὲν τέχνη τὸ ἄγαλμα. (Paus., *Att.*, XXVIII.)

[2] Ils sont aujourd'hui déposés sous le petit portique des Propylées.

[3] Trouvé dans le même endroit; aujourd'hui dans la Pinacothèque.

[4] Δούρειος ou δούριος ἵππος, de δόρυ, δουρὸς, bois, est le nom par lequel toute l'antiquité grecque désignait le cheval de Troie. *Voy.* la nouvelle édition du *Thesaurus*, s. v. Δούρειος.

[5] Ἵππων ὑπόντων μέγεθος ὅσον ὁ Δούριος. (Aristoph., *Ois.* 1128.) Le scoliaste ajoute : Ἐν Ἀκροπόλει δὲ χαλκοῦς ἵππος ἀνέκειτο

fait à l'imitation du cheval de Troie On voyait même sortir de ses flancs Teucer, Ménesthée et les deux fils de Thésée[1]. En choisissant ces héros, les artistes avaient plutôt songé à flatter l'orgueil athénien qu'à suivre fidèlement le récit des poëtes.

Le piédestal du colosse existe encore et à peu de distance, en effet, du temple de Diane. Deux des grands blocs de marbre pentélique qui le composaient sont restés; par un heureux hasard, ce sont ceux précisément sur lesquels l'inscription est gravée. Sans le scoliaste d'Aristophane on eût ignoré toujours quelle offrande remarquable supportait ce piédestal. Car les noms du donataire et de l'artiste y sont seuls rappelés; il n'y est point question du cheval Durien. Mais le scoliaste[2] nous avertit que l'inscription écrite sur la base était ainsi conçue : « Chérédème, « fils d'Évangélus de Cœlé, m'a consacré. » C'est

---

κατὰ μίμησιν τοῦ Ἰλιακοῦ. — Le cheval Durien fut donc consacré avant l'époque où l'on jouait les *Oiseaux*, c'est-à-dire avant la première année de l'expédition de Sicile.

[1] Καὶ Μνεσθεὺς καὶ Τεῦκρος ὑπερκύπτουσιν ἐξ αὐτοῦ, προσέτι δὲ καὶ οἱ παῖδες τοῦ Θησέως. (Paus., XXIII.)

[2] Ἀνέκειτο γὰρ ἐν Ἀκροπόλει Δούριος ἵππος, ἐπιγραφὴν ἔχων· " Χαιρέδημος Εὐαγγέλου ἐκ Κοίλης ἀνέθηκε. » (*Ois.* 1128.)

ce qu'on y lit effectivement[1] et de plus la signature du sculpteur, qui s'appelait *Strongylion*. On citait de lui, dans l'antiquité[2], une Amazone dont les jambes étaient si belles qu'on l'avait nommée *Eucnémon*. Néron la faisait porter à sa suite dans ses voyages. Strongylion avait fait encore une statue d'enfant dont le second Brutus était grand admirateur, si bien qu'on lui donna dès lors son nom.

On montrait, à Mégare[3], la Diane de Strongylion parmi les douze Dieux, ouvrage de Praxitèle. Il avait fait encore trois des neuf Muses qui décoraient l'Hélicon.

Le cheval Durien avait-il été placé dans l'enceinte de Diane Brauronia, parce qu'aux fêtes de la déesse les rhapsodes avaient coutume de chanter l'Iliade[4]? — Cette explication ne me paraît

[1] ΧΑΙΡΕΔΕΜΟΣΕΥΑΛΛΕΛΟΕΚΚΟΙ
LΕΣΑΝΕΘΕΚΕΝ
    ΣΤΡΟΛΛΥLΙΟΝΕΠΟΙΕΣΕΝ

[2] Strongylion Amazonem, quam ab excellentia crurum *Eucnemon* appellant, ob id in comitatu Neronis principis circumlatam. Item fecit puerum quem amando Brutus Philippensis cognomine suo illustravit. (Plin., XXXIV, cap. 19, § 32.)

[3] Paus., *Att.*, XL, et *Bœot.*, XXX. *Voy.* sur Strongylion l'article de M. Ross, *Journal des Savants*, août 1841.

[4] Hésych., Βραυρωνίοις.

pas tout à fait satisfaisante [1] ; il y a vraisemblablement une raison que nous ignorons [2].

« Les statues qui suivent le cheval Durien, » dit Pausanias [3], « sont celles d'Épicharinus, vain« queur à la course armée : elle est de Critias. » — Ou plutôt de *Critios* et de *Nésiotès*, pouvons-nous ajouter; car le piédestal d'Épicharinus existe encore, et on y lit le nom de ce sculpteur célèbre [4], que nous rencontrons pour la troisième fois dans l'Acropole.

« OEnobius, » continue Pausanias, « rendit un « grand service à Thucydide en faisant passer le « décret qui le rappelait d'exil. » Cette réflexion [5] est faite évidemment devant l'image d'OEnobius.

---

[1] Elle est de M. Ulrichs, cité par Raoul-Rochette. *Journ. des Sav.*, décembre 1851, page 7.

[2] Il y avait à Delphes également un cheval Durien consacré par les Argiens. (Paus., *Phoc.*, IX.)

[3] Ἀνδριάντων δὲ ὅσοι μετὰ τὸν ἵππον ἑστήκασιν, Ἐπιχαρίνου μὲν ὁπλιτοδρομεῖν ἀσκήσαντος τὴν εἰκόνα ἐποίησε Κριτίας.

[4] ΕΠΙ[Χ]ΑΡΙΝΟΣ[ΑΝΕΘΕΚ]ΕΝΗΟΠ[ΛΙΤΟΔΡΟΜΟΣ
ΚΡΙΤΙΟΣ[Κ]ΑΙΝΕΣΙΟΤΕΣΕΠΟ[ΙΕΣΑΤ]ΕΝ

M. Pittakis a lu le premier le nom d'Épicharinus un peu effacé. M. Ross a restitué l'inscription. *V.* M. Le Bas, *Inscript.*, n° 39.

[5] Οἰνοβίῳ δὲ ἔργον ἐστὶν εἰς Θουκυδίδην τὸν Ὀλόρου χρηστόν· ψήφισμα γὰρ ἐνίκησεν Οἰνόβιος κατελθεῖν εἰς Ἀθήνας Θουκυδίδην. (Ibid.)

Sans trop de pénétration, on pourrait croire que Thucydide lui-même avait ainsi témoigné sa reconnaissance. Il paraît qu'avant la révolution grecque on lisait sur un piédestal[1] qui a, dit-on, disparu depuis, le nom de Thucydide, fils d'Olorus.

Auprès de ces statues étaient encore celles d'Hermolycus le Pancratiaste (qu'il ne faut pas confondre avec le fils de Diitréphès) et de Phormion, bon général, qui, avant de conduire les Athéniens à la guerre, exigeait qu'ils payassent ses dettes, et ils les payaient.

Il y avait quelque part dans l'Acropole un bélier[2] gigantesque qui prêtait aux plaisanteries des poëtes comiques. Comme Platon le compare au cheval Durien, ces deux colosses n'étaient-ils pas dans le même lieu?

Tout l'espace qui entoure le cheval Durien est couvert d'énormes fragments des Propylées lancés au loin par l'explosion, de piédestaux où se voient encore les empreintes des pieds et le bronze du scellement, de morceaux de marbre qui n'ont plus de forme ni de nom. On remarquera cependant des

---

[1] V. l'*Anc. Ath.* de M. Pittakis, pag. 272.
[2] Ἦν ἐν τῇ Ἀκροπόλει κριὸς ἀνακείμενος μέγας, χαλκοῦς· ἀσελγοκέρων δὲ αὐτὸν εἶπε Πλάτων ὁ Κωμικὸς διὰ τὸ μέγαν εἶναι καὶ συναριθμεῖ αὐτῷ τόν γε Δούριον ἵππον. (Hesych., Κριὸς ἀσελγοκέρως.)

demi-colonnes en marbre de l'Hymette, sans cannelures, d'une dimension assez forte et qui servaient de base à quelque offrande.

A droite, près de l'angle rentrant des Propylées et contre le mur pélasgique, on voit une statue sans piédestal et hors de place qu'on a simplement redressée. Elle est en marbre de Paros et représente une femme debout, plus grande que nature, contre laquelle se presse un enfant nu. La tête et les bras de la femme sont brisés; mais il est facile de reconnaître que le bras droit, allongé le long du corps retenait l'enfant, tandis que le bras gauche, replié sur lui-même, disposait, par un geste familier aux matrones romaines, les plis du voile qui couvrait la tête. Le bas de ce voile tombait sur les épaules : c'est ce qui en indique l'existence, bien que la tête ait disparu.

Le mérite de cette sculpture est très-contestable. Malgré une certaine largeur dans la chute de la tunique qui semble copiée sur les Caryatides de l'Érechthéion, l'exécution a quelque chose de grossier, et le torse présente des défauts de tout genre : il manque non-seulement d'étude mais de proportion. C'est le travail, ou d'une époque de décadence, ou d'un artiste médiocre. Quant au sujet de ce groupe, l'esprit songe naturellement à Pandrose et à Érechthée; le voile, symbole du sacerdoce de Pandrose, justifie cette supposition. Nous la retrouverons ainsi représentée sur le fronton et sur une des métopes du Parthénon. Il faut dire, cependant, qu'une statue de Pandrose aurait mieux sa place dans l'enceinte de l'Érechthéion et que le poids de ce marbre ne permet pas de croire que les modernes l'aient transporté de si loin.

Auprès de la statue, on a trouvé un autre fragment de sculpture [1]. Ce sont deux seins, dont l'un est découvert; d'une opulence de formes exagérée par l'isolement, et qui disparaissait sans doute dans l'ensemble. Il y avait donc là une seconde statue plus grande que nature, une sœur de Pandrose, peut-être.

Les fouilles ont encore découvert, vers l'extrémité de la terrasse de Diane Brauronia, différents piédestaux, qui portent des noms de femme, mais que leur dimension ne permet pas de rapprocher des sculptures dont je viens de parler. Sur l'un on lit le nom de *Phidostrate* [2], prêtresse d'Aglaure et fille d'Étéocle, du dème Æthalides; sur

---

[1] Déposé aujourd'hui dans le vestibule des Propylées.

[2] ΑΓΛΑΥΡΟΥΙΕΡΕΑΦΕΙΔΟΣΤΡΑΤΗ
ΕΤΕΟΚΛΕΟΥΣΑΙΘΑΛΙΔΟΥΘΥΓΑΤΗΡ

*V*. M. Le Bas, *Insc*., n° 61.

L'ouvrier qui gravait cette inscription a omis l'ι de ἱερεία.

l'autre, le nom de *Stratonice* [1], prêtresse de Minerve Poliade, fille de Nicandre, du dème de Collyte.

Enfin, un bas-relief découvert dans le même endroit n'appartient point, c'est évident cette fois, à l'enceinte de Diane Brauronia. Il représente ce sujet, tant de fois répété en tête des inscriptions honorifiques : Minerve tenant la Victoire dans sa main et appuyant à terre son bouclier, le serpent Érechthée se dressant devant la déesse [2]. Quand une inscription a trait à l'administration des revenus sacrés, à une récompense décernée par un décret, à quelque fonction qui se rattache au culte, on voit souvent apparaître ce sujet, comme aujourd'hui les vignettes en tête de nos imprimés. Il y en a une foule dans le musée de la Pinacothèque, et, sous le bas-relief dont il est ici question, le mot d'*archonte* est, en effet, le premier que l'on distingue. Il est vraisemblable que les marbres de ce genre étaient placés dans un lieu particulièrement consacré à Minerve.

[1] ΑΘΗΝΑΣΠΟΛΙ[ΑΔΟΣΙΕΡΕΙΑΣΤΡΑ]
ΤΟΝΙΚΗΝΙΚΑΝΔΡΟΥ[ΚΟΛΛΥ]
ΤΕΩΣΘΥΓΑΤΗΡ....κ. τ. λ.

'Εφημ. ἀρχ. (Page 285.) Mais l'inscription ne s'y trouve pas restituée. *V.* aussi M. Le Bas, *Inscr.*, n° 18.

[2] 'Εφημερὶς ἀρχ., p. 318.

Si l'on remonte du bas de la terrasse jusqu'à la plate-forme de roche taillée qui sert d'avenue au temple, on aperçoit près de la voie principale deux petites colonnes adossées au mur oriental. Elles ont été trouvées à peu de distance, brisées en plusieurs morceaux. On les a relevées, et, par une fâcheuse inspiration, on leur a donné des bases byzantines. Or, ces colonnes sont tout à fait archaïques, d'un travail assez grossier, terminées par une façon de chapiteau à peine équarri. On comprend combien paraissent singulières les bases sur lesquelles on les a exhaussées. Le pis, c'est qu'on les a scellées exactement sur le rocher, et que l'herbe, en croissant tout autour, leur donne une apparence d'antiquité.

Sur ces deux colonnes, qui portaient de petites statues, sont gravés en caractères archaïques les noms des donataires. Sur le chapiteau de l'une [1], c'est *Timothée* l'Anaphlystien ; dans la longueur de l'autre sont écrites deux lignes verticales, d'une époque plus ancienne encore et voisine des guerres médiques [2] : « Éortios et Opsiades ont « consacré cette offrande à Minerve. »

[1] ΤΙΜΟΘ[Ε]ΟΣ
ΑΝΑΦΛΥΣΤΙΟ[Σ]

[2] ΕΟΡΤΙΟΣΚΑΙΟΦΣΙΑΔΕΣΑΝΕΘΕΤΕΝ
ΑΠΑΡΧΕΝΤΑΘΕΝΑΑΙ

CHAPITRE XI. 307

Je ne parle point d'une table en marbre qui se trouve auprès de ces stèles : bien qu'elle soit décorée d'un quadrige et de deux couronnes, c'est une simple inscription, et non un monument d'art. De l'autre côté, il y a une inscription d'époque romaine en l'honneur de Thémistocle [1], fils de Thémistocle. On voit plus loin cinq fragments de draperie, qui n'ont rien de remarquable : un d'eux appartient à une statue de femme colossale.

Pour passer de la terrasse de Diane sur la terrasse supérieure, il faut regagner la route des Propylées au Parthénon. Le mur qui sépare ces deux niveaux n'est nulle part interrompu par un passage ou par un escalier. La promenade de Pausanias dans l'angle sud-ouest de l'Acropole paraît se terminer avec son vingt-troisième chapitre, si du moins les divisions de son ouvrage ont quelque fondement. En passant d'une enceinte à l'autre, il note le groupe de Minerve [2], frappant le

[1] ΗΕΞΑΡΕΙΟΥΠΑ[ΓΟΥ
ΒΟΥΛΗΚΑΙΗΒΟΥ[ΛΗΤΩΝ
ΠΕΝΤΑΚΟΣΙΩΝ[ΚΑΙΟΔΗ
ΜΟΣΟΑΘΗΝΑΙΩΝ
ΘΕΜΙΣΤΟΚΛΕΑΤΟΝ
ΘΕΜΙΣΤΟΚΛΕΟΥΣ κ. τ. λ.

[2] Ἐνταῦθα Ἀθηνᾶ πεποίηται τὸν Σειληνὸν Μαρσύαν παίουσα,

silène Marsyas, parce qu'il a ramassé les flûtes qu'elle avait jetées, pour qu'on ne s'en servît jamais. Son entrée dans une nouvelle région est indiquée par cet avertissement indirect, glissé dans sa description : « Au delà [1] des objets que je viens « de nommer, on voit le combat de Thésée, « etc., etc. »

ὅτι δὴ τοὺς αὐλοὺς ἀνέλοιτο, ἐρρίφθαι σφᾶς τῆς Θεοῦ βουλομένης.
(Paus., XXIV.)

Ce sujet est représenté sur une médaille d'Athènes (*V*. Brönstedt, 1<sup>re</sup> liv., p. 188), et sur un bas-relief publié par Stuart (édit. franç. t. II, pl. 17.)

[1] Τούτων πέραν, ὧν εἴρηκά ἐστιν... κ. τ. λ. (Ibid.)

# CHAPITRE XII.

ENCEINTE DE MINERVE ERGANÉ.

La terrasse qui s'élève au-dessus de celle que je viens de décrire, présente exactement les mêmes dispositions. Bornée au sud par le mur de Cimon, à l'est par le péribole du Parthénon, à l'ouest par le péribole du temple de Diane, elle l'est au nord par la voie principale, qui conduit des Propylées au Parthénon. Je n'ai pas retrouvé les restes du mur qui l'en séparait; mais sa position est déterminée par l'extrémité des deux murs qu'il coupait à angle droit. Le sol est aussi divisé en deux parties bien distinctes : l'une, à l'occident, qui va en pente et ne montre que le rocher brut; l'autre, à l'orient, où le rocher est taillé et forme un plateau uni. Cette conformité de plan annonce-t-elle une destination analogue? Faut-il placer également ici un petit temple sur la plate-forme supérieure? C'est ce qu'à défaut de ruines les textes anciens peuvent seuls nous autoriser à croire. Je reprends la suite du récit de Pausanias [1].

« Au delà des objets que je viens de décrire, on
« voit le combat de *Thésée* [2] contre le Minotaure,
« soit que ce fût un homme, soit que ce fût un
« monstre, opinion qui a prévalu. Les femmes, en
« effet, même de mon temps [3], ont enfanté des
« monstres bien plus extraordinaires. Puis c'est
« *Phrixus* qui sacrifie à... Jupiter Laphystien le
« bélier qui l'a transporté à Colchos. Après avoir
« coupé les cuisses, selon l'usage des Grecs, il les
« regarde brûler [4]. Ensuite se présentent d'autres
« sujets : *Hercule* étranglant les serpents, *Minerve*
« sortant de la tête de Jupiter, et un *Taureau*, of-
« frande de l'Aréopage. A quelle occasion cette of-
« frande? On ferait, si l'on voulait, beaucoup de
« conjectures [5]. J'ai déjà remarqué que les Athé-

---

[1] *Att.*, ch. XXIV.

[2] *Voy.* Millin, *Galer. myth.*, t. II, planche 131.

[3] Τέρατα γὰρ πολλῷ καὶ τοῦδε θαυμασιώτερα καὶ καθ' ἡμᾶς ἔτεκτον γυναῖκες. (Paus., *ibid.*)

[4] Τοὺς μηροὺς κατὰ νόμον ἐκτεμὼν τῶν Ἑλλήνων ἐς αὐτοὺς καιομένους ὁρᾷ.

[5] L'histoire curieuse que raconte Porphyre donnera l'expli-

« niens attachent plus d'importance que les autres
« peuples à tout ce qui concerne le culte des
« dieux.

« Les premiers [1], ils ont donné à Minerve le
« surnom d'*Ergané*; les premiers, ils ont imaginé
« des Hermès sans membres; auprès de ces Her-
« mès, il y a dans le *temple* le Génie des *travaux*
« *utiles.* »

Ainsi l'existence d'un temple est déjà un fait
certain. A qui ce temple était-il consacré? C'est ce
qu'il est aisé de démêler sous les expressions un
peu confuses de Pausanias. D'abord ce n'est pas
au Génie, puisque l'emploi de l'article défini
« dans le temple » prouve que Pausanias croit
en avoir parlé. Il ne sera pas non plus consacré
aux Hermès, divinités de troisième ordre que l'on
plaçait le long des rues, comme nous posons nos

cation de cette offrande. (*Voy.* Clavier, *Hist. des prem. temps
de la Grèce*, I, 142 à 146.)

Le taureau de l'Aréopage me rappelle la vache de *Myron*,
d'une vérité si grande qu'un veau accourut un jour la teter.
C'est toujours l'anecdote des raisins de Zeuxis et du rideau
de Parrhasius. Les Grecs ont abusé de ce thème. L'œuvre de
Myron était dans l'Acropole. (*Voy.* Tzetzès, *Chil.* VIII, 184.)
C'était une offrande de Lysias. (*Voy.* le *Recueil de Prov. grecs*,
Βοῦς ἐν πόλει.)

[1] Πρῶτοι μὲν γὰρ Ἀθηνᾶν ἐπωνόμασαν Ἐργάνην, πρῶτοι δ' ἀ-
χώλους Ἑρμᾶς· ὁμοῦ δέ σφισιν ἐν τῷ ναῷ Σπουδαίων Δαίμων
ἐστίν.

bornes, et comme les Romains posaient le bon dieu Terme au bord de leurs champs. Est-il, du reste, dans les usages antiques de répéter trois ou quatre fois dans le même sanctuaire l'image du Dieu ?

Du moment que Minerve est présente, elle seule peut être la souveraine du temple et donner l'hospitalité à des divinités d'un ordre inférieur. Il y a, en outre, dans cette réunion une même idée, une unité philosophique, ou pour mieux dire morale, que l'on ne saurait méconnaître. Minerve *ouvrière*, entourée des Dieux de l'industrie et du Génie qui inspire l'amour du travail, c'était un des plus respectables sanctuaires du paganisme. « Il y avait « dans la citadelle d'Élis un temple de Minerve. « Sa statue d'or et d'ivoire était attribuée à Phi- « dias. Un coq surmontait son casque. » — « Cet « oiseau, » ajoute Pausanias [1], « pourrait bien être « consacré à Minerve Ergané. » Si on lui élevait des temples dans d'autres parties de la Grèce, comment n'en aurait-elle pas eu à Athènes, la ville des arts par excellence, qui la première l'avait saluée du nom d'Ergané ?

Pausanias, entraîné par la suite de son récit, ne dit point en termes précis qu'il est devant le temple de Minerve. Mais au moment où il parle

---

[1] Δύναιτο δ' ἂν καὶ Ἀθηνᾶς τῆς Ἐργάνης ἱερὸς ὁ ὄρνις νομίζεσθαι.
(*Elid.*, II, 26.)

de la piété des Athéniens, il l'aperçoit, et, trouvant une preuve nouvelle de ce qu'il avance, il oublie de décrire ce qui rentre si à propos dans le développement de sa pensée. Combien de fois ne lui arrive-t-il pas de ne nous indiquer un monument que par une réflexion ?

Comme le texte de Pausanias n'a pas toujours été compris de cette manière, je n'ose dire que c'est le sens le plus naturel, le seul qui soutienne un examen attentif : aucun autre du moins ne s'était présenté à mon esprit, même lorsque j'ignorais qu'il avait été déjà adopté par MM. Ross, Ulrichs, Raoul-Rochette[1]. Ce qui recommande une interprétation, ce n'est pas sa nouveauté ; c'est, au contraire, le consentement général qui l'a sanctionnée.

Ainsi autorisés à chercher les traces d'un temple sur la seconde terrasse, nous ne pouvons nous diriger que vers le plateau supérieur dont la surface est seule propre à recevoir un édifice. La partie septentrionale est à moitié occupée par une citerne moderne qui a détruit le sol antique. L'autre moitié est couverte de piédestaux très-importants dont il sera question tout à l'heure. La réunion des nombreuses assises qui les composaient prouve qu'ils sont restés, sauf un léger dérangement, à leur place antique. La partie

[1] *Journ. des Savants*, décembre 1851, pag. 745-746.

méridionale du plateau est libre, au contraire.
Dans l'angle sud-est, au-dessous du péribole du
Parthénon qui se recule, comme si on avait voulu,
en le construisant, respecter un édifice plus ancien, on remarque un espace parfaitement aplani :
quelques herbes et une mince couche de terre le
recouvrent. Mais au milieu, de grandes dalles très-
soigneusement ajustées [1] apparaissent à nu et suppléent au rocher, qui manque en cet endroit.
Quelques assises reposent sur le sol : les unes en
tuf, appartiennent au péribole du Parthénon, et
sont tombées du mur; les autres, en pierre calcaire, d'une dimension plus grande, ont formé les
substructions d'un édifice [2]. Sont-ce les restes du
temple de Minerve Ergané? Est-ce l'emplacement
du temple? On ne peut rien affirmer avec certitude. Mais, de même que pour Diane Brauronia,

---

[1] Elles ne se continuent pas jusqu'à la citerne. J'ai fait fouiller de ce côté en différents endroits, et j'ai trouvé, ou le rocher, ou de grands tambours de colonne mis au rebut lors de la construction du Parthénon, et disposés à plat, pour supporter le dallage, qui a disparu en partie.

[2] Plusieurs de ces pierres sont ajustées ensemble et paraissent un débris de mur antique. Je me suis assuré que leur réunion était cependant l'œuvre des modernes. Quelques coups de pioche ont découvert, sous ce premier rang d'assises, des fondations composées de petites pierres. Toute cette partie de l'Acropole est remplie de constructions récentes, faites avec des matériaux anciens.

la vue des lieux a quelque chose d'assez persuasif. Il faut ajouter, du reste, qu'il n'y a de place que pour un petit temple[1] : ce serait un argument de plus. Voisin du mur du sud, il était aperçu de la ville basse, comme tous les monuments de ce côté de l'Acropole, qui semblent avoir été placés ainsi à dessein.

Dans le même endroit on a trouvé en 1839 la base d'une statue de Minerve Ergané[2]. Cette découverte n'aurait rien de décisif, si l'on ne pouvait y joindre quatre dédicaces du même genre[3].

[1] Peut-être faut-il rapporter au temple de Minerve Ergané divers éléments d'un petit édifice dorique, dispersés çà et là dans l'enceinte.

[2]
```
ΦΙΛ]ΗΜΩΝ
ΙΦΙ]ΚΛΕΟΥΣ
ΟΙ]ΝΑΙΟΣ
ΑΘ]ΗΝΑΑΙ
ΕΡ]ΓΑΝΕΙ
Α]ΝΕΘΗΚΕΝ
```
(Ἐφημερὶς ἀρχαιολογική, pag. 348.)

L'Ἐφημερίς lit à tort Ἀθηναῖος à la troisième ligne. C'est toujours le nom du dème qui suit les noms propres.

[3] Trois de ces inscriptions, transportées dans le Musée des Propylées, doivent être rapportées à l'enceinte de Minerve Ergané. Ce sont des fragments où on lit distinctement le nom d'Ergané. (Voy. le *Voyage archéol.* de M. Le Bas, *Inscriptions*, tom. I<sup>er</sup>, nos 25, 26, 27.) Voici, d'après l'estampage de M. Le

Devant la citerne qui occupe le sommet du plateau, on voit un certain nombre de dés en marbre dont les dimensions et le travail sont semblables. Les uns, en marbre pentélique, portent des inscriptions où les mêmes caractères et les mêmes noms se retrouvent. Les autres, en marbre de l'Hymette, sont complétement lisses. Ils servaient de soubassement aux statues et à leur piédestal. Toutes ces assises formaient jadis un ensemble assez considérable et une vaste base sur laquelle s'élevaient les statues d'une famille entière[1], famille

---

Bas, une autre inscription trouvée entre le Parthénon et le mur méridional de l'Acropole.

> Χερσί τε καὶ τέχναις ἔργων τόλμαις τε δικαίαις
> Θρεψαμένη τέκνων γενεὰν ἀνέθηκε Μέλιννα
> Σοὶ τήνδε μνήμην, θεὰ Ἐργάνη, ὧν ἐπόνησεν
> Μοῖραν ἀπαρξαμένη κτεάνων, τιμῶσα χάριν σήν.
>                                     (Ibid., n° 24.)

[1] N° 1.

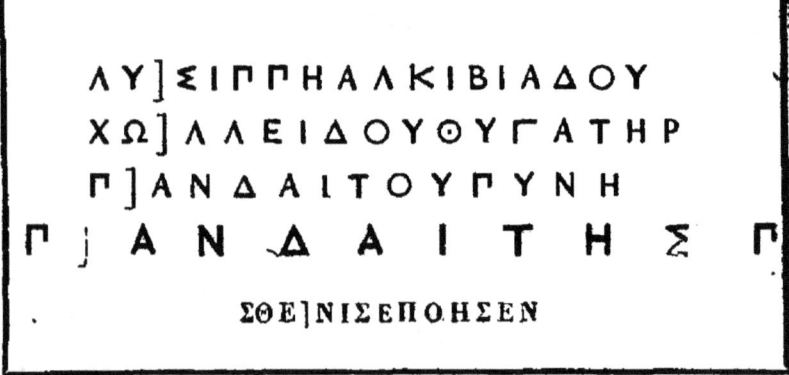

L'Ἐφημερίς donne à tort ΕΝΝΙΣ pour le nom de l'artiste ; les premières lettres ΕΝ n'existent pas.

obscure s'il en fut, mais qui mit une singulière persistance à immortaliser son nom. Trois et quatre générations figurent à la suite les unes des autres. Maris et neveux s'empressent à l'envi d'élever des statues à leurs femmes et à leurs mères. On dirait, à voir l'aïeule, la fille et la petite-fille réunies dans l'enceinte de Minerve Ergané, que les vertus qu'elle inspire aux femmes devenaient héréditaires dans la famille de Lysippe, de Timo-

N° 2.

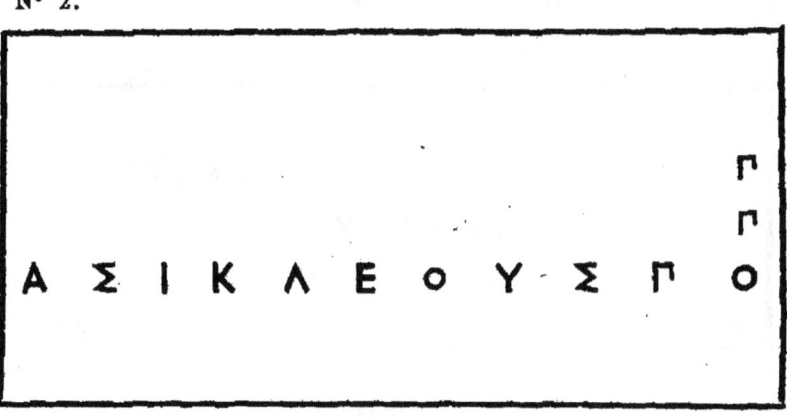

Cette base attendait une statue, qui n'a jamais été posée, et le complément de l'inscription.

N° 3.

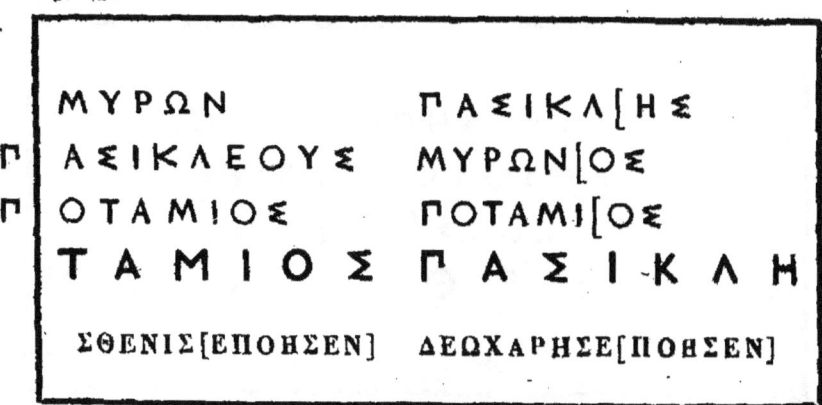

trata et d'Aristomaché. Les statues de Myron et de Pasiclès, père de Timostrata, figuraient auprès de ces trois femmes. Le grand piédestal en attendait d'autres. Mais des malheurs publics ou domestiques, la mort, peut-être, qui éteint les familles au faîte de leur prospérité, ne permirent pas que le monument fût jamais complété. C'étaient assurément de riches particuliers que ceux qui employaient des artistes comme Léocharès et Sthénis, Léocharès surtout, le rival de Scopsa

N° 4.

```
ΤΙΜΟΣΤΡΑΤΗΓΑΝΔΑΙΤΟΥ
ΠΡΟΣΠΑΛΤΙΟΥΘΥΓΑΤΗΡ
ΠΑΣΙΚΛΕΟΥΣΓΥΝΗ
ΣΜΥΡΩΝΟΣΤΟΠΑΜΙ
              ΛΕΩΧΑΡΗΣΕΠ[ΟΗΣΕΝ]
```

Ce fragment a été retrouvé plus récemment.

N° 5.

```
ΑΡΙΣΤΟΜΑΧΗΠΑΣΙΚΛΕΟ[ΥΣ
ΠΟΤΑΜΙΟΥΘΥΓΑΤ[ΗΡ
ΕΧΕΚΛΕΟΥΣ[ΓΥ]Ν[Η
ΟΣΑΝΕΘ[Η]Κ[ΕΝ
```

*Voy.* M. Le Bas, *Inscript.*, n°s 48, 49, 50, 51. Est-il besoin

et de Bryaxis, avec lesquels il sculptait la frise du tombeau de Mausole [1], l'auteur du Jupiter Tonnant [2] que l'on admirait plus tard au Capitole, de l'Apollon au diadème, du Ganymède dont nous avons peut-être une copie au Vatican.

Pline le place [3] vers la cent deuxième olympiade, ce qui s'accorde très-bien avec le caractère des inscriptions. Quant à Sthénis, dont le Jupiter, la Cérès, la Minerve, décoraient à Rome le temple de la Concorde [4], il était beaucoup plus jeune que Léocharès, puisque Pline le classe douze olympiades après lui. Il cite, parmi ses ouvrages, des femmes qui pleurent [5], qui prient, qui offrent des sacrifices. Ne serait-ce pas la famille de Pasiclès et de Myron qui fut emportée à Rome dès le règne

de faire remarquer que la dédicace en grandes lettres se suit d'une assise sur l'autre ?

[1] Scopas habuit æmulos eadem ætate Bryaxin, et Timotheum, et Leocharem... (Plin., XXVI, 4, 18.)

[2] Leochares aquilam sentientem quid rapiat in Ganymede et cui ferat, parcentem unguibus etiam per vestem... Jovemque illum Tonantem in Capitolio ante cuncta laudabilem : item Apollinem diadematum. (Plin., XXXIV, c. 19, § 29.)

[3] Ibid., c. 19, § 40.

[4] Sthenis Cererem, Jovem, Minervam fecit, qui sunt Romæ in Concordiæ templo. (Ibid., 19, § 40.)

Voyez l'article de M. Schöll. *Archäologische Mittheilungen aus Griechenland*, I, pag. 127.

[5] Idem flentes matronas, et adorantes. sacrificantesque. (Plin., *ibid.*)

des premiers empereurs, comme la plupart des statues de l'Acropole qui n'avaient point un caractère religieux? La preuve de ce fait est écrite sur leurs piédestaux qui ont été retournés pour recevoir de nouvelles inscriptions et porter des statues romaines : ici César Auguste[1], — là Germanicus César[2], — plus loin l'empereur Trajan[3], puis Adrien[4].

On a dit quelquefois que les Romains, conformément à leur habitude, avaient changé simplement les inscriptions et les têtes des anciennes statues. Ce n'est là qu'une supposition, et rien ne prouve, parmi les sculptures qui restent en Grèce,

[1] ΟΔΗΜΟΣ
ΣΕΒΑΣΤΟΝΚΑΙΣΑΡΑ

« Le peuple, à Germanicus César. » (Derrière le dé n° 1.)

[2] ΟΔΗΜΟΣ
ΓΕΡΜΑΝΙΚΟΝΚΑΙΣΑΡΑ

« Le peuple, à César Auguste. » (Derrière le dé n° 3.)

[3] ΑΥΤΟΚΡΑΤΟΡΑΚΑΙΣΑΡΑΝΕ
ΡΟΥΑΝΤΡΑΙΑΝΟΝΣΕΒΑΣΤΟΝ.κ.τ.λ.

(Dé n° 5.) L'inscription suivante est sur le dé n° 4 :

[4] ΑΥΤΟΚΡΑΤΟΡΑΚΑΙΣΑΡΑΤΡΑΙΑΝΟ
ΝΑΔΡΙΑΝΟΝΣΕΒΑΣΤΟΝ κ.τ.λ.

Le nom de Trajan rappelle un fait sur lequel les historiens sont partagés : l'adoption d'Adrien par Trajan.

# CHAPITRE XII. 321

qu'ils aient fait à Athènes ce qu'ils ont fait à Rome. Nous savons, au contraire, de source certaine [1] que Néron fit enlever une grande quantité de statues pour orner la Maison dorée. Leurs piédestaux restèrent ; il était naturel de les utiliser.

Aussi ne puis-je m'empêcher, partout où je vois une place vide et un nom changé, de reconnaître la main de Secundus Carinas [2] et de suivre par la pensée les statues des maîtres athéniens dans le palais de Néron, dans les Thermes, dans les monuments romains qui s'enrichirent des dépouilles d'Athènes. Qui sait combien de statues figurent aujourd'hui, dans les musées et les villas de Rome, qui ont orné l'Acropole il y a deux mille ans ?

Au sud de ce vaste piédestal commun à toute une famille, il y en avait un autre qui devait occuper aussi une place considérable. Il n'en reste que deux assises en marbre pentélique, d'une grande dimension et qui cependant ne contiennent que trois lettres sur leur face [3]. Il faut dire que ces lettres, d'une forme archaïque, ont plus d'un décimètre de hauteur. Pour peu qu'il y

---

[1] *Voy.* les textes cités au chapitre III.

[2] *Voy.* le même chapitre.

[3]  ΕΚΤ
ΑΝΕΘΕ[ΚΕΝ

Les lettres sont environ vingt-cinq fois plus grandes.

eût seulement, selon l'usage, les noms du donataire, de son père, du dème auquel il appartenait, et le nom de l'artiste, l'on jugera nécessaire de réserver, comme je l'indiquais plus haut, une partie du plateau pour ces deux soubassements.

Je passe sous silence différentes inscriptions romaines [1] d'un médiocre intérêt ; on en a trouvé d'autres dans les fouilles, que je citerai plus volontiers, celles surtout qui ont plus de caractère et plus d'antiquité. Ce n'est point, je crois, une vaine subtilité que de chercher l'art même dans la moulure d'une base, dans l'appareil d'un simple dé en marbre, sans parler des lettres qui ont leur style et leur beauté propre. N'est-ce rien non plus que cette pensée qui nous dit, devant un piédestal du temps de Périclès ou d'Alexandre, qu'il portait un chef-d'œuvre ?

Un des plus curieux et des plus anciens, c'est celui qu'avait consacré *Diphilidès* [2], du Céra-

---

[1] Une statue d'Ænobarbus mérite d'être citée, à cause du nom du sculpteur *Micion*.

ΜΙΚΙΩΝΠΥΘΟΓΕΝΟΥΣΕΠΟΙΗΣΕΝ

('Εφημ. ἀρχ., pag. 474.)

[2] ΔΙΦΙΛΙΔΕΣΕΚΚΕΡΑΜΕΟΝ
ΑΝΕΘΕΚΕ

Le trépied est dessiné dans l'ouvrage de M. Le Bas, planche 7 des *Inscript.*, n° 13.

mique. Au-dessous de l'inscription est gravée une forme de trépied des plus naïves. Était-ce pour conserver la mémoire d'un chorége vainqueur?

D'autres offrandes un peu postérieures étaient celles de *Picon* et d'*Androclès*[1], de *Bromidès* et d'*Hebdomias*[2], ces deux derniers, fils de Leucolophas. J'ai déjà parlé de la statue élevée à Diitréphès par son fils Hermolycus, et exposé les raisons qui la devaient faire reporter auprès des Propylées.

Je citerai encore la statue de Samippus, Éléen, fils de Molossus[3].

[1] ΠΕΙΚΟΝ:ΑΝΔΡΟ[Κ]L[ΕΣ
ΑΝΕΘΕΤΕΝΑΘΕΝΑΙ[ΑΙ

Ἐφημερὶς ἀρχ. (page 341); plus exacte dans les *Ant. hellén.* (pag. 38). *Voy.* M. Le Bas (n° 4).

[2] ΒΡΟΜΙΔΕΣ:ΗΕΒΔΟΜΙΑΣ:LΕΥΚΟLΟΦΙ
ΔΩ:ΑΝΕΘΕΤΕΝ

[3] L'Aréopage la lui avait décernée.

ΗΒΟΥΛΗΗΕΞΑΡΕΙΟΥ
ΠΑΓΟΥΣΑΜΙΠΠΟΝΜΟ
ΛΟΣΣΟΥΗΛΕΙΟΝ

Sur un autre côté de la base, on lit en lettres plus anciennes le nom d'un artiste inconnu, *Strabax*.

ΣΤΡΑΒΑΞΕΠΟΗΣΕΝ

Une autre dédicace nous montre en quel honneur on tenait à Athènes les grandes prêtresses de Minerve Poliade. Leur sacerdoce [1] servait, aussi bien que les magistratures suprêmes, à fixer une date, ou, pour mieux dire, à désigner une époque.

On a trouvé peu de sculptures dans cette partie de la citadelle. Je ne prétends pas ranger dans cette catégorie deux cadrans solaires [2]. Comme ceux de Pompéi, ils sont concaves, et leur concavité a pour mesure le quart d'une sphère. Un fragment de bas-relief présente une Minerve debout, appuyant à terre son bouclier. Ce joli morceau était en tête d'une inscription honorifique ou d'un compte rendu par les administrateurs des revenus sacrés.

Un autre bas-relief, dont l'exécution est fort mauvaise [3], offre quelques détails curieux. Minerve se tient debout derrière un autel ; huit personnages, dont la proportion est de moitié plus petite que celle de la déesse, s'avancent vers elle. Un enfant semble déposer une offrande sur l'autel, au pied duquel on aperçoit un porc. On s'est

[1]  ΕΠΙΙΕΡΕΙΑΣΑΛΕΞΑΝΔΡΑΣ
ΤΗΣΛΕΟΝΤΟΣΕΚΧΟΛΛΕΙΔΩΙΝ

[2] Ces cadrans sont aujourd'hui déposés dans le vestibule des Propylées.

[3] Dans le vestibule des Propylées.

étonné de voir cet animal indiqué par les dessins de Carrey sur la frise des Panathénées. La rapidité avec laquelle l'artiste a esquissé les détails a permis d'en contester l'exactitude. Mais ici, il est impossible d'élever le moindre doute. Le petit porc est certainement la partie la plus soignée et la mieux rendue de cette mauvaise sculpture.

J'oubliais de citer un morceau de marbre pentélique qui n'est pas sans intérêt. C'est un long parallélogramme qui bordait vraisemblablement une des voies de l'Acropole. Cinq trous rectangulaires, semblables à ceux que l'on voit partout sur le rocher, servaient à sceller les stèles. Lorsque le rocher manquait, on y suppléait par des marbres ainsi rapportés, afin que la ligne de décoration ne fût point interrompue.

Si peu de découvertes qu'on ait faites dans le téménos de Minerve Ergané, il ne serait pas impossible que quelques-unes ne dussent être rapportées au téménos du Parthénon. Car le mur qui sépare les deux enceintes n'est pas un mur simple. Il repose sur six degrés taillés dans le rocher, et sur ces degrés, qui regardent l'occident, des offrandes de toute sorte étaient disposées par étages. A laquelle des deux divinités étaient-elles consacrées? Nous l'ignorons, et c'est une question de peu d'importance.

Mais ce qui est plus essentiel pour une connaissance exacte de l'Acropole, c'est de s'assurer qu'un mur isolait complétement l'un de l'autre les deux sanctuaires. Comme ce mur est presque entièrement détruit, on a pu croire que les degrés[1] qui lui servaient de soubassement étaient un escalier pour monter à la plate-forme du Parthénon. Mais si l'on remarque :

1° Les trous rectangulaires qu'on y a taillés pour sceller la base de petits monuments;

2° Le peu de largeur de chaque gradin sur lequel le pied trouve à peine à se poser;

3° La vaste rainure ménagée sur le bord du plateau pour recevoir le premier rang d'assises, rainure semblable en tout point à celle que l'on observe au péribole de Diane;

4° Les assises, qui sont encore en place, tant à l'extrémité septentrionale du plateau, qu'à l'extrémité méridionale, au moment où le péribole fait un coude;

Si, pour justifier ces observations, on réfléchit que l'on n'abordait point d'ordinaire les temples

---

[1] « M. Ulrichs nous a appris qu'il existe au-dessous de la « plate-forme qu'occupe le Parthénon, à laquelle on parvient « par neuf marches taillées dans le roc, un plateau... » (*Journal des Savants*, décembre 1851, page 745).

Je ne sais où M. Ulrichs a pu compter neuf marches. Même en prenant pour un degré les hautes assises, à l'endroit où elles sont restées, on n'arrive qu'au nombre sept.

par leur façade postérieure; que le Parthénon, rempli d'immenses trésors, devait être entouré avec un soin particulier, on se convaincra qu'il n'y avait pas plus de communication entre la deuxième et la troisième terrasse qu'entre la première et la seconde. Chaque sanctuaire était isolé et avait son entrée sur la voie principale.

Il serait bien difficile de distinguer, dans la description de Pausanias, le moment où il sort de l'enceinte de Minerve Ergané, si un piédestal qui est encore à sa place antique, sur la route des Propylées, ne portait le nom de Flavius Conon [1], fils de Conon. L'inscription est d'époque romaine. Mais comme Pausanias vit les statues du grand Conon et de son fils Timothée l'une auprès de l'autre [2], ne serait-il pas possible que celles de

ΤΙΤΟΝΦΛΑΒΙΟΝΚΟΝΩΝΑ
ΚΟΝΩΝΟΣΣΟΥΝΙΕΑ
ΦΛΑΒΙΑΣΟΦΙΑΠΟΠΛΙΟ[Υ
ΛΙΚΙΝΝΙΟΥΑΤΤΙΚΟΥΕΞ[ΟΙ
ΟΥΘΥΓΑΤΗΡΤΟΝΕΑΥΤΗΣ
ΥΙΟΝΚΑΤΑΤΟΝΑΡΕΟΠΑ
ΓΕΙΤΩΝΥΠΟΜΝΗΜΑΤΙΣΜΟΝ

[1] Le nom de dème que je restitue est l'Οἶον Δεκελεικόν. *Voy.* Leake, *Demi of Attica*, p. 191.

[2] Ἐνταῦθα καὶ Τιμόθεος ὁ Κόνωνος καὶ αὐτὸς κεῖται Κόνων. (*Att.*, XXIV.)

leurs descendants fussent à la suite. Nous avions tout à l'heure un exemple frappant de la manière dont se groupaient les familles. Malgré l'addition des prénoms romains, qui devint après la conquête un usage universel en Grèce, le nom des ancêtres se conservait encore. Il n'était même plus nécessaire de faire sauter une génération à chaque nom, puisque le changement des prénoms suffisait à distinguer le père et le fils. Ne fallait-il pas que Flavius Conon appartînt à une illustre famille, pour qu'un décret de l'Aréopage lui décernât une statue ?

Le piédestal est sur la limite de l'enceinte de Minerve. On doit donc encore placer dans l'enceinte l'œuvre du sculpteur Cléœtas [1], si remarquable au jugement de Pausanias, quoiqu'elle fût d'une époque récente. C'était un homme avec un casque sur la tête et dont les ongles étaient en argent.

[1] Ὅστις δὲ τὰ σὺν τέχνῃ πεποιημένα ἐπίπροσθεν τίθεται τῶν ἐς ἀρχαιότητα ἡκόντων, καὶ τάδε ἐστίν οἱ θεάσασθαι· κράνος ἐστὶν ἐπικείμενος ἀνὴρ, Κλεοίτου, καὶ οἱ τοὺς ὄνυχας ἀργυροῦς ἐνεποίησεν ὁ Κλεοίτας. (*Att.* XXIV.)

# CHAPITRE XIII.

### ROUTE DES PROPYLÉES AU PARTHÉNON.

Nous avons suivi jusqu'ici Pausanias dans ses détours. Avant de passer outre et de nous laisser conduire par lui jusqu'à l'entrée du Parthénon, il est nécessaire de jeter un coup d'œil en arrière. Le voyageur ancien, comme l'exigeait une description rapide, ne s'arrête que devant les monuments principaux, et devant les objets d'art qui commandent l'attention par leur antiquité ou leur mérite. Il néglige et les détails et la topographie. Autant que l'état des ruines le permet, j'essayrai de combler quelques lacunes.

La route qui mène des Propylées au Parthénon n'est point, comme son importance pourrait le faire croire, une ligne droite. A peine à son début, elle fait une courbe très-prononcée, et va longer les différentes enceintes qui occupent le sud-ouest de l'Acropole. Jusqu'à ce qu'elle arrive à la hauteur de la façade postérieure du Parthénon, elle monte une pente assez forte qu'on a rendue moins glissante, en coupant de stries la surface du rocher. Elle était bordée, à droite, par une série de stèles et de statues, ainsi que l'attestent les trous de scellement dont j'ai déjà parlé. Du même côté, un large conduit taillé dans le rocher emmenait les eaux pluviales : il est en tout point semblable à ceux qu'on observe dans quelques rues de l'ancienne Athènes, particulièrement derrière le Pnyx. Quant aux ornières creusées par les roues de chars que plusieurs voyageurs ont cru distinguer, je n'en ai découvert aucune trace. J'ai eu l'occasion de réfuter cette erreur en parlant de l'escalier des Propylées [1] et des chars qui figurent sur la frise du Parthénon.

Du côté gauche, la route n'a point de limites précises ; je ne saurais en marquer la largeur. On se demandera plus inutilement encore si le nivellement du rocher est l'ouvrage des Pélasges ou des ouvriers de Périclès. Du moins peut-on présumer, si l'on remonte jusqu'aux premiers siècles d'Athènes, qu'on n'a point couvert plus

---

[1] *Voy.* au chap. V de ce volume.

tard d'un dallage régulier cette surface grossière. Il eût fallu une préparation nouvelle qui n'eût pas manqué de laisser des traces.

Le nombre des statues que signale Pausanias sur cette première partie de la route, est assez restreint. Après celles qui étaient adossées aux colonnes du Propylée intérieur et précédaient Minerve Hygiée, je n'en vois que trois. Je les ai déjà citées : Minerve châtiant Marsyas, Conon et son fils Timothée. Une quatrième, voisine de ces dernières, si je comprends bien les expressions de Pausanias, c'était la Terre suppliant Jupiter de lui accorder de la pluie [1]. La même idée est exprimée par le poëte latin [2]. Seulement, l'union qu'il voit souvent réalisée sous l'heureux climat de l'Italie, la pauvre et sèche Attique l'implore pendant des étés entiers.

Ce sujet, que nous traiterions de froide allégorie, prend sur l'Acropole d'Athènes une réalité singulière. L'Hymette est là, en face ; sur son sommet s'élève l'autel de *Jupiter Pluvieux* [3], cou-

---

[1] Ἔστι δὲ καὶ Γῆς ἄγαλμα ἱκετευούσης ὖσαι τὸν Δία· ἐνταῦθα καὶ Τιμόθεος ὁ Κόνωνος καὶ αὐτὸς κεῖται Κόνων... (XXIV.)

[2] Tum Pater omnipotens fecundis imbribus Æther
Conjugis in gremium lætæ descendit...
( Virg., *Georg.* II, 325.)

[3] Ἐν Ὑμηττῷ δὲ ἄγαλμά ἐστιν Ὑμηττίου Διός· βωμοὶ δὲ καὶ Ὀμβρίου Διός.... (Paus. *Att.*, XXXII.)

ronné par la vaine fumée de continuels sacrifices. Tournée vers l'orient, la statue de la Terre semble appeler les nuages féconds que, seul des monts de l'Attique, l'Hymette sait amonceler sur sa tête. Quand je dis *tournée vers l'orient* ce n'est point une image de fantaisie : car le piédestal de Conon, encore scellé sur le rocher, nous donne ce curieux renseignement. L'inscription et la direction des pieds empreints sur le marbre regardent, non pas l'entrée de l'Acropole, comme cela paraît naturel, mais l'orient ; de sorte que la statue présentait le dos aux visiteurs. Il en est de même du piédestal de Minerve Hygiée. Était-ce une loi générale, et un même mouvement plein d'ensemble tournait-il les statues, comme les temples, vers le soleil levant?

Différentes découvertes qu'on a faites, il y a peu d'années, permettent de suppléer au silence de Pausanias sur la décoration de la moitié de la route. En enlevant les terres qui couvraient le rocher, on a retrouvé de nombreux fragments sans nom et quelques piédestaux. Déjà déplacés, il a fallu les déplacer encore et les grouper çà et là pour dégager le passage. Il est donc indifférent de les citer dans un ordre plutôt que dans un autre. Je commence par les plus anciens.

Une des premières offrandes qui aient été consacrées à Minerve est vraisemblablement celle dont il ne reste que deux mots de la dédicace [1]. Non-seulement les lettres sont d'une forme archaïque, mais l'inscription est gravée de droite à gauche. On distinguait dans le creux des lettres des traces de couleur rouge [2]. C'est ainsi que, dans les galeries du Vatican, on a peint en rouge les inscriptions antiques pour qu'elles fussent lues plus aisément.

A l'est des Propylées, il y avait une statue du sculpteur *Léocharès* [3], que nous retrouvons aussi souvent que Nésiotès. Mais cette fois l'histoire de l'art ne peut rien ajouter à la liste de ses ouvrages, puisque son nom est le seul mot de l'inscription qui ait été épargné.

[1] ....ΘΑΝΑΜΑΙΑΜΞΘΑς....
....οσ Ἀθηναίᾳ μ' ἀνέθ[ηκεν.

[2] *Voyez* les *Antiquités helléniques* de M. Rangabé, page 17.

[3]   ΛΕΩΧΑΡΗΣΕ[ΠΟΙΗΣΕ

(*Voy.* M. Le Bas, n° 154, et l'Ἐφημ. ἀρχ., page 216.)
De même, au sud des Propylées, on a trouvé son nom sans autre indication.

...ΕΞΟ

ΛΕΩΧΑΡ[ΗΣΕΠΟΙΗΣΕ

*Voyez* l'Ἐφημερὶς ἀρχαιολογική, page 546.

Était-ce par flatterie [1], était-ce par reconnaissance pour les magnifiques envois de blé qui leur arrivaient de Thrace, que les Athéniens avaient élevé une statue à *Rhascuporis*, fils du roi Cotys? Un de ses ancêtres avait déjà obtenu le même honneur [2]. C'était, au contraire, un Cotys, fils d'un Rhascuporis. On ignore à quelle époque vivait le sculpteur *Antignote* qui fit la statue. Pline ne l'a point classé; mais le caractère de l'inscription dénote le temps de la domination romaine.

A côté d'un roi barbare, voici une jeune fille [3],

[1] [ΟΔΗΜΟΣ]
ΒΑΣΙΛΕΑΡΑΣΚΟΥΠΟΡΙΝΚΟΤΥΟΣ
ΑΡΕΤΗΣΕΝΕΚΕΝΤΗΣΕΙΣΕΑΥΤΟΝ

ΑΝΤΙ[ΓΝ]Ω[Τ]ΟΣΕΠΟΙΗΣΕΝ

Antignotus et luctatores, perixyomenon, tyrannicidasque supra dictos. ( Plin. XXXVI, 8, 19.) *Voy.* Sillig.

[2] *Voy.* Bœckh, n° 359.

[3] ...Ε ΡΡΗΦΟΡΗΣ[ΑΣΑΝ
Α]ΘΗΝΑΙΠΟΛΙΑ[ΔΙ

('Εφημ., p. 221.)

*Nota.* Je cite surtout le *Journal archéologique* d'Athènes, parce qu'il indique, non pas malheureusement le point exact, mais la région de l'Acropole où un certain nombre d'inscriptions, aujourd'hui déplacées, avaient été retrouvées. Le mal est irréparable.

une enfant dont l'image était admise dans l'Acropole. On appelait *Errhéphores* les jeunes vierges chargées de broder le péplum de Minerve pour chaque Panathénée. Il ne fallait pas qu'elles eussent moins de sept ans ni plus de onze ans [1]. Elles vivaient pendant ce temps dans l'enceinte de l'Érechthéion, sous la surveillance de la grande prêtresse. On s'étonne comment un tel travail et un tel âge pouvaient mériter des statues. Car ce n'est pas un fait isolé, mais on en connaît plusieurs exemples [2].

Nous ignorons complétement l'organisation administrative de l'Acropole, quelle direction présidait à sa décoration, quelle loi décidait de l'admission des titres d'honneur et des statues. En dehors des décrets du sénat et du peuple, qui concernaient les personnages importants, était-ce l'argent qui achetait un terrain dans la citadelle? Était-ce la complaisance des prêtres et des questeurs, qui permettaient à un particulier de consacrer une statue? Les offrandes elles-mêmes n'étaient-elles soumises à aucun contrôle? La piété était-elle libre de profaner par des œuvres gros-

---

[1] En étudiant l'Érechthéion, nous aurons occasion de parler des Errhéphores et du portique des Errhéphores.

[2] *Voy.* les inscriptions du *Voyage archéologique* de M. Le Bas et Stuart, éd. franç., II, pl. III. Dans le second volume de cet ouvrage j'en citerai moi-même.

sières le sanctuaire des arts autant que de la religion? Combien de questions intéressantes qui ne peuvent être résolues!

L'espace compris entre les Propylées et le Parthénon avait perdu de ses chefs-d'œuvre aussi bien que les différentes enceintes. C'est ainsi que nous voyons un certain Alexandre [1] remplacer sur son piédestal Philomèle, fils de Philippide.

Plus loin, c'est Émilius Lépidus, qui se substitue à *Apollodore* [2].

Il y a même telle base où trois inscriptions se sont succédé à trois époques différentes :

Sous l'archontat d'Euctémon, c'est-à-dire la

[1] ΦΙΛΟΜΗΛΟΣΦΙΛΙΠΠΙΔΟ

...ΦΙΛΙΠΠΙΔΟΠΑΙΑΝΙΕΥΣΑΝΕΘΗΚΕ

ΟΔΗΜΟΣΑΛΕΞΑΝΔΡΟΝ
ΑΘΗΝΟΔΩΡΟΥ
ΑΡΕΤΗΣΕΝΕΚΑ

...ΣΕΠΟΗΣΕ

Le nom de l'artiste qui avait fait la statue la plus ancienne, la statue grecque, est malheureusement effacé.

[2] Α]ΠΟΛΛΟΔΟΡΟΣ
ΗΒΟΥΛΗ
ΛΕΠΙΔΟΝΑΙΜΥΛΙΟΝ

première année de la quatre-vingt-treizième olympiade, les prytanes de la tribu Érechthéide avaient consacré une offrande d'une grande valeur, à n'en pas douter, puisque tous leurs noms y sont soigneusement gravés à la suite les uns des autres [1].

La statue fut emportée, et un Romain, *Lucius Canuléius Crispinus*, prit possession de la base restée vide [2]. On eut toutefois la précaution de la retourner de manière que l'ancienne inscription fût renversée et frappât moins les regards.

Je ne sais quel accident fit disparaître à son tour le Romain, qui alla peut-être orner Constantinople, comme son prédécesseur était allé embellir Rome. Peut-être aussi la statue fut-elle tout simplement conservée, et le nom d'un troisième personnage, *Python* [3], fils de Python, vint figurer sur

---

[1] ... ΑΝΕΘΕΣΑΝΠΡΥΤΑΝΕΣΕΡΕΧΘΕΙΔΟ[ΣΦΥ
Α]ΕΣΕΠΕΥΚΤΗΜΟΝΟΣΑΡΧΟΝΤΟΣ
...... κ. τ. λ.

L'inscription est trop longue pour être citée.

[2] ΛΕΥΚΙΟΝ[Κ]ΑΝΟΛΗΙΟΝ
ΚΡΙΣΠΟΙ[ΝΟΝ

[3] Sur un des côtés du piédestal :

ΠΥΘΩΝΠΥΘΩΝοΣ

Les caractères d'imprimerie ne peuvent rendre la négligence de ces dernières lettres.

*Voy.*, pour la fin de la première inscription, M. Le Bas, n° 8.

la base dans un temps barbare où l'on savait à peine former encore les lettres grecques pour les inscriptions.

*Lycus* a eu un songe [1]. S'est-il vu transporté dans des pays lointains, saisi par des brigands, abordé par des pirates, et Jupiter l'a-t-il sauvé d'un danger tout imaginaire? Ou bien est-il, en effet, étranger? Jupiter lui est-il apparu pendant son sommeil? Lui a-t-il dénoncé un hôte perfide et une de ces mille embûches qui menaçaient les voyageurs? Lycus n'a pas raconté son rêve, il n'a fait que l'annoncer sur le piédestal de Jupiter *protecteur des étrangers*.

La foi dans les songes est un des côtés les plus naïfs de l'esprit païen. L'on sait jusqu'où les plus grands hommes de l'antiquité poussaient ce genre de superstition.

[1]
ΤΟΝΔΕΛΥΚΟΣ
ΚΑΤΟ

ΝΙΡΟΝ
ΤΩΙΞΕΝΩΝΕ
ΦΟΡΩΙΒΩΜΟΝ
ΕΘΕΤΟΔΙΙ

(Ἐφημ., p. 103.)

Voyez aussi M. Le Bas, *Inscriptions*, n° 100.

## CHAPITRE XIII.

L'empereur Adrien[1] avait sauvé, à ce qu'il paraît, Sallustianus Démostrate d'un péril beaucoup plus réel. La reconnaissance de son protégé lui éleva une statue, en le saluant de ce titre d'*Olympien*, que lui valut l'achèvement du temple de Jupiter.

Ce que l'on faisait pour un bienfaiteur, on le faisait pour un ami. Il est vrai que c'était le grand prêtre de Neptune-Érechthée, tout-puissant dans l'Acropole, qui faisait cette gracieuseté à son ami Spartiaticus[2], grand prêtre de Neptune-Achéen.

[1] ΑΥΤΟΚΡΑΤΟΡΑΚΑΙΣΑΡΑΤΡΑΙΑ
ΝΟΝΑΔΡΙΑΝΟΝΣΕΒΑΣΤΟΝΟ
ΛΥΜΠΙΟΝΤΟΝΙΔΙΟΝΣΩΤΗΡΑ
ΚΑΙΕΥΕΡΓΕΤΗΝΣΑΛΛΟΥΣΤΙΑ
ΝΟΣΔΗΜΟΣΤΡΑΤΟΣΦΛΙΕΥΣ

On retrouve aujourd'hui dans l'Acropole autant de piédestaux d'époque romaine que d'époque grecque; mais il ne faut pas oublier que, Néron et ses successeurs ayant fait enlever la plupart des statues qui ne représentaient point l'image des dieux, la plupart des piédestaux furent vraisemblablement détruits. Quelques-uns, nous l'avons vu, servirent aux nouvelles statues.

[2] ....ΤΟΝΕΑΥΤΟΥ
ΦΙΛΟΝ..................

dit l'inscription, qui est trop longue pour être transcrite ici. (*Voy.* l'Ἐφημ., p. 158.)

Il est à remarquer que sous la domination romaine ce ne sont plus les images des dieux que consacre, dans la citadelle, la piété des particuliers. Ce sont les images des hommes que multiplient la flatterie, la complaisance, la vanité, favorisées par le relâchement des lois et des traditions. D'un autre côté, comme les œuvres de cette époque laissent à l'art beaucoup moins de regrets, on ne s'arrête guère devant tous ces noms de consuls, de proconsuls, de magistrats romains, auxquels la bassesse des Athéniens ne manquait jamais de rendre indistinctement les mêmes honneurs.

Je ne passerai cependant pas sous silence un Gaulois, *Quintus Trébellius Rufus*, né à *Toulouse*[1]. Il fut grand prêtre à Narbonne, consul à Rome, archonte éponyme à Athènes. Certes, on s'attend peu à trouver le nom de Toulouse entre les Propylées et le Parthénon.

Enfin, il serait oiseux de citer une chouette colossale en marbre, que l'on a déposée depuis

---

[1] ......ΚΑΙΠΑΣΑΙΣΤΕΙΜΑΙΣΕΝΤΗ
ΠΑΤΡΙΔΙΤΟΛΩΣΗΤΕΤΕΙΜΗΜΕ
ΝΟΝΚΑΙΑΡΧΟΝΤΑΕΠΩΝΥΜΟΝ
ΕΝΑΘΗΝΑΙΣ...κ. τ. λ.

*Voyez* l'inscription entière dans l'Ἐφημερὶς ἀρχ., page 110.

dans l'intérieur du Parthénon, si elle ne répondait à l'indication d'un grammairien ancien. *Hésychius* rapporte qu'un certain Phædrus avait consacré une chouette dans l'Acropole, idée bizarre, qui rappelle le proverbe ancien : *Porter des chouettes à Athènes*, c'est-à-dire de l'eau à la rivière.

La seconde moitié de la voie principale commence à la hauteur du temple de Minerve et s'avance sur un plateau uni qui occupe le sommet de l'Acropole. Là s'élèvent, d'un côté, le Parthénon, de l'autre, l'Érechthéion. La route passait entre les deux monuments ; mais les fouilles ne l'ont point encore découverte. Le plus grand obstacle, ce sont les énormes fragments du Parthénon, accumulés dans toute cette partie.

On ignore donc encore jusqu'où s'avançait de chaque côté le péribole des deux temples, comment leur enceinte était fermée, si le sol est simplement le rocher aplani, ou s'il a fallu suppléer à ses inégalités. On voit à nu, à peu de distance de l'Érechthéion, un dallage qui paraît plutôt se rattacher au téménos qu'appartenir déjà à la route. Mais il convient de suspendre toute hypothèse devant des obscurités qui s'expliqueront un jour elles-mêmes.

On ne saurait non plus décider si, parmi les objets qu'ont découverts des fouilles partielles, il en est qui aient décoré la voie principale entre les deux enceintes, puisque la ligne de démarcation est inconnue. Je me contenterai de les diviser en deux catégories : ceux qu'on a trouvés au sud de l'Érechthéion, ceux qu'on a trouvés au nord du Parthénon. La plupart, en effet, par la nature même des inscriptions, se rapportent à l'un ou à l'autre édifice. Pausanias n'est ici d'aucun secours, puisque, dans sa regrettable précipitation, il ne cite que quatre statues, voisines, comme nous le verrons un peu plus bas, de la façade orientale du Parthénon.

On aperçoit d'abord, avant d'arriver à l'Érechthéion, un siége en marbre sur lequel est gravé le nom du prêtre Butès [1]. Sa forme est très-élégante ; ses quatre faces, concaves et rehaussées par des bandes en saillie, sont d'une grande distinction. Était-ce une offrande ? Était-ce le siége qui servait aux Butades ? Avait-on refait, après l'incendie de l'Érechthéion, le siége de Butès, premier prêtre de Neptune ?

Un peu plus loin, un tronc de cheval, de grandeur naturelle, rappelle le titre d'Hippia, donné à Minerve, et la plus vieille fable de l'Attique. C'est

[1] ΙΕΡΕΩΣΒΟΥΤΟΥ

On verra ce siége dessiné dans Stuart et dans le *Voy. archéol.* de M. Le Bas, pl. 8, fig. 6.

## CHAPITRE XIII.

encore [1] dans l'enceinte qu'il faut évidemment placer la statue élevée à Neptune-Érechthée par Épitélès et OEnocharès, fils de Sinautès de Pergase, et les deux statues de Minerve Poliade, consacrées, l'une par le fils d'Apollodore [2], du dème de Phréar, l'autre par Céphisodote [3], fils d'Æolexidas, du dème Æthalide.

On lit le nom de Posidippe [4], sur un autre pié-

[1]
```
    EPITEΛES
    OINOXAPES
    SOINAYTO
    ΠEPΛASEΘEN
    ΠOSEIΔONI
    EPEXΘEI
    ANEΘETEN
```

Le nom de Sinautès ou Sinautas paraît étrange, malgré sa physionomie grecque.

[2]
```
....ΩNAΠOΛΛOΔΩPOYΦPE[APPIOY
    AΘHNAIΠOΛIAΔIANEΘH[KEN
EΞHKE. .OΣEΠOHΣEN
```

Le nom de l'artiste, de quelque manière qu'on le restitue, est inconnu. M. Le Bas a lu Ἐξήκεστος. *Voy.* n° 14.

[3]
```
KH]ΦIΣOΔOTOΣAIOΛHΞIΔO[Y
AIΘ]AΛIΔHΣTHAΘHNAI
ANEΘ]HKE
```

[4] Voyez cette inscription dans l'Ἐφημερὶς ἀρχ., page 222.

destal, mais on ne peut savoir quelle était l'œuvre que ce piédestal portait. Ensuite, c'était le général *Dioclès*[1], fils de Thémistocle, auquel l'Aréopage et le sénat des Cinq-Cents décernaient une statue pendant le sacerdoce de *Mégista*, fille de Zénon.

Au nord du Parthénon, les inscriptions ne nomment plus Minerve Poliade, mais Pallas-Minerve[2], la déesse des combats.

« Sauvé de grands dangers, » disent des vers gravés sur un piédestal[3], « Lysimaque a élevé cette « statue à Pallas Tritonide, Lysimaque, fils de « Lysithidès, du dème d'Agrylæ. »

Mais Pallas Tritonide fut emportée à Rome, et

[1] *Voyez* l' Ἐφημ., pag. 125.
[2] Ibid., pag. 286.

[3] Σ]ΩΘΕΣΕΓΜΕΓΑΛΩΝΚΙΝΔΥΝΩΝΕΙΚΟΝΑΤΗΝΔΕ
ΣΤΗΣΕΝΛΥΣΙΜΑΧΟΣΠΑΛΛΑΔΙΤΡΙΤΟΓΕΝΕΙ
ΛΥΣΙΜΑΧΟΣΛΥΣΙΘΕΙΔΟ:ΑΓΡΥΛΗΘΕΝ

ΟΔΗΜΟΣ
ΜΑΡΚΟΝΛΙΚΙΝΝΙΟΝΚΡΑΣΣΟΝΦΡΟΥ
ΓΙΕΥΣΕΒΕΙΑΣΤΕΤΗΣΠΡΟΣΤΟΝ
ΣΕΒΑΣΤΟΝΕΝΕΚΑΚΑΙΤΗΣΠΡΟΣ
ΤΟΝΔΗΜΟΝΕΥΝΟΙΑΣΚΑΙΕΥΕΡΓΕ
ΣΙΑΣ

Cette base se trouve à l'angle nord-ouest du Parthénon.

le peuple athénien jugea sa place dignement remplie par *Marcus Licinius Crassus Frugi*, et, immédiatement au-dessous d'un distique assez harmonieux, on étala, en grosses lettres, les formules invariables de la servilité du temps : « Pour sa piété envers l'auguste empereur, pour « sa bienveillance et sa bienfaisance envers le « peuple. »

A quelques pas, une autre statue offerte par un habitant du dème de *Lamptra* [1] avait disparu, et *Archélaüs*, fils du roi Archélaüs, lui succéda sur sa base.

Il va sans se dire qu'on retrouve les consuls [2] et les proconsuls [3] romains au nord du Parthénon comme dans le reste de la forteresse, obscurs et toujours honorés.

Nous sommes ramenés aux mœurs grecques par l'image d'une canéphore qui avait, à diffé-

[1] ....ΜΟΙ ΑΝΠΤΡΕΥΣΑΝΕΘΕ
[ΚΕΝ]

ΟΔΗΜΟΣ
ΒΑΣΙΛΕΩΣΑΡΧΕ
ΛΑΟΥΥΙΟΝ
ΑΡΧΕΛΑΟΝ

[2] On trouve, par exemple, une inscription consulaire dans l'Ἐφημ., pag. 144.
[3] *Voy.* ibid., pag. 314.

rentes reprises, obtenu cette dignité sacrée. Sur son piédestal brisé, on voit encore quatre couronnes[1], dans chacune desquelles était rappelé le renouvellement de fonctions réservées aux plus nobles vierges d'Athènes[2].

Les gardiens des portes de l'Acropole[3] avaient aussi apporté leur offrande. Mais le caractère des lettres trahit le troisième ou le quatrième siècle après J. C., c'est-à-dire le temps où le paganisme expirant faisait appel à toutes ses ressources.

---

[1] Dans une des quatre couronnes on lit :

ΚΑΝΗΦΟΡΗΣΑΣΑΝ

Dans une autre :

ΚΑΝΗΦΟΡΗΣΑΣΑΝΕΠΙΔΑΥΡΙΟΙΣ

Ἐπιδαυρίοις, aux fêtes d'Esculape. (*Voy.* Meurs., *Eleusin.*, ch. 29.)

[2] Thucyd., VI, 56.

[3]  ΠΥΛΩΡΟΙΟΙΕΠΙΝΕΙΚΗ[ΤΟΥ
　　　ΑΡ]ΧΟΝΤΟΣ
　　　ΓΙΡΕΙΛΑΟΣΑΛΑΙΕΥΣ
　　　ΤΕΙΜΟΚΛΗΣΠΕΙΡΑΙΕ]ΥΣ
　　　ΑΡΙΣΤΩΝΕΛΕΥΣΙΝΙΟΣ
　　　　　　　　(Ἐφημ., p. 286.)

Des inscriptions du même genre ont été trouvées par Chandler. (*Voy.* Bœckh, n° 306.)

Un fragment de sculpture d'une grande beauté, c'est un bas-relief déposé dans le vestibule des Propylées et découvert au nord du Parthénon. On aperçoit le haut du corps de deux personnages qui se tournent le dos, comme dans le célèbre bas-relief des douze dieux[1]. Les draperies, de style éginétique, annoncent une œuvre de premier ordre. Malheureusement un bras, quelques plis, un commencement de chevelure, sont tout ce qui nous reste.

Je disais plus haut qu'on ne pouvait attribuer à la décoration de la voie principale la plupart des objets trouvés sur le plateau qui sépare l'Érechthéion du Parthénon. Je serais disposé à faire une exception en faveur de monuments très-importants, surtout pour l'histoire. Ce sont deux pyramides tronquées, en marbre pentélique, sur les quatre faces desquelles étaient inscrits les noms des alliés, ou pour mieux dire, des peuples tributaires d'Athènes. On ignore la hauteur de ces pyramides, dont on ne possède encore qu'une partie. Déjà, cependant, en réunissant les fragments[2], on les a élevées à plus de sept pieds. Il y a cent dix-huit morceaux[3], sur lesquels on lit le nom de deux cent quatre-vingt-une villes.

---

[1] *Voy.* Millin, *Gal. mythol.*, I, pl. 6, 7, 8.
[2] Dans la Pinacothèque.
[3] *Voy.* les *Antiq. hellén.*, du n° 131 au n° 239.

tributaires et les sommes qu'elles ont envoyées à Athènes pendant vingt-huit années, du commencement de la quatre-vingt-deuxième jusqu'à la fin de la quatre-vingt-huitième olympiade, quatre ans après la mort de Périclès.

Les uns ont été trouvés au nord du Parthénon, les autres dans un coin des Propylées où on les avait jetés pêle-mêle. Leur ressemblance, l'agencement exact de la plupart des fragments, forcent de les rassembler dans un lieu ou dans l'autre. J'avoue que je partage tout à fait l'opinion de M. Rangabé, qui les reporte tous sur le plateau. Il a eu tort [1], toutefois, de ne pas mentionner leur dispersion, qui n'a rien d'inexplicable. Il est vraisemblable que les modernes auront roulé en bas ces marbres précieux plutôt que de les porter au sommet de la citadelle où d'innombrables matériaux étaient accumulés. La place naturelle du Grand-Livre des Tributs n'est-elle pas auprès de l'opisthodome du Par-

---

[1] « C'est cette liste dont nous publions ici de nombreux « fragments trouvés dans les fouilles qui furent faites sur le « plateau qui s'étend du Parthénon au temple d'Érechthée. » (*Ant. hellén.*, p. 273).

M. Pittakis, qui a suivi assidûment les fouilles devant les Propylées, m'a affirmé qu'une grande partie des fragments avaient été découverts au-dessous de l'aile septentrionale des Propylées.

thénon, où le trésor des alliés était renfermé?

Je ne sais pourquoi je me figure ces pyramides disposées sur la route, appelant le regard de tous les passants; spectacle si doux à l'orgueil athénien, si humiliant pour les envoyés de tant de villes lointaines qui venaient chaque année payer aux Hellénotames la rançon[1] de leur mollesse.

Lorsque la route des Propylées tourne l'angle nord-est du Parthénon, Pausanias se fait de nouveau notre guide, et voici quel indice nous permet de nous reconnaître au milieu de ses descriptions que n'interrompt aucun renseignement topographique.

« Procné, » dit-il [2], « et Itys, son fils, dont elle
« médite la mort, sont une offrande d'Alcamènes.
« Minerve et Neptune sont aussi représentés, fai-
« sant paraître, l'une l'olivier, l'autre un flot de la
« mer. »

Quand lord Elgin fit des fouilles au-dessous du fronton oriental du Parthénon, il découvrit parmi les statues tombées, en marbre pentélique, un

---

[1] Οὐχ ἵππον, οὐχ ὁπλίτην, ἀλλὰ χρήματα μόνον τελούντων.

(Plut., *Péricl.*, XIII.)

[2] Πρόκνην δὲ τὰ ἐς τὸν παῖδα βεβουλευμένην αὐτήν τε καὶ τὸν Ἴτυν ἀνέθηκεν Ἀλκαμένης. Πεποίηται δὲ καὶ τὸ φυτὸν τῆς ἐλαίας Ἀθηνᾶ καὶ κῦμα ἀναφαίνων Ποσειδῶν.

(Paus., *Att.*, XXIV.)

olivier et un pied colossal de marbre *différent* [1].
Ce marbre, on sut bien en Angleterre le distinguer du pentélique, mais on fut embarrassé pour lui donner un nom. Plus récemment, on a trouvé également à l'orient d'autres branches d'olivier que l'on conserve dans l'Acropole d'Athènes. Elles sont en marbre [2] de l'Hymette, marbre peu employé par la sculpture et que l'on ne voit guère en Europe.

Comme toutes les statues des frontons, sans exception, sont en marbre pentélique, on ne peut admettre que ces fragments en fissent partie. Pausanias, d'un autre côté, nomme les statues de Minerve et de Neptune au moment d'entrer dans le Parthénon. Cette position coïncide parfaitement avec les découvertes modernes, et l'on peut croire que les morceaux partagés entre Londres et Athènes appartiennent au groupe célèbre qui décorait l'avenue du Parthénon. Le pied sera celui

---

[1] This fragment is stated by M. Cokerell to have been found in the ruins of the eastern pediment.
(*British Museum*, t. II, p. 31.)
The olive-tree and foot are of *different* marble. (Ibid., 27.)
The marble, too as has been already noticed is of a *different* kind from that of which the figures in the pediments of the Parthenon were formed. (Ibid., 33.)

[2] Déposées aujourd'hui dans la casemate voisine de l'Érechthéion.

de Neptune; l'olivier s'élèvera entre les deux divinités rivales.

Il est intéressant de comparer ces données avec un sujet représenté sur une médaille d'Athènes que Stuart a dessinée [1]. Minerve et Neptune se tiennent de chaque côté de l'olivier. La déesse, tenant l'arbre par une branche, semble encore le faire sortir de terre; la chouette s'est perchée au sommet, le serpent Érechthée s'est enroulé autour du tronc. Neptune, pendant ce temps, brandit son trident pour percer le rocher et en faire jaillir la vague.

Les dernières statues [2] que cite Pausanias, avant de franchir le seuil du Parthénon, sont le Jupiter de Léocharès et un autre Jupiter surnommé *Polieus*.

[1] T. II, pl. 17, édit. franç.
[2] Καὶ Διός ἐστιν ἄγαλμα τότε Λεωχάρους καὶ ὁ ὀνομαζόμενος Πολιεύς. (XXIV.)

FIN DU PREMIER VOLUME.

# EXPLICATION DES PLANCHES.

## PLANCHE I.

Entrée de l'Acropole, découverte et rétablie par la France.

## PLANCHE II.

Plan général de l'entrée.

AA'. Mur pélasgique conservé pour soutenir l'escalier.
B B' B". Sentier pélasgique.
CCC. Mur ancien qui enfermait l'escalier du côté du nord.
D. Restes du chemin creux qui divisait en deux parties l'escalier supérieur.
E. Piédestal d'Agrippa : en face, le temple de la Victoire sans ailes.
H. Escalier moderne qui conduit à l'escalier de Pan, aujourd'hui souterrain.
J. Entrée moderne de l'Acropole.
aaa. Mur pélasgique, derrière les Propylées.
bbb. Murs de revêtement.
c. Ante, débris d'une porte supprimée par la construction des Propylées.
d. Petit édifice qui bordait le sentier pélasgique.
e. Place supposée du mur septentrional de la tour.
e' Place qu'occupe ce mur, démoli et reculé au moyen âge.
f. Piédestal romain.
o. Piédestal de Minerve Hygiée.

## PLANCHE III.

**Coupe sur l'axe du plan général.**

A. Mur pélasgique.

B, B, B, B. Ligne du niveau antique, sol des tours, de l'entrée, des paliers.

CC. Escalier de raccordement, ouvrage sans nom.

D. Restes du chemin creux qui partageait l'escalier.

FF. Traces de marches sur le soubassement des Propylées.

G. Temple de la Victoire sans ailes.

H. Tour moderne.

I. Grande façade des Propylées.

## PLANCHE IV.

**Détails de l'entrée de l'Acropole.**

Fig. I. Tour septentrionale, en pierre de tuf.

Fig. II. Mur de la façade, en marbre.

Fig. III. Entablement de la façade.

Fig. IV, V, VI. Détails de l'entablement.

Lettres BB, bande de marbre noir d'Éleusis.

# TABLE DES CHAPITRES.

### I.
L'Acropole avant les guerres médiques . . . . . . . . . . . Pages 9

### II.
L'Acropole au siècle de Périclès. . . . . . . . . . . 29

### III.
L'Acropole jusqu'aux temps modernes. . . . . . . . . . . 52

### IV.
Fortifications de l'Acropole . . . . . . . . . . . 80

### V
Entrée de l'Acropole. L'escalier des Propylées . . . . . . . . 123

### VI.
Description des Propylées. . . . . . . . . . . . . 162

### VII.
Du caractère des Propylées . . . . . . . . . . . 184

## VIII.

La Pinacothèque. Le piédestal d'Agrippa. . . . . . . . . 209

## IX.

Le temple de la Victoire sans ailes. . . . . . . . . . 227

## X.

Intérieur de l'Acropole : Des Propylées au temple de Diane. 270

## XI.

Enceinte de Diane Brauronia. . . . . . . . . . . . 291

## XII.

Enceinte de Minerve Ergané. . . . . . . . . . . . 309

## XIII.

Route des Propylées au Parthénon. . . . . . . . . . 329

FIN DE LA TABLE DU PREMIER VOLUME.

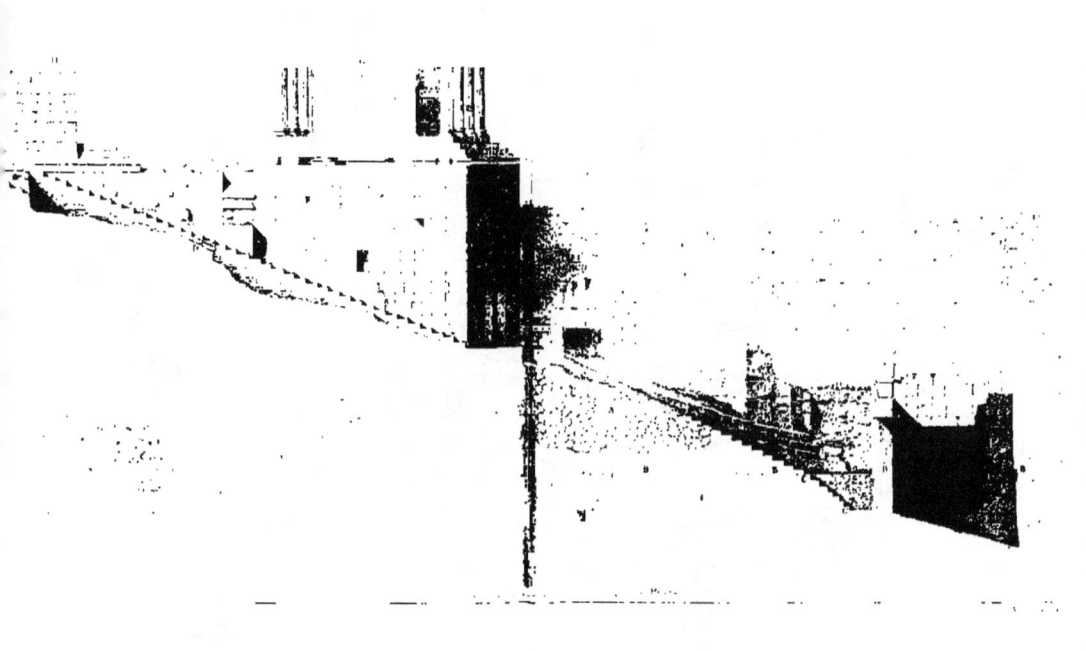

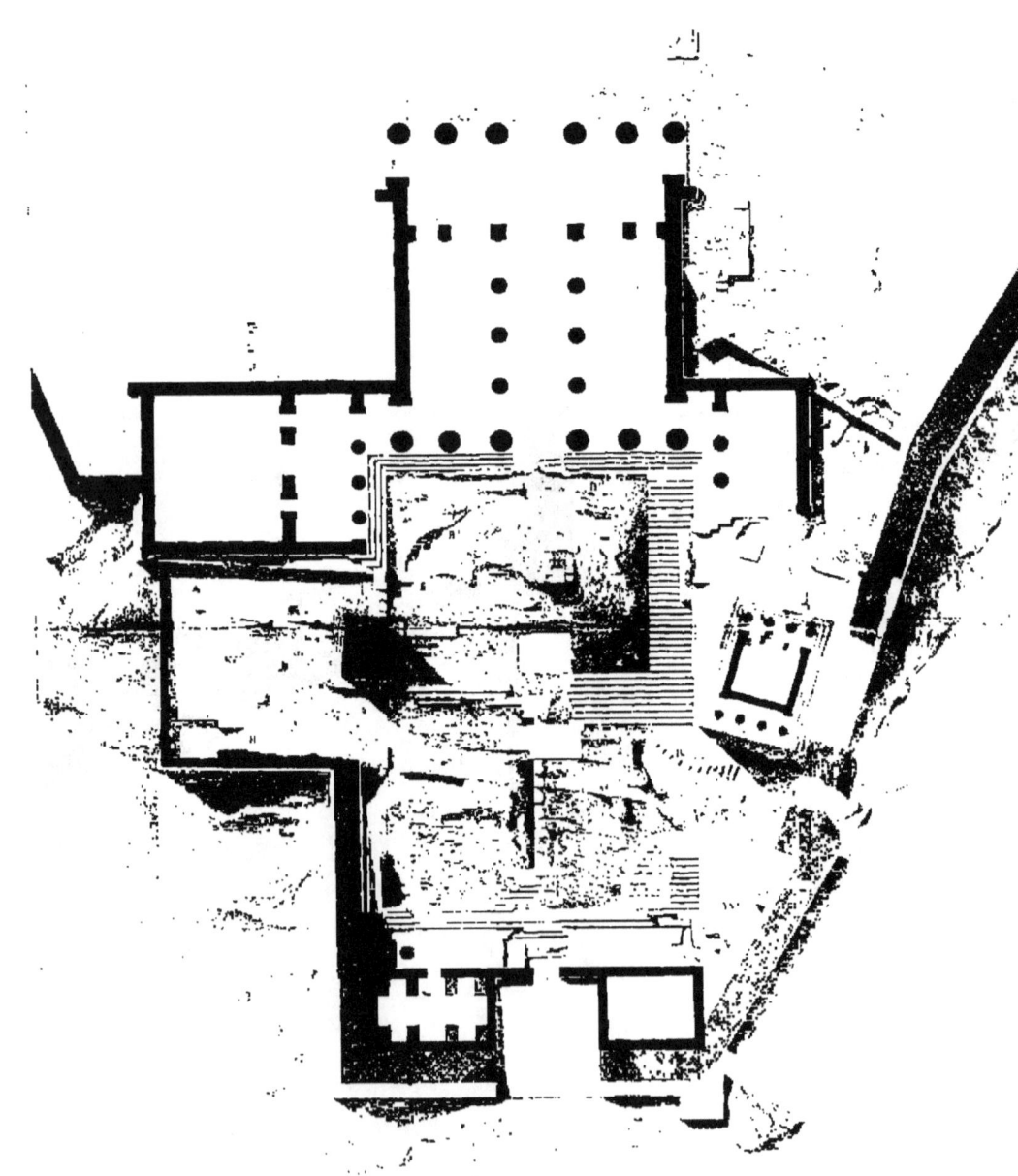

www.ingramcontent.com/pod-product-compliance
Lightning Source LLC
Chambersburg PA
CBHW050748170426
43202CB00013B/2342